中国社会科学离科学还有多远？

Research Methods for Social Sciences

乔晓春 著

北京大学出版社
PEKING UNIVERSITY PRESS

图书在版编目(CIP)数据

中国社会科学离科学还有多远？/乔晓春著. —北京：北京大学出版社，2017.2

ISBN 978-7-301-27908-3

Ⅰ. ①中… Ⅱ. ①乔… Ⅲ. ①社会科学—研究—中国 Ⅳ. ①C12

中国版本图书馆 CIP 数据核字(2016)第 312225 号

书　　　名	中国社会科学离科学还有多远？ ZHONGGUO SHEHUI KEXUE LI KEXUE HAIYOU DUO YUAN?
著作责任者	乔晓春　著
责任编辑	刘　军　于　娜
标准书号	ISBN 978-7-301-27908-3
出版发行	北京大学出版社
地　　　址	北京市海淀区成府路 205 号　100871
网　　　址	http://www.pup.cn　新浪微博：@北京大学出版社
微信公众号	通识书苑（微信号：sartspku） 科学元典（微信号：kexueyuandian）
电子邮箱	编辑部 jyzx@pup.cn　总编室 zpup@pup.cn
电　　　话	邮购部 62752015　发行部 62750672　编辑部 62767346
印　刷　者	大厂回族自治县彩虹印刷有限公司
经　销　者	新华书店
	965 毫米×1300 毫米　16 开本　22.5 印张　271 千字 2017 年 2 月第 1 版　2024 年 5 月第 5 次印刷
定　　　价	79.00 元

未经许可，不得以任何方式复制或抄袭本书之部分或全部内容。
版权所有，侵权必究
举报电话：010-62752024　电子邮箱：fd@pup.cn
图书如有印装质量问题，请与出版部联系，电话：010-62756370

引　言

我在上中学的时候对自然科学感兴趣,特别是喜欢数学和物理学,对社会科学不是很感兴趣。我上大学时学的也是数学,大学毕业后,被分配到统计局工作,并参加了第三次全国人口普查,后来去读人口学研究生,从此进入了社会科学领域。此后很长一段时间,我一直感到很茫然,主要是因为摸不清社会科学研究的思路,似乎感觉社会科学研究并没有什么规矩,既没有研究规范,也没有具体的研究方法。论文怎么写的都有,有"开门见山"式,有"夹叙夹议"式,还有"倒叙"式。学术刊物发表的论文,有谈感想、谈体会的,有领导讲话,更多的是论述作者个人想法的、给政府提建议的。

研究生学习期间,我有两件事情一直搞不懂。一是在很多社会科学教科书里,论述社会理论和社会问题时,基本上依靠的是主观判断。人们经常会把两件关系很远的事情,论述成相互联系的甚至是有因果关系的事情。很多论述,看起来似乎有道理,似乎有联系,但仔细想想会发现二者之间关系并不是那么密切,而是存在很多中间环节,甚至根本就构不成"因果联系"。然而,作者却非要用一些思辨的语言把二者硬拉到一起,并以因果逻辑进行推演和论述,很难让人信服和接受。但是到底怎样做才会更好,自己也说不清楚。二是在学校学习时从来没有人讲过社会科学的"研究规范"和论文写作规范。开始学习写论文时,只能依靠阅读学术刊物,看别人的论文是怎么写的、结构是什么样的,然后再照猫画虎,照着人家的样子去写。后来论文看多了才发现,社会科学论文并不存在一个统一的规范和格式,也不存在大家公认的好的结构,写作方式五花八门。后来索性不去照搬任何体例,完全根据自己的喜好和习惯,自成一体,倒也感觉很不错,读者的反应也很好。我由此得出了自己的结论,即社会科学既没有明确的研究规范,也没有具体的研究方法,是一种可以随心所欲、自由发挥的学科。

读研究生时,也看过本专业的一些国外学术论文,发现国外的社会科学论文几乎每一篇都有数据,而且都用数学或统计学模型。我从来没有学过这些数学模型,既看不懂人家写的是什么,也搞不懂他们为什么一定要用模型,更不知道他们为什么不像中国学者那样用哲学的或思辨的方法分析问题,感觉二者的研究完全不是一个路子。当时我给出的解释是,可能是政治制度的不同、意识形态的不同,导致研究视角不同、思路不同、方式不同,所以索性不再去关注国外的研究了。尽管如此,外国学者为什么要那样做研究,在我的脑袋里仍然是个没有解开的谜。

后来我有机会去了美国,在国外学习和工作了几年后,才知道在国外社会科学并不是一个随心所欲的、什么人都可以随便进入的学科,而是有自身的规矩和规范、使用特定理论和研究方法的领域。那些没有受过专业训练的人,不可能进入到这一学科中来,更不可能成为这一领域的专家。相比之下,中国社会科学并不是这样的,在中国做社会科学很容易,甚至什么人都可以做。中国社会科学是以科学的名义做着非科学的事情。国内社会科学研究与国外的研究差异如此之大,是我以前未曾意识到的。

我在美国工作的时候,曾有一位中国留学生问我:"你认为中国的社会科学与美国相差多少年?"我发现,要想回答中国社会科学与美国相差多远,首先应该回答"中国社会科学离科学还有多远"①,然后才可以回答"差多少年"的问题。从此我开始反思和思考:为什么中国和美国社会科学会有这么大的差距;我们与国外的差距到底在哪;如何来尽快缩小差距;等等。这些正是本书要讨论的主题。

本书讨论的是中国社会科学面临的问题,其目的是希望有关部门以及社会科学学者能够了解和认识到目前存在的问题,并努力改变这一局面,使中国社会科学能像自然科学那样,早日走上正轨,尽快赶超国际先进水平;使中国不仅能够在经济上走到世界的前列,而且在教育、文化特别是社会科学方面也能够走到世界的前列。

尽管本书特别强调要做科学的研究,要以事实为依据,但本书并不是一本科学研究著作,而是在讨论什么是科学以及为什么中国社会科学做得并不科学的问题。正如回答"什么是科学"的问题是哲学家的任务一样,本书同样采用的是哲学史的思辨式讨论,其中很多是笔者个人的感受,给出的很多也是价值判断,与某些人的判断可能并不一致,这也是很正常的。如果本书能够引起大家关注社会科学研究的规范性和科学性,并能够使中国的社会科学做得越来越好,也就达到了其目的。

---

① 第一次以这个题目做讲座是 2007 年 4 月 26 日在南京大学。后以该题目先后在北京大学、大连海事大学、南京人口学院、上海外国语大学、宁波大学、中国青年政治学院、北京石油化工学院、天津师范大学、华中科技大学、华中农业大学、首都经济贸易大学等做过讲座。

目　录

第一章　中国社会科学"怪象" ……………………………………（1）
　1.1　为什么中国社会科学不设院士？……………………………（3）
　1.2　为什么老百姓瞧不起社会科学学者？………………………（7）
　1.3　为什么未受过专业训练的人也可以成为专家？……………（9）
　1.4　为什么将社会科学与人文学科归为同类学科？……………（12）
　1.5　为什么社会科学研究做得很容易，文章很高产？…………（15）

第二章　"科学"是什么？ …………………………………………（19）
　2.1　什么是科学？…………………………………………………（21）
　2.2　什么是社会科学？……………………………………………（26）
　2.3　科学的特点是什么？…………………………………………（31）
　2.4　什么是非科学、反科学和伪科学？…………………………（36）

第三章　中国社会科学"不科学"的现状 …………………………（39）
　3.1　"不科学"的现状 ……………………………………………（41）
　3.2　"不科学"的思路 ……………………………………………（52）
　3.3　"不科学"的特点 ……………………………………………（55）

第四章　不科学的后果 ……………………………………………（71）
　4.1　影响政府决策…………………………………………………（74）

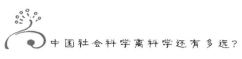

 4.2 影响学术发展 ………………………………………（80）
 4.3 影响学者成长 ………………………………………（84）
 4.4 影响学生培养 ………………………………………（88）
 4.5 影响国际交流和创建世界一流大学 ………………（105）

第五章 社会科学与自然科学的比较 ………………………（115）
 5.1 社会科学与自然科学的异同 ……………………（117）
 5.2 为什么社会科学更容易做得不科学？ …………（123）
 5.3 社会科学与自然科学相比谁更难？ ……………（129）

第六章 社会科学与哲学的关系 ……………………………（133）
 6.1 科学的起源和演进 ………………………………（135）
 6.2 我们为什么获得的是哲学博士？ ………………（145）
 6.3 哲学对科学的认识 ………………………………（151）
 6.4 社会科学的本质 …………………………………（160）
 6.5 哲学演绎在社会科学研究中的作用 ……………（165）

第七章 科学研究中的不科学问题 …………………………（173）
 7.1 科学研究的逻辑过程 ……………………………（175）
 7.2 测量中的"测不准"问题 …………………………（178）
 7.3 样本的代表性问题 ………………………………（183）
 7.4 总体估计的稳定性问题 …………………………（192）
 7.5 样本对总体的推断问题 …………………………（197）
 7.6 选择对照组的问题 ………………………………（201）
 7.7 如何下结论的问题 ………………………………（206）
 7.8 数据识别问题 ……………………………………（209）
 7.9 模型选择问题 ……………………………………（213）

7.10 模型使用问题 …………………………………………… (218)
  7.11 因果关系问题 …………………………………………… (222)

第八章 中国社会科学的差距在哪里？ …………………… (229)
  8.1 研究规范和方法使用方面的差距 ……………………… (232)
  8.2 科研体制方面的差距 …………………………………… (238)
  8.3 科学态度和敬业精神方面的差距 ……………………… (246)
  8.4 人员引进和考核方面的差距 …………………………… (252)
  8.5 科研保障和服务方面的差距 …………………………… (257)
  8.6 科研资助方式和经费保障方面的差距 ………………… (264)
  8.7 研究生培养方面的差距 ………………………………… (272)

第九章 中国社会科学应该如何走上正轨？ ………………… (289)
  9.1 营造社会科学发展的大环境 …………………………… (291)
  9.2 大力普及科学的研究方法 ……………………………… (296)
  9.3 如何学习研究方法？ …………………………………… (314)

第十章 社会科学的局限性 ………………………………………… (321)
  10.1 科学能力的局限 ………………………………………… (323)
  10.2 科学视野的局限 ………………………………………… (330)
  10.3 科学观察的局限 ………………………………………… (334)
  10.4 科学判断的局限 ………………………………………… (339)

附 录 ……………………………………………………………………… (345)
  北京大学社会科学研究方法暑期班 ………………………………… (347)

第一章　中国社会科学"怪象"

- 为什么中国社会科学不设院士？
- 为什么老百姓瞧不起社会科学学者？
- 为什么未受过专业训练的人也可以成为专家？
- 为什么将社会科学与人文学科归为同类学科？
- 为什么社会科学研究做得很容易，文章很高产？

尽管自然科学和社会科学都称为科学,但是人们会发现两者差异却十分巨大,在社会上的地位也完全不同。国家非常重视自然科学,也非常器重自然科学家,国家每年都召开科学技术奖励大会,国家领导人要为做出突出贡献的自然科学家颁奖,老百姓也非常尊重这些专家。然而,社会科学家却很少有这样的礼遇,甚至有些社会科学家经常会在网络上遭到百姓的谩骂和讽刺。与"高大上"的自然科学家相比,社会科学家更像是好出头露面、喜欢"耍嘴皮子"的"小混混"。人们认为社会科学家没有什么学问,从而导致与自然科学家相比,他们在社会上的地位不同,所获得的待遇也不同。

1.1 为什么中国社会科学不设院士?

在国家层面,经常把科学和技术放在一起,比如1978年提出"科学技术是生产力",并从1978年开始多次以中共中央和国务院名义召开"全国科学大会(1978)""全国科学技术大会(1995,2006)"或"全国科技创新大会(1999,2012)"。很明显,这里的"科学"指的是自然科学,并不包括社会科学。在国家层面从来没有召开过"全国社会科学大会",在改革开放以后召开的"全国科学大会"上也从来没有涵盖社会科学。

1999年5月23日国务院颁布的《国家科学技术奖励条例》以及从2000年开始的每年一度的国家科学技术奖励中也没有社会科学的位置。在《奖励条例》中明确规定,其奖项分为五类,即:国家最高科学技术奖、国家自然科学奖、国家技术发明奖、国家科学技术进步奖、中华人民共和国国际科学技术合作奖。这里面也没有设置社会科学类奖项。很明显,国家并没有把社会科学放在"科学"的范围内,也没有把社会科学当作"科学"来看待。

还有一个现象,即中国在自然科学和工程科学领域均设有院士制度,而在社会科学领域则没有设立"院士"制度。实际上,早在1948年,就曾设立过"中央研究院院士",当时的院士共有81人,分为数理、生物以及人文3个组。其中人文组由28人组成,占全部院士的35%。1949年11月1日,中国科学院成立,当时决定首先建立具有过渡性质的"学部委员制度",待条件成熟后,再恢复院士制度。1993年正式将学部委员更名为院士。1955年6月1日,在北京召开了中国科学院学部成立大会,共组成了4个学部,首批推选出学部委员233人,其中,哲学社会科学学部委员有61人,占26%。这说明在早期,中国的社会科学和人文学科也曾经有院士或学部委员。只是在1977年将社会科学从中国科学院分离出来,成立了中国社会科学院后,社会科学就不再有院士了。这是一个比较奇怪的现象,因为世界上很多国家,甚至包括很多发展中国家,社会科学领域也是有院士制度的。

近年来很多人开始呼吁,国家应该像重视自然科学那样重视人文社会科学,并认为社会科学与自然科学一样,也是科学,应该享受与自然科学同等的待遇。一些社会科学学者不断呼吁在人文社会科学领域也应该构建院士制度,但迟迟没有结果。

中国没有在社会科学领域构建院士制度,到底对不对?是国家不够重视?还是目前的中国就不应该建立这一制度?我个人认为,两个原因都有,而最根本的原因只有一个,即中国社会科学研究做得并不科学,或者说中国的社会科学目前并不能称之为"科学"。若研究做得不科学,研究社会科学的学者就不能被称为是科学家。而院士制度是为优秀科学家所构建的制度,若研究社会问题的学者做不到"科学",自然就不应该为他们构建这样一个制度。

退一步说,若真要构建这样一个制度,首先必须构建一个优秀科学家的标准,即在社会科学领域设定一个院士资格的"客观标准",而且这个标准必须是客观的,而不是主观的,既不是由领导或政府所认定的,也不是媒体所认定的,而应该是某一特定学术领域的同行所认定的。然而,中国社会科学领域的"知名学者"很多都与政府和媒体关系密切,经常帮助政府做事、帮助政府说话,也经常在各种媒体上露面,他们通常会被政府或媒体认可,某些学术团体,甚至其会长、副会长都是由政府部门任命,并不是学者们自己选出来的,他们的学术水平往往在专业同行间并不被认可。相反,还存在着另一类学者,那就是学术水平很高,也得到同行专家的认可,他们所发表的论文通常都局限在学术领域,而不是在政府或大众媒体上展示;他们专心做学术,无暇顾及和参与社会活动,也没有兴趣在媒体上出头露面、发表言论,所以在社会上并没有名气。如此一来,社会科学学者就存在一个社会"名声"与学术水平之间不匹配的问题,即名声大的学者,学术水平往往并不高,而名声不大的学者却有比较高的学术水平,尽管他们的学术水平在本学科内是得到同行认可的,但政府和社会并不认可。

那么,如果面对这样的情况,若在社会科学领域评选院士,应该遵循哪一种标准呢?是从政府的角度评选那些所谓"为国家贡献最大"的学者,或是以媒体(或普通老百姓)的角度评选那些他们更认可的"知名"学者,还是从科学社群的角度评选那些真正有学术水平的学者来作为院士呢?如果从政府的角度来评选,存在着两个风险:一个是主观性问题,即政府对某个专家的认可,可能就是某个领导的认可,并不意味着所有政府工作人员大家都认可;另一个是偏误性问题,即政府的认可往往是政府对专家的观点或者这个专家帮助政府所做的工作的认可,但二者观点的一致并不意味着学者的观点一定是正确的,也有可能是错误的,因为政府的决策也经常会出现失误,有时可能是重大的失误,而这些失误有些恰恰是学者的建议导致的结果。学者在决策方面产生的负面效应往往要比产生的正面效应大得多,对国家的危害和对老百姓的危害也更大。① 如果从大众媒体或普通老百姓的角度来评选的话,肯定是那些迎合大众口味、媒体喜欢的人被当成"有水平"的专家。

人们经常会看到大众评选出来的小说、音乐和电影奖。若认为对优秀的社会科学研究成果也可以通过大众来评奖,那就错了。因为社会科学与人文学科最大的不同是,社会科学成果的消费群体并不是普通大众,而像文学、艺术、音乐、电影和戏剧等人文学科成果的消费群体恰恰就是社会大众。音乐和电影的评奖既可以有专业人士评审的奖项,也有普通大众评选的奖项,二者的视角是不同的。而社会科学学者的学术水平以及研究成果在学术上的贡献,只能由同领域的学者来认定,而不能够由大众或大众媒体来认定。

然而,尽管社会科学学者的学术水平需要同行专家评审来决定,但是这里还有一个条件,即参与评审的专家本身需要更具权威性或者有更高的学术造诣,他们更应是在该学科领域接受过系统训练、具有科学素养和学术伦理、掌握科学规范和科学方法并在同一学术领域被公认为具有很高学术水平的学者。然而,在中国这样的权威学者在自然科学领域是可以找到的,但在社会科学领域目前仍然比较难找。

如果一批有水平的学者需要一批更有水平的学者来认定,而"更

---

① 这里的原因是,现代政府部门的决策者往往是素质较高、受过一定专业训练且有比较丰富的政府部门工作经验的人,他们所做的决策大多数应该是合理的。学者的积极作用表现在支持正确的决策和反对不正确的决策。对正确决策的支持,增强的是决策者的信心,但并不能从根本上影响决策或改变决策的方向;反对不正确的决策,可以纠正或避免决策的失误,从而改变决策方向。然而,如果学者是在支持一个错误的决策,并导致这一决策付诸实施,那么学者的副作用就太大了。

有水平"的学者本身就是没有水平的,那么有水平的学者就无法被识别和认定出来。这也就是为什么在社会科学领域无法设立院士也不应该设立院士的原因。

尽管这一制度在全国范围内没有建立起来,但是作为中国社会科学牵头部门的中国社会科学院于2006年在其内部设立了"学部委员"制度,这一举措遭到了社会上的广泛非议。[①] 这里的问题是,既然能够在中国社会科学院设立社会科学的"学部委员"或"院士"制度,那么为什么不能在全国社会科学领域建立这一制度呢?中国社会科学院能够评选出"学部委员",但它的评选标准是什么?是否有一个公开、透明、客观且学术界公认的标准?而且是否是由具备科学素养的同行中更优秀的学者独立评选出来的?如果这些都没有问题,那就意味着这一制度可以拓展到全国的社会科学甚至是人文学科领域,而不应该只是在中国社会科学院内部去设立。

实际上,从中国社会科学院的功能和研究定位来说,它可以是中国社会科学的协调者和组织者,但不应该成为标准的制定者和高水平学者的认定者,更不能成为学部委员或院士唯一的生产部门。用行政的方式来抓学术或做学术,会影响学术的发展,甚至可能会扼杀学术。

1.2　为什么老百姓瞧不起社会科学学者?

实际上,普通老百姓也没有把从事社会科学研究的学者当作科学家来看待。在他们眼里,研究卫星、火箭、高铁的人才算是科学家,

---

① 李艳. 中国社科院院士制名利之争[EB/OL]. 新京报,(2006-02-24). http://www.gmw.cn/content/2006-02/24/content_379417.htm.

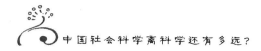

他们才是有学问的学者,而每天在电视里高谈阔论、无所不知、无所不讲的人,根本不能算是学者。相反,有些学者的讲话却遭到社会上群众的非议和嘲笑,老百姓归纳出很多学者的"雷人"语录,比如"腐败是改革润滑剂""三聚氰胺基本无毒""强奸陪酒女比强奸良家妇女危害性小""中国只有拉大贫富差距,社会才能进步""延迟15年领退休金,男做园丁女洗衣服"等[①];也有人归纳出一些"中国经济学家的奇谈怪论",比如:"房地产是否有泡沫?什么叫小康,小康概念要拥有两套房,应该鼓励中国人购买两套房,在家住一套,出去休假时住另一套。房价涨得快是正常现象,说明居民的收入多了。以前投资的房产升值了,是好事。""如果有机会向总理建言,我一定要说'三个不要轻言',不要轻言经济过热,不要轻言房地产泡沫,也不要轻言人民币升值。中国现代化的标志是北大教授拥有轿车和别墅"[②];等等。

学者们似乎更喜欢讲自己的观点,也喜欢对未来进行判断,而很多观点和判断并不是基于实证分析,而是靠自己的感觉、凭自己的喜好得出结论。这种轻率下结论的方式,既没有科学的态度,也没有表现出科学的严谨,把社会科学的神圣用近乎荒诞的方式表现出来,让社会科学的名誉扫地。

如果这些专家的失误是由于对社会的了解不够充分,属于闭门造车,或者是对社会科学研究缺乏规范训练而导致判断上的失误,人们还可以理解,至少他们还不是明知故犯。然而,有些学者为了追求

---

① 彭秋归. 学界还是少些"雷人雷语"好[EB/OL]. 中国社会科学报,(2014-03-14). http://www.cssn.cn/yyx/yyx_yyxsdt/201403/t20140314_1029261.shtml.
② 陈旧. 语不惊人死不休,看看中国经济学家的奇谈怪论[EB/OL]. 新周刊,(2005-11-21). http://finance.sina.com.cn/economist/xuezhesuibi/20051121/17312135490.shtml.

名利,不惜出卖自己的良心,要么成为某些利益集团的代言人,要么成为政府官员或部门的御用工具,他们明知这样做是不对的,仍然我行我素。当学者被权力和金钱所绑架,学术就开始堕落了,学者也开始堕落了。做学问,首先是要做人。如果一个学者没有良知、没有做人和做学问的底线,学术就会成为谋取私利的手段,甚至成为祸国殃民的工具。

不仅在老百姓的眼睛里,社会科学家没有什么学问,只是些电视或媒体"明星",经常讲一些不着边际的话,甚至那些利用学者做事情的政府官员们实际上也瞧不起这些学者。只是这些学者能够帮助他们论证,并愿意站出来支持他们的观点,为已经做出的决策提供所谓的学术支持。他们利用的只是学者的名分,让学者说出他们想说的话,而不是真正相信他们的研究、关注他们的观点和建议。某些学者也只是想借助政府来出名,或者从政府那里获得更多的利益。在这里,学术已经完全"变味"了,成为利益交换的商品。这样的学者怎么能让人家瞧得起呢?由此带来的不良影响,不是仅仅涉及某几个人,实际影响的是整个社会科学领域,影响到整个社会科学研究者群体,损害的是中国社会科学的名誉。

1.3 为什么未受过专业训练的人也可以成为专家?

通常来说,一个学者会经常阅读本专业的学术刊物,并通过这些学术刊物发表的论文,来了解或知道这个专业有哪些学者,他们都在做哪方面的研究。换句话说,如果从来没有在本专业学术刊物上发表过文章的人,通常不应该属于本专业的学者或专家,也不具备做本专业研究的资格,更不可能写出本专业的大部头的研究著作——即使能够写出来,也一定不会写得很好。可是我本人经常会遇到这样一些现象,比如在逛书店时,经常会发现一些新出版的本专业领域的研究著作,然后一看作者名字,却完全不认识。后来发现,在社会科学领域这种情况是经常发生的。

我在一些学术会议上也曾多次碰到过类似的情况。比如,在一次本专业学术讨论会上,会议在进行过程中,从会场外进来一个人,他听了一会儿后,站起来给发言的学者提问题,并对学者的观点做了评论。他首先强调,他不是来参加会议的,也没有研究过这个问题,他只是去办别的事情时偶然路过会场,感到好奇就进来听一听。然而令人震惊的是,这个人发言过后,所有参加会议的学者都认为他讲得非常好,对问题的分析很"深刻",并且为他鼓掌。实际上,我并不对这个人的"精彩"评论感到奇怪,因为这个人可能确实很有想法。但我却在思考这样一个问题:为什么一个不懂得专业的人可以在一个专业学术会议上讲话,而且还能比从事这个专业的人讲得更好?这意味着什么?这本身就意味着这个专业本身并不"专业",意味着这个专业学者所讨论的问题层次、所使用的术语,跟没有受过该专业训练的人,几乎是一样的。换句话说,如果这些受过多年专业教育的学者还不如一个没有受过任何专业教育的人,那一定是我们这个学科出了问题。这会让人很丧气,会感叹:我怎么学了这样一个学科!我们这些人还在这个学科读了硕士和博士!这么多年我们都学了什么!我们又做了什么!

再进一步想下去,难道社会科学的其他学科不是这样吗?如果正在召开的是"高能物理"方面的研讨会,这种情况是绝对不会出现的。因为在一个真正"科学"的领域,一个外行是绝对不可能参与到讨论中来的——即使他想就此做评论,也一定会让与会者轰下去的。实际上,在国外的社会科学领域也不会出现这种情况?国外社会科学专业教材中都会强调这样一句话:"没有受到过本学科专业训练的人,是不可能进入到本学科来的。"可是为什么在中国的社会科学领域就会出现这种情况,而且会经常出现?是不是我们的社会科学出了什么问题?

经过一段时间的思考我发现,在中国之所以会出现这种情况,主要原因是中国的社会科学缺少"科学"的成分,学者们研究问题的思路和方法与普通大众思考问题的思路和方法没有太大的差异。

学者和普通人的差异在什么地方?普通人或未受过专业训练的人感知的是一般的生活世界,这种感知是直接的,他们对感知的表达使用的是自然语言和文字,他们根据个人的特定立场和经历来判断一件事情,并承载着个人的价值判断。而科学家是生活在由过去的科学家所构建起来的科学世界中,他们是用本专业的理论、术语和方法所形成的一整套知识体系来思考和研究问题的,研究问题时注重使用本学科的理论,使用能够反映事实的数据,以及能够对数据进行处理和分析的模型或方法,给出的判断并不具有任何价值色彩。普通人在讨论问题时更重视目标和结果,对达到目标的方法或程序通常不作明确交代;而学者通常重视方法和程序,任何人都可以用同样的方法和程序来追求自己的目标,但只有少数人熟悉这些特殊方法和程序。

从学者和普通人分析问题的差异上看,我们似乎可以感觉到,中国的社会科学学者与普通人思考和分析问题的方式没有什么两样,他们的表现并不像是受过专业训练的专家,因为他们并没有像专家那样去研究问题和讨论问题。他们实际上是打着专家旗号的普通老百姓。当他们以专家的名义随意发表一些荒唐的令老百姓讨厌的言论时,专家成了"砖家",教授成了"叫兽",他们毁坏的是整个学术界的名誉。更令人遗憾的是,这些有名无实的专家仍然在培养他们的学生。

1.4 为什么将社会科学与人文学科归为同类学科？

中国的学者总是喜欢将社会科学与自然科学分开，甚至是要"划清界限"，过分强调社会科学与意识形态和上层建筑之间的关系。这在"阶级斗争"时代是可以理解的，因为那时候强调社会科学是有阶级性的，是受意识形态影响的。这种划分实际上弱化了社会科学的客观性和价值中立性，而掩盖了社会科学与自然科学都是"科学"的共性，从而导致社会科学总是跟着形势走，跟着意识形态走，而不是跟着科学思路、科学理念和科学理论走。

而另一方面，中国学者又喜欢将社会科学与人文学科归为一类。"社会科学"至少从名称上看应该属于科学的范畴，那么从"科学"的层面看，社会科学和自然科学都属于科学的领域，在研究问题的思路和方法上应该具有同样的属性。相反，社会科学和人文学科，二者差异巨大，一个属于科学范畴，一个属于非科学范畴。但令人不解的是，在中国，人们经常把社会科学和人文学科归为一类，统称为人文社会科学，或称哲学社会科学。这样的分类，很容易混淆社会科学与人文学科或哲学之间的差异，淡化了社会科学的科学性质，也将社会科学与自然科学明显地隔离开来。这种分类方法本身就标志着中国社会科学研究经常采用人文学科特别是哲学的方法来做研究，从而自觉不自觉地排斥了社会科学的科学思路。

人文学科和社会科学的本质区别在于，人文学科的知识是人创造的，而社会科学的知识是人发现的。这里的"创造"指的是原本没有的、后来由人所发明出来的东西，人文学科包括文学、哲学、美术、音乐、舞蹈、戏剧、电影、电视等。社会科学包括社会学、经济学、教育学、政治学、传播学、管理学、人口学、人类学、地理学、心理学等。

同自然科学一样,社会科学的目的也是为了揭示客观事实,不同的是社会科学揭示的是由人组成的社会事实,而自然科学揭示的是自然事实。凡是致力于揭示客观事实的学科,都被归为科学学科。人文学科之所以不能被称为人文科学,就是因为其目的不是揭示客观事实。实际上,有些学科研究的内容既有"创造"又有"发现",属于跨越社会科学和人文学科两类学科的,比如历史和法学;也有很多学科是跨越自然科学和社会科学的,比如地理学、人类学和心理学,为了区别它们的学科性质和研究对象,在社会科学领域,这些学科会被称为人文地理学、社会人类学和社会心理学。

在中国,对社会科学的误解由来已久,社会科学的很多学科都吃过这方面的苦头。拿统计学为例,刚刚建国的时期,中国的统计学曾经有两大学派,一派是以欧美统计体系为代表的数理统计学派,另一派是以前苏联统计体系为代表的社会经济统计学派,这两个学派曾经发生过激烈的争论,即:统计学到底是实质性学科还是方法论学科。中国的统计学到底是应该引进欧美数理统计还是应该引进前苏联的社会经济统计?数理统计学派认为,数理统计方法是统计科学的基础,具有很强的数学规律,可以描述和反映人类社会和物质社会的一般运动规律。而社会经济统计学派认为,统计学是属于实质性学科,是一门具有鲜明阶级性的独立的社会科学,它是为一定阶级利益服务的工具;中国的统计学主要是为了描述和研究中国社会发展状况,而且要能够反映中国的意识形态,因此作为社会科学的统计也是有阶级性的;而数理统计是无阶级性的,是资本主义的产物,所以在中国必须引进马克思列宁主义统计学。争论的结果是,中央政府做了一个决定,中国统计的学科体系和内容全面采用前苏联的社会经济统计,并表明社会经济统计才是唯一的统计学。由此将数理统计学彻底排除在中国的统计之外,导致建国后财经院校的统计学系普遍采用前苏联的社会经济统计学学科体系和教材,并以社会经济统计学原理作为专业基础课,部门统计(包括工业统计、农业统计、基本建设统计等)作为专业课,由此培养出的学生往往对各个社会经济部门的指标体系和指标界定比较熟悉,数理统计理论和方法则比较欠缺。① 实际上,前苏联的统计体系比较适合传统的政府统计,因为更多地利用"总体"数据来"描述"社会经济状况,但这类统计不适合作为学术研究工具,因为研究不仅主要使用样本数据,并对总体进行推断,而且需要做多变量的解释性分析,必须采用统计模型,这些都必须以数理统计为基础。

还有一个问题是,以往在测量人口素质的时候,往往会从毛泽东曾经提出的"德、智、体"三方面去测量,对"智"的测量通常使用"受教育程度",对"体"的测量往往基于健康状况或死亡水平。但如何对"德"来测量,在学术界就存在很大的争议,因为有人认为不同社会制度下,不同国家、民族和文化对"德"的定义和判断是不同的。所以有人认为不存在一个普遍适用的人口素质测量工具,各国的人口素质也不具可比性。为了能够比较,也有人干脆将"德"去掉,只测量人的受教育状况和健康状况,这样又会被扣上不重视"德"的帽子。实际上,人口素质不是不可以测量,关键是要构建一个大家公认的测量指标体系,当然这个"公认"既可以是全世界普遍适用的,也可以是中国普遍适用的,关键是只要这一指标体系以及评价标准是共同的,所得出的结论就是客观的,这样的研究就是科学的。

---

① 我的硕士、博士导师查瑞传教授曾向我介绍过中国统计的发展状况。他在中国人民大学1950年正式成立统计教研室时被任命为统计教研室的俄文翻译,他曾开玩笑地讲,中国的统计是从他嘴里出来的。据他介绍,教研室成立时共10位教员,基本上都不懂统计,是由前苏联的教授来给这些教员讲授统计学,讲完后大家根据讲课笔记共同完成了第一本中国人自己编写的统计学教材,起名为"列宁主义统计学"。

1.5 为什么社会科学研究做得很容易,文章很高产?

在中国的社会科学领域,如果一些学者比较有想法同时又比较勤奋的话,一年之内发表十几篇甚至是数十篇论文是不成问题的。我所了解到的确实有一年发表十几篇甚至几十篇论文的学者。甚至有报道,社会科学某领域大三学生一年发表了13篇论文。① 与此同时,绝大多数高校对硕士研究生和博士研究生在读期间发表论文数量都有明确的要求,通常要求硕士要发表1—2篇论文,博士要发表2—3篇论文;对在职教师每年发表论文的数量也有明确的要求,通常也在2—3篇论文左右。与此同时还对论文发表在哪类刊物上有明确的要求。这里不是说发表了这么多论文不好,而是说社会科学领域做研究、写论文和发表论文似乎并不是很困难。

难道做社会科学研究就这么容易吗?据我了解,在国外社会科学领域"高产"教授通常平均一年能够写两篇论文、发表一篇论文;在美国对硕士和博士在读期间发表论文并没有任何要求,因为做一项社会科学研究并不是一件很容易的事情,而且写出论文来并能够发表就更不容易。

美国有比较成熟的博士后制度,中国为了学习美国的经验,在上世纪八十年代中期也引进了博士后制度。但是做博士后的目的到底是什么,在国内并不十分明确。某高校一位负责博士后项目多年的工作人员曾跟我谈过她的困惑。该高校实施博士后制度以来,有很多著名高校的正教授,甚至是部队的将军来学校做博士后,而且当时

---

① 参见 http://news.163.com/14/0409/05/9PC6Q8K200014AED.html。

一些学校给博士后的待遇比在校工作的教师还要高,甚至分给两室一厅的房子。她不知道博士后到底是干什么的,如何定位博士后,也不知道这些人来做博士后的目的是什么。在中国,很多人会错误地认为,获得博士学位并不是获得了最高学位,而只有拿到博士后才算是最高了,甚至还有人在自己的名片上标注出自己是"博士后"。

然而在国外做博士后的人都十分清楚自己的目的和定位。在美国如果博士毕业后去企业或进政府部门工作是不需要做博士后的,只有博士毕业后想进入高校当老师或做研究人员才需要做博士后。原因是美国的博士生在校期间并没有要求他们发表论文,而且也很少有人能够在学术刊物上发表论文,因为发表学术论文是一件很了不起的事情,在读博士生往往还不具备发表论文的资格和水平。然而,美国的研究型大学对于招录的年轻教师又要求必须发表过论文,因为学校需要依据论文的情况来判断这个人是否适合当老师、做研究。为了使二者能够对接,就创建了博士后制度,即让那些想进入研究型大学工作的博士毕业生在博士后期间修改和整理他们的毕业论文,将其改写成适合学术刊物发表的论文,并在这期间投稿并发表。由于发表论文的周期通常会在一年左右,甚至要超过一年,所以美国正式的博士后项目均设置为两年,而且这两年不需要给任何人打工,也没有具体的工作任务。这期间如果有人提前发表了论文并找到了相应的工作,甚至会提前出站,结束博士后研究。当然,美国学校也有一年的博士后项目,这类项目通常是某个导师为了找人帮助做研究,从自己的科研经费中出钱,并以博士后的名义来招人。在美国做博士后的人绝大多数都是博士刚刚毕业的人,也有个别人找到了一些比较差的大学的助理教授职位,同时在研究型大学做博士后,几乎没有已经成为副教授或教授的人再到大学做博士后的。在美国,有些学校把博士后归为学生,也有的学校把博士后归为研究人员,严格说来博士后是介于学生和教员之间的。实际上,做博士后的人并不一定是博士中学术做得最好的人,真正的"牛"人是那些在博士期间就已经在比较好的学术刊物上发表了论文,且在博士毕业时就已经找到了 tenure track①职位的人。

如果比照美国的情况,中国实际上没有必要设置博士后制度,因为中国毕业的博士在校期间都发表过学术论文,而且还不止是发表一篇;好一点的学生会发表5—6篇论文。如果这些学生想去大学工作,是不需要再做博士后了,因为论文已经可以证明他是否可以在大学工作了。所以,在中国设立博士后制度的目的并不明确,不仅博士后本人,甚至博士后指导教师也不知道这些博士后在两年期间应该做什么,他们既不需要上课,也不需要发更多的论文,后来就变成了给指导教师打工,美其名曰为了提高从事科研的能力。近年来,很多大学把博士后作为招收教员的考察期,要求如果毕业的博士生想到本校工作,必须先进入本校的博士后工作站,为单位工作两年后,再决定是否可以留校。很明显,做博士后的目的已经变了。

上述的一些"奇怪现象",只是表面上看似乎比较奇怪,但是当我们真正了解了中国社会科学存在的问题以后,就不会再感到奇怪了。而这些问题的本质都与中国的社会科学"到底是不是科学"、我们是否以一种科学的方式来看待社会科学或从事社会科学研究有直接关系。

---

① Tenure-track 是一种终身教授预备制度,它是指那些想获得终身教授职务者所经历的考察期,一般来说考察期最多为7年,在获得这个职位的第7年由一个评审委员会对其之前的科研和教学做一个全面的评价,最终确定这个学者是否应该留下或离开。留下者将获得终身教授职位。

第二章 "科学"是什么?

- 什么是科学?
- 什么是社会科学?
- 科学的特点是什么?
- 什么是非科学、反科学和伪科学?

要想理解"中国社会科学离科学有多远",首先需要了解什么是"科学",然后我们才可以按照科学的思路、原理和方法来分析中国社会科学所面临的问题,进而提出解决问题的方法和建议。

2.1 什么是科学?

很多人都知道"科学"这两个字,但并不一定能够给出科学的严格定义。人们会发现在现实社会的很多地方"科学"都被作为一种标签,只要是"好东西"都被冠以"科学"二字;也有人用科学的名义进行招摇撞骗,干着反科学或伪科学的勾当。因此,我们需要了解什么是科学,知道科学结论是怎样得出来的,这样就可以避免上当受骗。

英文"科学"(science)一词源于拉丁文(scientia),其原意是"知识""学问"的意思,这是"科学"一词最基本也最简单的含义。这个词初次传入我国时被译成"格致学",即"格物致知"的学问,它是通过"推究事物的原理规则而获得的理性知识",是有关一定对象和事实的规律性认识。早期的中文里并没有"科学"这样一个词汇,也没有研究科学的学科,当时的中国做学问的人都是通才学者,什么问题都研究,而不分具体学科。后来发现西方的 Sciences 是分成不同学科的,所以从 19 世纪末才按照字面的理解把这一英文词汇翻译成"分科的学问",即"科学"。

实际上古希腊对 scientia 的理解,更为准确的不是 science,而应该是 certainty(可靠性)[①],即真正可靠的现实。人们当时认为现实有表面的现实和真正可靠的现实,那些掌握了真正可靠的现实的人,

---

① 〔美〕修·高奇(Hugh G. Gauch, Jr.). 科学方法实践(Scientific Method in Practice)[M]. 王义豹,译. 北京:清华大学出版社,2005:35.

才是真正有理念、有思想、有智慧的人,所以当时人们追求科学的目的是使自己成为一个有智慧的人、有品位的人,成为一个自由的人,而不是一个只具"低级趣味"的人。此时人们不是在追求知识的有用性,而是在提升人的品质。这类知识被称为是自由艺术,科学正是这样一种自由艺术,因为它摆脱了追求自身利益的个人的、阶级的、文化的、宗教的和民族的传统控制,因此它是自由的、独立的、客观的。

美国科学促进会主张:"科学作为自由艺术中的一种……必须按照自由艺术来传授";"作为理想,自由教育培养出来的人,心胸开阔、襟怀坦白,没有狭隘的地方观念,不武断专横固执己见,不先入为主顽固保守,不作脱离实际的空想;对自己的见解和判断具有清醒的自觉意识,对自己的所作所为进行反思,对自己在社会和自然界中的地位有自知之明。"[①]

《新韦伯国际百科全书》对科学给出的定义是:科学是"自然、个体和社会人类行为的系统研究。科学在很多主要特征方面不同于其他知识学科,如艺术和人文学科。科学基于观测,观测可以直接通过感官或借助工具,如显微镜或望远镜,来增加感知力而获得。科学要求仔细的收集和整理数据。总之,科学使用严谨的方法来解释所观测的事情。科学方法依赖这样一种逻辑使之从证据中得出结论和用实验来检验解释";"无论是艺术还是人文学科都不会像科学方式那样严谨;所提出的问题、所用的方法以及所获得的发现和结果是不同的"。[②] 这里强调研究自然和研究人类行为都属于科学的范畴,科学要基于观测,要仔细收据和整理数据,同时强调了艺术和人文学科与

---

① 〔美〕修·高奇(Hugh G. Gauch, Jr.). 科学方法实践(Scientific Method in Practice)[M]. 王义豹, 译. 北京:清华大学出版社, 2005:17.

② Michael D. Harkavy. The New Webster's International Encyclopedia[M]. Trident Press International, 1999:971.

科学的区别。

为了更简单地理解科学的定义,我们来看北京大学出版社出版的由 Ferris Ritchey 著的《统计想象》一书①给出的定义:"科学是解释经验现象的一套系统方法。经验意味着可观测、可测量;现象就是事实,即自然存在的事情。"②如果把这些文字串起来的话,我们可以进一步表述为:科学是解释可观测、可测量的自然存在事实的一套系统方法。在这里,科学的最终落脚点是"系统方法"。

简单地说,科学的目的就是揭示客观存在的现象以及它们的规律。可观测和可测量的经验现象包括:自然条件、过程、事件、形势、对象、人群、行为、想法、信仰、知识、观点、态度、情绪和感受等。很明显,这些现象既有纯粹的自然现象,也有人所表现出的现象,这些都是自然或客观存在的,也是可测的。当然,不是所有事情都是可观测的,比如"来世"或哲学中讲的"我从哪里来""将向哪里去",都是不可观测的。

根据这个定义,我们可以总结出科学的三大特点:即以事实为依据,以方法为手段,以解释为目的。这里的事实就是客观存在的事物。反映自然物质特征的内容可能包括长度、面积、体积、重量等。除此之外,测量某个物质还需要建立一种标准或尺度,比如科学家为长度构建的标准有毫米、厘米、分米和米等,为测量重量构建了克、公斤和吨等,而且还制造了测量长度和重量的工具或仪器,如米尺和磅秤等。在实际生活中,人们可以用米尺测量出桌子的长度为 1.2 米,

---

① 本书是一本 2006 年在中国出版的影印版教材,它的英文原版书名为:The Statistical Imagination:Elementary Statistics for the Social Sciences。关于科学的定义见该书第 14 页。

② 其英文原文是:Science is a systematic method of explaining empirical phenomena. Empirical means observable and measurable. Phenomena are facts,…, things that exist naturally.

用磅秤测量出桌子的重量为6.5公斤。在这里，人们借助人为定义的标准，把物质的不同特征均转化为了数字，将客观事实用数据表示出来，即实现了实物向数据的转化。

在社会科学领域对人的特征的测量与自然科学对物质特征的测量具有同样的性质，采用类似的办法。以人的年龄、性别和文化素质几个特征为例：为了测量年龄，人们定义的标准是活了一年为1岁，即按照年岁来定义人存活的时间长度；为了测量性别，人们定义了两个尺度，即男性和女性，用这个尺度或工具来衡量所有的人，每个人都可归为其中的一类；人们用受教育程度来测量人的文化素质，并将文化程度划分为从未上学、小学、初中、高中、大学及以上，从而用这一尺度来测量每一个人并将其归为其中的一类。实际上，如果对某一批人进行测量，那么定量调查问卷本身就构建了测量这一人群不同特征的标准或尺度，如果将各个标准中的每一类用数字进行编码，最终也将人的各类特征转化为了数字。

由此可以看出，无论是物质特征还是人的特征，均属于客观事实，而且都可以转化为数据。用数据反映事实的方法被称为实证方法，基于数据所做的研究为实证研究，实证研究属于经验研究的一种，因为它是基于事实所做的研究。

前面讲的科学的三大特点中的第一个特点是"以事实为依据"。那么什么是事实呢？事实可以分为两种，一种是表面事实，另一种是真实的事实。比如，把筷子放到水里，看到的筷子是弯的，这是一种表面事实，而真正的事实并不如此。研究生面试时，发现一个学生侃侃而谈，感觉这个学生不错，可是后来发现这并不是事实，这说明我们的判断出现了失误。实际上人们对事实的认识和判断也可以分成不同的程度，最浅层次、把握不大的叫"看法"，有一定把握的判断叫"可能"，把握非常大或十分有把握的判断叫"可靠"。通过短短几分钟的面试,到底有多大把握可以看出一个学生的真实水平,这取决于面试方式和内容,以及考官的判断能力。面试结束后,到底有多大的可能可以判断出这是一个合格的学生?若该判断正确的可能性只略高于50%,或在50%到65%之间,这种判断只能算是一种"看法";若可能性在65%到90%之间,说明这是一个好学生的可能性已经比较大了,可以判断为"可能"是好学生;若可能性在90%以上,这种判断基本上是"可靠"的,基本上可以明确下结论了。

若我们把两个层面的事实和三个层面的判断结合起来分析,可以发现,普通老百姓讨论问题时,通常是根据表面现象谈"看法",而科学家则是根据真实事实做"可靠"性判断。中国某些凭个人经验、感受和想法做研究的学者,通常属于基于表面现象做"可能"性判断这一类的。这类学者有点像哲学家,习惯用思辨的、哲学的方式来做研究,他们与哲学家不同的是,尽管哲学家也是基于可能性做判断,但真正的哲学家是要看事物本质的,是基于真实的事实做"可能"性判断,他们对事物的认识要比很多社会科学家深刻得多。

事实针对的是被研究对象,事实往往成为学科分类的依据,研究不同的事实形成了不同的学科,如研究自然界的为自然科学,研究人和社会的为社会科学。在社会科学中,研究人类经济活动的领域被称为经济学,研究人的空间特征的学科被称为地理学,研究人如何受教育的学科被称为教育学,等等。

三大特点中的第二个特点,即"以方法为手段",更体现了科学的本质特征。科学之所以能够提供可靠的知识,就是因为它可以提供令人信服的证据,而提供这些证据的方式就是合适的研究方法。康德说过:"科学就是实证它的方法。"方法分为两大类,一类是逻辑方法,另一类是具体方法。前者要求推理要具有逻辑上的可能性,并依

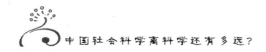

据归纳法或演绎法进行演绎;后者属于技术性方法,多用数学和统计的形式来表达。方法的作用是让杂乱无章的、看起来无规律的表面现象显示出真实面目或可靠的、真实的事实,并展现出其背后的规律。

第三个特点,即"以解释为目的",从严格意义上说,并不是科学的特点,更应该是科学的目的。科学研究要求对研究的问题给出关系,并作理论上的解释,这里强调的是:科学研究不仅关注"是什么",更关注"为什么",特别是在社会科学领域,告诉人类社会"是什么"只是研究的基础,并不是科学的最终目的。科学的最终目的是揭示人类社会"为什么"是这样的。发现人类社会存在的客观规律,其目的是为了更好地利用这些规律来为人类服务。

2.2 什么是社会科学?

前面讲到过,一般老百姓对科学的概念是比较模糊的,对什么是社会科学就更不明确了,甚至可能不认为社会科学属于科学的范畴。这与社会科学在中国不受重视以及社会科学学者习惯于用哲学方法来研究社会科学是分不开的。

中国目前的学科分类国家标准是将学科分为五个大类,共56个一级学科、573个二级学科。五个大类分别为自然科学、农业科学、医药科学、工程与技术科学和人文社会科学。老百姓通常会将其归为两大类,即理科和文科,并认为前四个大类为理科,最后一类为文科。在组织机构分类上分为中国科学院、中国社会科学院、中国农业科学院等。

中国科学院,从名称的表面含义上看应该包括自然科学和社会科学两部分,但实际上只涵盖了自然科学,却没有把名称改为"中国自然科学院"。中国社会科学院,实际上并不仅仅是社会科学,实际上涵盖了社会科学和人文学科两部分。中国科学院和中国社会科学院两个部门都是名不副实,一个是名大于实,另一个是实大于名。这种组织分类方法本身就体现出社会科学地位是比较低的,比如,老百姓知道中国科学院是研究"科学"的,同时也知道这里面不包括社会科学,自然会理解为:科学是不包括社会科学的。

那么,什么是社会科学呢?在国外通常也有人把社会科学称为"行为科学",他们认为这一词汇更为中性,更容易被人接受。① 然而在中国,人们还是习惯用社会科学这个名字。社会科学是关于人类群体生活方方面面知识的领域②,它是研究人以及由人组成的社会和与其相关的制度。了解人类社会不仅是了解人类生存的条件和环境,更是要找到改善人类生存条件和环境的机会。社会科学包括政治学、经济学、心理学、教育学、社会学、人类学、地理学、法学、新闻传媒等领域。爱因斯坦曾经说过,"政治学要比物理学更难,世界更容易由于坏的政治学而毁灭,而不是坏的物理学"。③

社会科学与自然科学的差异比较明显,这主要体现在研究对象上的差异。自然科学是关于人类生存的自然环境,研究领域包括物理学、化学、生物学和医学等。然而也有些同类领域可以跨自然科学和社会科学两个学科,只是研究的对象或角度不同。

学科分类的最后一个大类被称为人文社会科学,这里把人文

---

① 杨国枢,等. 社会及行为科学研究方法(上册)[M]. 第 13 版. 重庆:重庆大学出版社,2006:11.
② 参见 Elgin F. Hunt, David C. Colander. Social Sciences: An Introduction to the Study of Society, twelve Edition, Pearson Education, 2004(北京大学出版社影印版, 2005,第 3 页)
③ 英文原文是:Politics is more difficult than physics and the world is more likely to die from bad politics than from bad physics.

学科和社会科学合起来归为一类,是十分荒唐的,容易抹杀二者之间的区别。这可能是受过去意识形态观念影响导致的,社会上很多人区别不开社会科学和人文学科之间有什么差异,认为二者是一体的,都是与意识形态有关的学科,并给出了一个简单的称呼,叫"文科"。

特别是在"以阶级斗争为纲"的年代,把原本属于科学的研究与政治问题联系到一起。比如对社会问题的研究被看成是反马克思主义和向社会主义进攻,并受到政治上的批判,其中一个比较突出的案例就是著名经济学家、人口学家,当时的北京大学校长马寅初教授。他在上世纪五十年代专门研究中国人口问题,并于1957年发表了《新人口论》,后来受到当时"反右"运动的波及,有人说他是借人口问题搞政治阴谋,也有人说《新人口论》是配合右派向党进攻,还有人指责马寅初是姓马尔萨斯的马,是为资产阶级说话的,不是姓马克思的马,并在《光明日报》上掀起了对马寅初的批判。马寅初在认真核对了自己的数据和理论以后,毅然写了一份"接受《光明日报》的挑战书",坚定地指出,"我虽年近八十,明知寡不敌众,自当单身匹马,出来应战,直到战死为止,决不向专以压服不以理说服的那种批判者们投降",表现出了学者的骨气。

在那个年代,除了马寅初以外,很多社会科学学者都受到批评甚至被打成了右派,其中包括:陈达(社会学家,原清华大学社会学系主任)、费孝通(人类学家,清华大学教授)、李景汉(社会学家,原辅仁大学社会学系主任)、潘光旦(社会学家,清华大学教授)、吴景超(社会学家,清华大学教授)、王铁崖(法学家,北京大学教授)、陈振汉(经济学家,北京大学教授)、邹庆文(经济学家,北京大学教授)、沈志远(经济学家,上海经济研究所所长)、向达(历史学家,北京大学教授)、陆侃如(历史学家,山东大学副校长)等。① 从此,社会科学研究受到了非常大的影响,很多学科被取消,有些学科的研究也一度中断,直到改革开放以后社会科学各个学科才开始逐渐恢复生气。

当然在那个年代,也有比较活跃的学科,比如社会科学领域一直比较活跃的是政治经济学,特别是马克思主义政治经济学,在人文学科里比较活跃的主要是马克思主义哲学。而且,政治经济学和哲学这两门课长期成为我国中小学甚至到了大学和研究生的必修课。

实际上,由于历史和意识形态的原因,在中国人们一直搞不清社会科学与人文学科到底有什么区别。一方面有人认为社会科学不是科学,属于意识形态方面的内容,与人文学科没有什么两样;另一方面也有人认为人文学科也是科学,并将其称为"人文科学",因为1979年和1999年出版的《辞海》都称人文学科为"人文科学",甚至还给出了定义。② 实际上二者的区别是非常大的,社会科学作为科学,它与自然科学的关系更近一些;而人文学科并不是科学,它与社会科学的距离则更远一些。然而由于人为地将其归为一类,恰恰混淆了二者的差异。甚至很多大学都把人文学科和社会科学归并到一个学院,起名为人文社会科学学院。不知道同一学院的人文学科学者和社会科学学者之间如何进行交流和对话,他们应该用科学的思维或语言对话还是用人文语言对话呢?如果真能对话交流,那么一定是其中一方出现问题了。

实际上,人文学科与社会科学也是有交叉的,比如,法学研究领域针对立法的研究更多属于人文学科,而对于犯罪的研究更多属于社会科学。现在也有很多学者用科学或社会科学的方法来研究人文

---

① 〔英〕纳拉纳杨·达斯. 中国的反右运动[M]. 欣文,唐明,译. 西安:华岳文艺出版社,1989:211—224.
② 李维武. 人文科学概论[M]. 北京:人民出版社,2007:8—9.

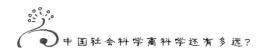

领域的内容,比如通过识别用词习惯的差异性来识别两个文稿是否出自同一个人之手,通过检验不同的书画作品的一致性来识别是否出自于同一个时代或属于同一个画派等。

在真善美中,科学是研究"真"的,人文是研究"善"和"美"的。人文学科顾名思义是人所创造出来的知识,她是人类给自己留下来的遗产,也是人类献给自己的礼物,它可以使人的生活更为丰富多彩。科学是对既有知识的发现,而不是创造;科学是挖掘或发现自然或天性留给人类的东西。人文属于大众艺术,人文学科是服务于大众的,是给大众看、给大众欣赏的,但它又高于大众,因为它本身具有技巧和规律,而那些熟悉和掌握这些规律的人,会有更高的欣赏水平,他们从文学和艺术中所捕捉到的东西要比大众所捕捉到的东西多得多。一个人学习一门艺术,目的不一定是要当个艺术家,而是带上了一副艺术的眼镜,能体会到常人体会不到的艺术之美。都说音乐是上帝送给人类的礼物,但懂音乐的人要比其他人享用得更多。文学和艺术类作品既可以由老百姓来评奖,也可以由该领域的专家来评奖,前者关注的是群众性,后者关注的是艺术性,比如中国电影有金鸡奖和百花奖,前者是由中国电影家协会主办,由电影界专业人士来评选,后者是《大众电影》杂志主办,是由群众评选出来的。

社会科学强调的是"发现"而不是"创造",因为社会科学研究的是社会存在的既定事实,它是一种原本存在的客观事实,这些事实不是人创造出来的,人只能去发现和揭示这些事实,告诉后人这些事实都是什么,社会科学知识本身并不能直接被老百姓所享用,犹如自然科学知识一样,它所取得的成果可以间接地让社会更和谐、人民更幸福。科学并不属于大众艺术。科学的成就可以被老百姓在生活中间接使用,但不能被直接用来欣赏。

2.3 科学的特点是什么?

不是所有"研究"都是科学的研究,也不是所有研究的结论都是可信或可靠的。检验或判断一个研究是否是科学的研究,需要从以下几个方面入手。当然下面给出的只是科学的必要条件,而不是充分条件。

(1) 客观性。这是检验一个研究是否科学的最重要条件之一。科学研究的客观性指的是研究结论必须是客观的,是以事实为依据的,要保持研究者的"价值中立"。通俗地说就是"让事实说话、让数据说话,而不是让研究者自己说话"。这意味着,检验一个研究是否是科学的研究,就是要看研究的结论是基于事实或基于数据得出来的,还是研究者依据自己的感受、自己的经历或想象得出来的。科学的研究一定是基于"客观"证据,而不是基于"主观"判断。在这里,研究者必须摆正自己的位置,研究者本人只是事实或数据的收集、整理、组织和分析者,而不应该是事实的承载者,他本身的经历和感受不能作为一般事实,更不能依据个人的经历和感受来下结论。那些靠个人经历、个人感觉、个人认识,或用哲学的、思辨的思路来做判断或下结论的研究均不属于科学的研究。比如,某人得出这样一个结论——中国人仍未摆脱自卑感①,那么他就需要对"中国人"做一个调查,并测量"自卑感"状况,然后再与其他国家人的自卑感状况进行比较,才可以看出中国人的自卑感是高了还是低了,才可以获得结论。如果单纯依靠研究者本人的感受来下结论,这一结论不管是对还是

---

① 张颐武. 中国人仍未摆脱自卑感[EB/OL]. 环球时报,(2014-12-31). http://news.ifeng.com/a/20141231/42832814_0.shtml.

错，都很难让人接受。

（2）条件性。任何一个结论都是有条件的，而且条件应该是有限的。永远不存在一个无条件的或"放之四海而皆准"的结论。另外，一个研究必须限定一定的范围，即有一个特定的研究对象、研究问题和研究内容，这样得出的结论才可以更明确和具体。题目过于宏观、涉及范围过大、系统过于复杂的问题，往往很难给出确切的结论，也很难说这类研究属于科学的研究。即使是相对复杂系统，也应该尽可能地用简洁的形式表达出来，使其能对复杂多变的系统赋予秩序、显示规律。

（3）否证性。传统的研究通常使用归纳法，即从具体事例推出一般原则。根据归纳法的思路，一切结论均是从过去的经验中归纳出来的，科学规律是建立在事实重复性的基础上。然而，有人认为材料的反复出现，只不过是证明这些材料在过去曾经发生过联系而已，并不能保证这种联系在任何时间都会发生，换句话说通过收集无论多少经验事实，都不能证明一种结论是正确的，因为任何一个与这一结论不符的事实都可以使"结论"发生动摇。

实际上，科学理论都是用"全称判断"的方式表达出来，而经验的对象却是个别的。个别事物无论重复多少次，也无法证实一个"全称判断"命题。例如，对于"所有天鹅都是白色的"这样一个"全称判断"命题，不管我们观察到多少只白天鹅，也不足以证实，因为我们的观察不可能穷尽所有的天鹅。[①] 但是在没有发现黑天鹅之前，我们只能暂时保留这一命题，而没有放弃它。然而，一旦我们发现了一只黑天鹅，便可以立即否证这一命题，从而将它放弃掉。因此，否证才能作为检验理论的方法。

---

① 黄光国. 社会科学的理路[M]. 北京：中国人民大学出版社，2006：117.

科学只有在不断批评和否定的过程中形成,是一种猜想(理论)代替另一种猜想(理论)。实际上,统计学中的假设检验,则是通过否定原假设来肯定备择假设的,这正是"否证"的思路,属于演绎法。演绎法是科学研究的唯一方法。

(4)可检验性。一个科学的结论一定是可重复、可检验的。首先,它是可行的。因为既然结论来自客观事实,那么这个客观事实一定是一种存在,而不是瞬间即逝的东西。既然研究者基于这一客观事实得出结论,那么其他人在同样的条件下也应该能够得出同样的结果。如果在条件相同的情况下得不出同样的结果,则意味着原来的结论是不能被普遍接受的。因为科学不仅具有客观性,也具有一般性。

2014年在全球科技界最有影响的一个事件就是日本美女科学家学术造假。[①] 2014年1月29日,1983年出生的小保方晴子在《自然》杂志发表两篇诺奖级论文,声称发现了成年动物体细胞克隆的全新方法。他们成功培育出了能分化为多种细胞的新型"万能细胞"——STAP细胞。论文发表后,引来多位美国学者的质疑,他们提出了很多问题,其中第一个问题就是:"其他实验室能重复出来吗?"7月2日《自然》杂志正式撤销此论文。一个月后,小保方的上司也是论文作者之一的日本干细胞领域著名科学家笹井芳树在日本理化学研究所大楼内自缢身亡。8月12日,小保方晴子的美国合作伙伴、哈佛大学医学院查尔斯·瓦坎蒂(Charles Vacanti)教授也宣布辞职。小保方晴子于2014年7—11月重做实验。与以往不同,她将使用一个特制的实验室,单独进行验证实验。这个实验室入口处和室内安装3个摄像头,实施24小时监控,即由第三方实施现场监督。

---

① 详细介绍请参见《三联生活周刊》总第801期。

2014年12月19日,日本理化学研究所就小保方晴子涉STAP细胞造假事件召开了记者会,宣布STAP细胞实验结果没有再现,根据这个结果,验证实验终止。至此,轰动全球科学界的克隆研究造假事件告一段落。

在社会科学领域这种重复检验也是经常发生的。国外很多社会科学学术刊物在审稿时,通常会要求作者提交论文中所使用的原始数据,并会邀请第三方专家根据论文所描述的方法,对其结果进行重复计算,以检验结果的真实性和可靠性。当然,如果有其他学者对公开发表的论文提出质疑,他本人也可以找到同样的数据,利用同样的方法进行再检验。这种可重复性的检验保证了科学的客观性和透明性,也保证了科学结论的可靠性,使人们感到科学是可以让人相信的。当然,数据的可获得性是能否进行再检验的前提。

(5)存在失败的可能。人们都知道,物理、化学、生物等自然科学研究,其失败的可能性是非常大的。即使是某个知名学者拿到一笔可观的科研经费,也未必能够真正得到预期的结果。然而,人们很少知道社会科学也会存在这种情况。如果说一个社会科学研究或某项研究课题,研究者已经具备了一定的研究水平且尽了最大努力以后,最终还是失败了。大家似乎会感到很可笑,会问:"怎么社会科学研究还有做不出来的?"因为在中国,只要"写出来",就属于"做出来"了。在中国的社会科学研究,只存在"做得好"或"做得不好"的判断,不存在"做出来"还是"做不出来"的判断。而判断"做得好"或"做不好"的标准也很简单,那就是研究报告的字数是否足够多——字数多就算是做得好,否则属于做得不好。因此,社会科学研究报告和学术毕业论文一般也都有字数要求。

实际上,如果某个课题确实做的是科学研究,那么社会科学课题同样存在相当大的失败风险,这一风险与研究报告的字数无关。比如,你要检验"城市孩子比农村孩子更聪明"这样一个研究假设,很可能你的假设并不是很合适,这样即使你收集到了一定规模的样本数据,使用的分析方法也是正确的,但是你的统计检验可能会不显著,或者说你未必能够得出结论。当然,也可能你的假设没有错,但由于你收集到的样本有问题,或者你所使用的变量和模型有问题,最终也可能导致你得不出结论。前者是你的假定存在问题,你肯定得不出结论,这种失败是必然的、是客观上的,从科学角度是可以接受的;后者是主观上的、可以避免的,在学术研究上是不可接受的。总之,如果一项社会科学研究若不存在失败的风险,这个研究一定不是一项科学的研究。

(6)逻辑上的合理性或可解释性。科学是一种应用于研究对象的合乎理性的方式,当它与其他合乎理性的方式,包括普通常识和哲学结合到一起,才能使科学达到繁荣兴盛的地步。相反,如果单纯用普通常识或哲学的方式来做研究,则不属于科学研究。这里的涵义是,研究所得出的结论在逻辑上应该是可以解释通的,要能够自圆其说;尽管创新是非常重要的,但除非有充分的理由和把握,并能给出可信的解释,否则不要跟现有理论或常识有过多的冲突。另外,为了验证论点的有效性,必须参照一定的准则和判据,必须做出合理的演绎,绝对不能有悖于常识。① 实际上,普通老百姓有资格对一个研究结论提出质疑,因为某些研究结论可能不符合常理,但是没有受过这一学科专业训练的人是没有资格给出研究结论的。

总之,科学知识应该属于那种已经被经验所检验过的、被实证所证明过的知识。那些来自于某些人的想象和判断且未经实证检验和

---

① 〔美〕修·高奇(Hugh G. Gauch, Jr.). 科学方法实践(Scientific Method in Practice)[M]. 王义豹,译. 北京:清华大学出版社,2005:5.

确认过的东西,一定是有争议的,最多也只能算是研究假设。制造这类"知识"很容易,也很快,可以在短期内带来社会科学的虚假繁荣。然而,令人遗憾的是,这类"知识"甚至会被认为是学术经典,被写到教科书中,并让学生去学,这不仅是在误人子弟,甚至是在祸国殃民。

2.4 什么是非科学、反科学和伪科学?

19世纪法国社会学家孔德(Comte)首先提出"实证主义"(positivism)一词,认为人类知识仅限于收集事实并寻求其间的相关,借以对世界做出正确的描述。而形而上学的猜测以及用不可见的实体来解释自然,都是非科学的,一律应该予以舍弃。他把人类历史分为三个阶段:首先是神学阶段,人们用不可见的神或灵魂来解释自然事物;然后是形而上学阶段,人们使用抽象或无法观察到的原因来解释自然;最后到了科学阶段,人们使用经验和实证的方法来描述、预测,以至于实现控制自然的目的。

前面的分析已经可以看出,科学不等于哲学,但科学与哲学还是有着非常密切的关系。实际上,科学的初始状态来自于哲学,古希腊和罗马时期人们对自然界、对人类的很多认识都是停留在神学和哲学层面。后来随着某一门领域或学科的不断丰富和成熟,它们开始逐步从哲学中分离出来,特别是科学进入经验或实证阶段,就真正与哲学分离了。比如,欧几里得使几何学与哲学分离,伽利略、开普勒、牛顿使物理学与形而上学分离,物种起源使生物学与哲学和神学分离等。自然科学与哲学的分离相对来说比较彻底,社会科学领域,特别是早期的社会科学带有非常强烈的哲学色彩,而现代的社会科学研究仍然没有完全摆脱哲学的束缚,这种情况在中国的社会科学领域就更为明显。当然,即使已经从哲学中分离出来了很多学科,由于研究水平和技术能力有限,仍然有一些在科学层面解释不了的问题,这些仍然留给了哲学。

前面提出的科学的 6 个必要条件可以成为检验一个研究是否是科学的标准。之所以是必要条件,就是因为如果不满足其中任何一个条件,其研究结论一般是不科学的或是非科学的;从另一个方面说,即使是全部满足了这 6 个条件也未必就是科学的,因为它们不是充分条件。

非科学的并不意味着是不好的东西。人文学科领域的研究,包括哲学,都不需要用科学的方法来进行,但它促进了社会的和谐发展,为人类创造了文化和美,提高了人们的人文修养和对美的欣赏水平。如果说科学为人类创造了更多的物质财富,而人文学科为人类创造了更多的精神财富。另外,人文精神、人文关怀和社会伦理可以指导科学研究的方向,可以尽量避免科学发展对人类社会产生的负面作用。

然而,社会上仍然有一些反科学的组织和行为,比如邪教组织、算命先生、巫师等,他们利用人们的无知和对科学的不了解进行招摇撞骗,甚至是谋财害命。在学术领域也出现了一些反科学的思潮和理论,如后现代主义(Postmodernism),他们否认客观社会规律的存在,反对经验主义或实证研究方法,他们认为对社会的认识不能凭借感官的观察和客观测量,而必须依靠内心的直观感受。这一思潮很容易蒙蔽一些不了解经验研究或实证研究方法的学者,从而坚持把主观价值判断作为研究的基础。

可能对社会影响最大的还不是反科学,而是那些打着科学旗号干着不科学勾当的伪科学。目前社会上存在着两类"伪科学家"。一类是为了骗钱,他们抓住老百姓最需要而且不了解的事情,如健康和医疗。另一类是为了骗取名声,通过电视、互联网等新闻媒休,杜撰

一些耸人听闻的结论,以吸引公众眼球。也有一些学者利用政府官员不懂科学研究思路和方法的机会,哄骗政府,并取得政府的信任,为政府的决策或政策提供所谓的科学研究支持,甚至导致政府决策的失误,祸国殃民。

实际上,一些只凭自己的理解和感受来做研究的人,与普通老百姓判断问题的思路基本是一样的,并无特殊之处,不同的是这些"学者"有比普通老百姓更多的时间去思考和阅读,因此他们能给出的很多结论似乎是显而易见的,老百姓凭感觉也会觉得这些东西是有道理的。但是这里必须要知道,很多凭常识或感受得出的显而易见的结论经常是错误的。比如在中国经济比较落后时,很多人由于生活条件不好、营养不足,身体素质比较差。这样,人们会习惯地认为,营养越充分,人的身体状况会越好。现在人们开始明白了,营养与身体状况之间并不是线性关系,过度营养也会导致很多疾病的发生。

中国的科学界,不仅要在自然科学领域进行打假,更应该在社会科学领域打假,即揭露那些用不科学的方式所得出的重大的、对国家发展、对老百姓生活有直接影响的结论。对错误结论的揭露和纠正,比发现一个新的结论更重要。

第三章　中国社会科学"不科学"的现状

- "不科学"的现状
- "不科学"的思路
- "不科学"的特点

有一点我一直不能理解,就是社会科学学者经常会强调,社会科学与自然科学是不同的、社会科学不能像自然科学那样去做研究。如果从研究对象角度讲,这是可以理解的,因为二者的研究对象确实差异很大;如果从研究方法上讲,则很难让人理解。因为自然科学研究采取的是典型的经验主义或实证主义研究方法,即承认物质社会存在和运动的客观性,并通过研究来揭示客观规律。如果说社会科学不能按照自然科学的思路进行研究,就意味着社会科学不承认社会运动规律具有客观性,不需要对社会运动或人的行为进行客观测量,也就是说不需要用科学的方法来进行研究。

这样一种观念长期影响着中国社会科学研究。不承认社会科学研究的客观性、一般性,不遵循科学的思路和方法进行研究,就会导致学术研究没有了规矩和规范,研究者可以随心所欲,想怎样做就怎样做,论文想怎样写就怎样写,话想怎样说就怎样说。而目前中国的社会科学也正是如此。换句话说,中国社会科学研究没有规范、不用数据、不用方法,而是用一种老百姓常用的"原生性思考"或"常理性思维"方式,来分析和判断自己身边的问题,包括社会问题甚至是国家发展的问题。

3.1 "不科学"的现状

在国外的学术界,大家会经常嘲笑那些"不用数据(Data free)"式的研究,因为在国外社会科学刊物上发表的论文几乎都是用数据的,而且还要使用分析模型。只有个别学术领域的"大牌学者",在对以往研究的理论进行归纳或评述时,才有可能不使用一手数据,只是引用一些二手数据,同时做思辨性的分析和论述。

然而,再看中国的社会科学领域发表的论文,很多文章不用任何数据,只是单纯用一些思辨式或哲学式的语言来构造框架或梳理逻辑关系,而这种分析通常是基于个人的一些思考得出的结论。这里的思考通常会有三方面的"依据":一是依据个人以往对所研究问题的知识积累,这些知识可能来自阅读相关书籍和学习有关理论,使研究者在知识的积累上会优于本学科以外的人;二是来自个人所接触过或经历过的有关事情,研究者对这类事情的理解往往靠的是个人的经验、经历或直观感受;三是靠对思辨逻辑或辩证法的掌握,用哲学的思辨逻辑对问题做结构上的、关系上的分析,依据个人感知的或判断来分析可能性,把自己认为发生可能性比较大的结果作为结论。

如果是基于这样一种模式来做研究,那么社会科学某个领域里的"专家"和"非专家"的区别体现在哪里呢?"专家"比"非专家"好在哪里呢?很明显,只能体现在第一个方面,即专家读的本专业的书、掌握的相关理论比其他人多一些。而第二和第三方面并不是这个领域专家所特有的,其他方面的专家或普通老百姓很可能在个人经历方面或思辨性思维方面比这个领域的专家在研究这个问题上更有优势。而实际上,中国社会科学的很多理论并不是通过实证研究总结和继承下来的,而是来自于思辨,很多理论带有意识形态色彩或传统的政治色彩,对于解释社会现象也很难有说服力。正是这样的研究方式,导致了前面所提到过的一个奇怪现象——未受过本专业训练的人同样可以成为本专业的专家——在中国的社会科学界非常普遍。也就是说只要他在后两方面更有优势,即使没有学过有关的理论和知识,也可以做很好的"研究",再加上中国的社会科学领域原本就没有什么理论,以往某一学科知识积累本身就很有限,一个外行的人稍微勤奋一点,花上十几或几十天的时间,读几本某个领域的专业书籍,就很容易掌握该领域的基本知识,并开始在本领域从事研究,甚至会比这个领域受过专业训练的学者做得更好。其原因是在理解某类社会问题时,个人经历往往比单纯学习理论来得更真实,也会让人理解得更深刻。下面对此做进一步的分析。

首先,看社会科学理论方面存在的问题。拿中国社会科学中最具典型性的社会学为例。建国以前中国的很多社会学家还是很活跃的,很多学者都是从国外学习回来,甚至有些学者在国际上还非常知名。然而该学科从1952年院系调整时基本上被取消了。取消的原因是,当时的主流观点是,以社会为研究对象的科学只能是历史唯物主义①,否则就是资产阶级的或是反马克思的。所以除了政治经济学,当时的社会科学其他学科几乎都不景气。尽管1956年国家提出"百花齐放、百家争鸣"方针后,社会科学特别是社会学学者曾努力恢复有关学科,但最终在反右运动中再次受到批判,甚至很多人被打成右派,导致无人再敢讨论社会问题、做社会学研究了。

绝大多数社会科学都是在改革开放以后重新恢复或开始建立起来的。人口学是在社会科学领域里恢复最早的学科,从1974年开始恢复,原因是1973年国家正式提出要实行计划生育,而当时需要学者从理论上论证中国的计划生育与马尔萨斯的节制生育是不同的,是符合马克思主义的。② 所以学科的恢复具有很强的目的性和功利性。社会学是从改革开放后的1979年开始恢复的。社会科学很多学科以前是没有的,而是根据市场经济发展的需要而建立起来的。

既然社会科学在改革开放前几乎出现断档,那么中国社会科学领域的知识和理论来自何处?主要来自两个方面,一方面来自对西

---

① 阎明. 一门学科与一个时代,社会学在中国[M]. 北京:清华大学出版社,2004:253.
② 在人口问题上,马克思和马尔萨斯的观点是截然不同的。马尔萨斯认为欧洲的人口问题主要是人口增长速度太快,因此需要通过节制生育、控制出生来解决人口问题;而马克思认为当时欧洲的人口问题不是由于人口多,而是由于资本主义制度带来的,因此解决人口问题的办法就是改变资本主义制度。二者的观点针锋相对。

方理论的学习和引进,另一方面来自对中国本土状况的研究和认识。然而在对后者的研究中很多也主要是基于西方理论的指导,而对西方理论的学习和掌握更多地集中在古典理论方面,特别是很多早期具有哲学色彩的社会理论。这些理论并不完全适合中国目前的情况。中国社会科学学者对西方特别是美国规范的实证研究方法(包括定量和定性方法)缺少了解和掌握,对那些由实证研究得出的现代社会理论在理解上存在困难,在应用上更是不得要领,从而很难与现代国际学术接轨,也很难与国际学术界进行直接交流和对话,只能是在自己的圈子里打转转。因此,从总体上说,中国社会科学有的只是就事论事的分析,缺少系统性的、自成体系的理论,也缺少对特定问题研究的积累性知识,从而导致中国的学术界在理论和知识上出现"整体贫乏"。除此之外,中国的社会科学长期受政治或以往"左倾"思潮的影响,在很大程度上也束缚了社会科学的研究和发展,甚至把学术引向歧途。我本人在以往学习有关理论时就有一些类似的经历和体会。

我读人口学研究生以前,曾经在政府部门从事过人口普查和人口统计方面的工作,对中国的计划生育和人口理论有一些了解,特别是在上个世纪八十年代初期,中国人口理论界为了找到计划生育的理论依据,最终从马克思和恩格斯那里找到了"两种生产"理论。这一理论的涵义是:社会生产存在着两种生产,一个是物质资料生产,另一个是人的生产和再生产,客观上要求两种生产必须相适应;如果二者相适应,就会促进社会经济发展;如果二者不相适应,就会阻碍社会经济发展。根据这一理论对中国当时人口问题的解释是:正是由于中国目前存在着两种生产关系的不适应,因此需要对人口进行调节,即推行计划生育,最终目的是使两种生产相适应。

在读研究生以前,我感觉这一理论很简单,也很好理解,即"两种生产"必须要相适应,因为什么东西相适应都好,不适应就不好,所以自以为对这一理论已经完全理解了。后来读研究生时有一门必修课,名称就叫"人口理论",而且是专门研究这一理论的知名学者给我们上课。在一学期课程结束后,我发现自己完全糊涂了,甚至已经搞不清到底什么是"两种生产"理论,更搞不清"两种生产"之间的关系到底是什么了。我就在想,为什么原本已经理解的东西,通过学习以后反倒糊涂了呢?是我自己有问题,还是理论本身有问题?后来又学习了很多理论方面的课程以后,也发现有类似的感受,这样就逐步搞明白什么叫"理论"了。"理论"就是把你原来明白的东西给你讲不明白了;换句话说,一个理论如果要不能够把你讲糊涂了,那就不能称为理论。进一步思考发现,中国社会科学有关的理论似乎都有这个"特点",而且绝大多数都是哲学理论,带有很强的思辨性,绕来绕去,最终把很多具体问题引入抽象和深奥。还有就是,很多理论均以辩证唯物主义和历史唯物主义作为研究方法和分析主线,把各种学术理论归并到一个轨道上。再加上理论描述过程中又引进了很多新名词或生僻的词汇,就更让人摸不着头脑。这类社会科学理论估计对于有哲学背景的学生来说,学起来会更容易,而对其他领域的学者来说会感到莫名其妙。总之,这类理论对于研究人的具体行为,特别是进行科学研究,指导意义并不大——要是作为一种哲学训练,还算有意义。

其次,是依据个人经历和感受来做研究的问题。在中国,凭借个人感受和经历来做研究的实例比比皆是。在这里跟大家分享两个我所经历的事情。一个是1994年,也就是在北京召开世界妇女大会的前一年,在联合国开发计划署的支持下,全国妇联、国家民委和国家计生委联合召开了一次"少数民族妇女地位国际研讨会"。这个会实际上是世界妇女大会的一个预备会。组织者邀请我参加这次会议。

实际上我本人从来没有研究过妇女问题,也没有向大会投稿,但确实很想参加这个会,想学习和了解一下这方面的研究情况。后来会议组织者邀请我作为特邀代表参加了本次会议。在会议上我发现,上百名参会代表绝大多数都是女性,男性代表寥寥无几。开幕式结束后,进入代表发言阶段。发言结束后大家可以提问题并进行讨论。我当时评论说:"这个会议是讨论妇女地位的会议,但会议本身就表现出妇女地位不是很高。比如,开幕式的时候坐在主席台上的几乎都是男性,而坐在台下的几乎全是女性;开幕式结束后,主席台上的人全部离会,而主席台下面的人开始讨论妇女地位问题,这本身就表现出了男女地位的不平等;再有,妇女地位低是相对于男性地位而言的,为什么这个会议不多请一些男性代表参加呢?如果能有更多的男性参与到妇女地位的讨论中,会更有利于实现男女平等;如果只是在女性内部讨论男女平等,会议的意义就不是很大。"接下来发言的是一位少数民族妇女,她的主要结论是中国少数民族妇女地位非常低,其证据是中国少数民族妇女干部占全部干部人数的比例非常低,好像只有1%—2%(详细数据我记不清了)。我当时提的问题是:"你认为少数民族妇女干部所占比例很低,所以结论是少数民族妇女地位低。那么,你能否回答,这个比例达到多高以后,少数民族妇女地位就不低了呢?"等了半天她也没有回答这个问题。然后我说我帮你回答:"是不是少数民族妇女干部比例达到50%,地位就不低了?"她马上回答:"是的。"我说:"这恰恰是错了。因为相等不等于平等。如果是抡大锤,我们去追求男女数量上的'相等',这样才是真正的不平等。"我接着说:"不仅数量的相等不等于平等,而且分工的差异也不等价于不平等,因为分工的差异与男女生理差异有关。必须首先界定清楚,什么叫妇女地位不平等。至少女性在以下两方面与男性存在明显的生理差异——一个是女性生孩子,而男性不生孩子,另一个是女性的体力或力量不如男性——那么,我们必须承认这种差异的存在,而且由此差异所带来的分工或收益上的差异是客观存在的。'不平等'应该指的是人为带来的不平等,或是机会的不平等;那些客观上本身无差异而主观上或人为造成的差异,才真正属于不平等,也真正需要给予解决。"我在发言时,下面就有一些人开始起哄,说我讲得太多了。几个发言过后,我又做了一个评论:"我发现发言者讲问题比较多,而分析产生问题的原因的几乎没有。国外女权运动在寻求提高妇女地位时,曾有两个学派,一个学派认为妇女地位低是制度造成的,另一个学派认为是妇女自身提高地位的意识不够。在解决妇女问题时,前者的建议是改变现有制度,后者的建议是提高妇女的意识。但在这个会议上,没有人分析产生问题的原因,更没有人提出如何解决中国少数民族妇女地位低的问题。"我这个发言多次被打断,并再次起哄。我最后一次发言,讲到了对发言者的感受:"我参加过很多次学术讨论会,多数都是男性代表多,这是第一次参加了一个女性代表占多数的会议。我发现这两类会议有所不同,女性代表多的会议往往感性色彩比较浓,发言者都很有激情,都很激动,感觉好像不是在开讨论会,而是在开控诉大会。但这是不能解决问题的。"当然,这个发言就更引起了一些女性代表的不满,甚至一些人站起来,大声阻止我发言。这样,原本是两天的会议,我只参加了半天,最后还是很遗憾地离开了会议。后来我再也不敢涉足这个领域了。我事后在反思,是否我哪里做得不好?这类发言在一个学术讨论会上不应该算是问题吧?或许是我本身不是女性的缘故,因为很多人认为,只有女性才有资格研究女性问题,男人不理解女性,就没有资格研究女性问题。这是典型的靠经历和感受来研究问题的思路,按照这一逻辑,没有女性经历的人是没有资格研究妇女问题的。

另一个经历是1998年4月在福建厦门召开的一次由中国老龄

协会①和老年学会联合举办的一次全国老龄问题学术研讨会。会议报到时发现参会代表人数很多,好像有三四百人,占据了好几个宾馆。到了会场才发现参会的绝大多数代表都是老年人,而中青年人很少。会议发言时,这些老年代表同样是很有激情,讲到他们在上世纪五十年代为国家做过多么大的贡献,然而他们老了国家给予他们的却很少。几乎与会所有老年人的发言得出的都是同样的结论。会议中间休息时,我就去找了当时的中国老龄协会会长。我说:"这个会议根本不是学术讨论会,这是老年人俱乐部,是老年人来发牢骚的会议。这个会议的问题出在了'研究者同时又是被研究者',二者成为一体后,发言者会站在这个特定群体的利益上讲话,从而很难提出公正、合理的对策。"我当时建议:"如果愿意的话,我可以帮助你们组织一次'研究者和被研究者分离'的学术会议。"半年多以后,中国老龄协会办公会专门开会研究了我的建议,最后决定由中国老龄协会出经费,由我来牵头组织"首届中青年老龄问题学术研讨会",这个会议于1999年10月在北京召开,国务院老龄办主任、老龄协会会长做了大会发言,老龄办副主任、老龄协会常务副会长全程参加了这个会议,并强调"这是他参加过的最好的学术讨论会"。

  实际上,很多中国学者都有一个误区,那就是"有某种经历的人更适合做这一领域的研究",似乎有经历的人会更有体会,对这类问题理解得会更好。甚至会出现像前面举出的两个例子一样,女性学者认为只有女性才能研究女性问题,男性是没有资格研究妇女问题;老年学者认为只有老年人才能更好地研究老龄问题,中青年学者因为没有老年的经历,所以不具备研究老龄问题的资格和优势。那么,

---

  ① "中国老龄协会"是对外使用的名称,实际上它的内部名称是国务院老龄工作委员会办公室,由民政部代管。

如果按照这样的思路,请问:谁会成为研究离婚问题的专家呢?答案肯定是:离过 n 次婚的人。人们会认为离过 n 次婚的人一定比离过一次婚或没有离过婚的人更有资格研究离婚问题。他们会说:"你才离过一次婚,甚至连一次婚都没有离过,怎么能理解离婚问题呢?所以你是没有资格研究离婚的。"那么,如果研究犯罪问题,难道一定要有犯罪的经历,或必须是从监狱放出来的犯人吗?人口学还研究死亡,研究者难道还需要去死吗?

确实,有丰富经历的人比经历少的人更容易"体会更深",也会有更多的联想或独到见解,但这些"见解"仍然是主观的。经历丰富的人更容易发现问题,甚至可能会对问题有更好的解释,但他却不能证明这个问题是否是一般事实,也证明不出产生这一问题的真实原因。换句话说,他只能判断出产生问题的可能性或可能的原因,但并没有证明在给定条件下问题发生的必然性或可能发生的程度。如果研究可以基于主观判断而得出结论,那么当然有更多经历的人一定比没有经历或经历很少的人在研究此类问题上更具优势。但问题是,他会站在这个群体的利益上去讲话、去分析,并得出有利于这个群体的价值判断,这类判断一般是有偏的,而且是不客观的,从而也是不科学的。

科学的研究并不要求研究者本人一定要有某种经历,也不要求研究者通过自身的"经历"去理解问题、认识问题和分析问题。研究者对问题的理解是通过对现有理论的系统学习、通过前人研究的积累和文献的梳理,来提高对这类问题的理解和认识。前人的研究是系统的、丰富的和完整的,其研究结果一定比某个人的经历要丰富得多、系统得多,从而不需要研究者一定要成为被研究者。当然,如果前人对某一问题的研究是一片空白,或研究者从来不去学习和整理前人的研究成果,那么他就只能去依赖"经历"来做研究了。如果所有的研究者都不去学习前人的研究成果,那么有经历的人一定比没有经历的人更有优势。

最后,我们再来分析一下依据哲学的思辨逻辑来做研究的情况。中国的社会科学学者习惯于用思辨的方式做研究,特别是年纪大一点的学者更是如此。这可能是由于自中华人民共和国成立以来中国的学术界长期沿袭苏联的一套教育思想和理念,特别是把辩证唯物主义和历史唯物主义作为整个社会科学的指导思想。学生在校期间都要学习哲学、政治经济学和科学社会主义三门课程,长期接受这类课程的学习,培养出来的很多学者都具有哲学家式的思考问题和分析问题的思路,并依此来研究社会问题。

哲学式分析问题的方式到底会带来什么问题呢?首先,哲学是一种思辨式推理,用哲学思路给出的判断所描述的基本上都是"可能性",但却没有给出发生这种可能的具体条件和给出发生"可能"的程度。比如,我们要研究这样一个问题:"大学生成才究竟是由什么因素决定的?"①有人"分析"认为是五个方面的原因:酷爱读书、善于自学、超强记忆力、文理兼修和具有悟性。另一个人可能会认为,专业兴趣、刻苦钻研、家庭背景、智慧聪明和持之以恒这五个方面更重要。但是,无论哪个人"认为"的对,充其量也只是个人"认为",而且也都是"可能"的原因,看起来似乎也是对的,但并没有科学的证据。读者无法判断哪个人的结论更接近事实。读者即使给出判断,基本上也是基于谁的结论与自己个人的判断更为接近,就会认为谁的结论更好。而个人判断的结果完全依据个人脑袋里的主观标准,而不是依据某个客观标准。这是典型的依靠思辨和自己的感受来做结论的分析。从理论上来说,决定大学生成才的因素可以是无数多个,上面给出的只是十个因素,我们甚至可以列出成百上千个可能导致大学生

---

① 此题目来自于2015年1月6日《光明日报》上的一篇文章。

成才的因素,我们甚至同样可以列出成百上千个导致大学生不成才的因素。那么,哲学式的分析实际上是研究者本人把自己感觉的最有可能的"几个"因素作为结论挑出来。所以说,思辨式的研究方法就是将自己"认为"的可能性最大的结果作为自己的研究结论。但究竟有多大的可能这一结论是对的?谁也无法去证明,也无法进行判断,因此说这类"结论"等于没有结论,这类"研究"等于没有研究。我们的很多社会科学课题做的都是这类研究,也都是这样得出结论的。国家把很多钱都花在这类研究上,甚至很多这类研究拿到的都是重点课题或重大课题。而实际上这类思辨式的研究是不需要花钱的,因为只要自己关着门去想,想到的结论与结题评委想到的结果比较接近,课题就可以被通过了——如果不是很接近,多支付一些课题论证费,差距也就消失了。

再讲一个我个人的经历。上个世纪九十年代社会上时髦组织各类"大专辩论赛",当时中国人民大学组织学生开展辩论赛,并要求以院系为单位来组团参加。我当时所在的人口学系属于学校最小的系,本科生是隔年招一届,一届招一个班,当时在校本科生只有两个班,研究生人数也很少。但本科班的学生很有志气,积极报名代表人口学系参加学校的辩论赛。而对手都是人民大学内各大院系的研究生,包括经济学院、法学院、管理学院和新闻学院等。她们请我辅导一下,看如何能够战胜对手。我当时就表示,我有办法让她们赢。我给她们讲了这样一个道理:在辩论以前首先要明白这样一个事实——不管你拿到的辩论题目是正方还是反方,结论其实都是对的。不要认为你这一方是对的,而对方一定是错的。如果用思辨的方法来讨论问题的话,这种社会类题目永远不存在绝对的对或绝对的错。无论作为正方还是反方,结论的对错一定是有条件的。换句话说,在某些条件下,正方的结论就是对的;而在其他一些条件下,反方的结论就是对的。如果对方承认了你的条件,就意味着承认了你的结论。

因此,在辩论时一定不要直接针对结论去辩论或去跟对方纠缠,讨论结论是没有任何意义的。要想战胜对方,要在开始辩论之前认真分析和梳理出哪些条件对本方有利,哪些条件对对方有利。要想把对方辩倒,你必须在辩论时不断地掩盖住或抽掉对方的有利条件,而把本方的有利条件提出来并不断地重复和强调,当对方不断受到你的刺激后,会慢慢感觉到"你是对的,我们是错的了",然后你就赢了。实际上,即使你赢了,你也只是赢在思路上,你的辩论仍然属于"诡辩"。

我可以教读者一个肯定能赢的办法。比如辩论的题目是:离异家庭的孩子结婚后更容易离异? 那么你在拿到这个题目以后,不需要做任何思考,而直接去做一个问卷调查,既询问离异家庭出来的孩子,也询问未离异家庭的孩子,然后看他们结婚后的结果如何,并收集一定规模的数据,通过对数据进行分析和对比,你就会得出一个确切的结论:离婚家庭出来的孩子与未离婚家庭出来的孩子比,婚后离异对数存在显著差异或不存在显著差异。如果你是正方,并得到了"存在显著差异"的结论,然后你把这个研究结果带到辩论现场,并当场宣布你的结论。此时,你不需要做任何辩论,我想你肯定会赢的,因为对方已经无法再跟你进行辩论了,对方是想"辩"出结论,但你是已经证明出了的结论,他是辩不倒你的。辩论用的是哲学,证明才是科学。这就是科学高于哲学之处。

3.2 "不科学"的思路

现在你是不是可以发现,中国的社会科学的研究思路基本上跟"辩论"差不多? 这种类似的情形在社会科学研究和讨论中比比皆是。

首先看研究思路和研究方法。前面讲过,任何结论都是有条件的,不存在脱离条件的一般结论。读者应该还记得你在学中学数学或物理时,每一个定理或定律一定要先说明其存在的条件。比如,勾股定理讲的是直角三角形的两个直角边的平方和等于斜边的平方,这里的条件是:这个三角形必须是直角三角形,结论是直角边的平方和等于斜边的平方。没有这个条件也就没有这个结论。针对一个社会问题来下结论,其结论成立的条件要比自然科学问题多得多,其条件可能不只是一两个,甚至会是成百上千个,而且各个条件之间还互相影响、互相作用。

事实上,中国的社会科学研究却没有这么复杂,很多社会科学研究结论或理论在论述过程中都是从一个结论到另一个结论,然后从这个结论再跳到下一个结论,以此类推,最终把理论表述成了一个单线的结论逻辑链。有时你会发现,一个结论与另一个结论之间"距离"很远,而且这中间还应该有很多中介因素在起作用,甚至从前一个结论作为起点会有多个路径甚至多个环节才能"达到"后一个结论,然而下结论的人会凭感觉将其描述为"因为有……所以就有了……"。但是一个严谨的学者甚至一个哲学家都会提出这样的问题:"因为有……并不一定会有……"然而,由于很多社会科学的学生在学习时读了大量此类教材或理论,把"因为有……所以就有了……"式的表述思路视为一种必然,感觉上是可能的,并成为了一种思维习惯,从而很难发现这里面存在的问题。而且一旦他们成为研究者,会按照同样的研究思路和方法去做研究。

其次看学术讨论会的情形。我曾经在国外的一个学术讨论会上遇见这样一个情形:一个中国的学者在会议上做发言,研究思路与上面讲的类似。发言结束后,首先上来一个国外学者对发言做点评,她提出的第一个问题就是:"你通篇讲的都是结论,你的证据在哪?"发言者不得不无奈地回答"我没有证据"。在国外社会科学领域,学者都是用证据来说话的,一旦有一个研究没有这样做,所有人都会发现它的问题。然而,在中国这类研究非常普遍,大家也没有觉得有什么不对的,觉得很正常;相反,如果有人在提问时去追究证据,甚至会引来其他人的反感,会感觉你在吹毛求疵。在中国的学术讨论会上,即使你可能没有听到某位发言的学者当时在讲什么,也不知道他的结论,一旦他的发言结束后,你都可以立即问他这样一个问题:"你的证据在哪?"你的问题通常都是对的。

最后看论文答辩和评审。我经常告诉研究生,在答辩时如何判断答辩委员会成员谁是有水平的、谁是没有水平的,什么样的问题你应该更为重视起来并给予认真的回答,什么样的问题你可以随便回答,甚至不需要回答。这里的思路是这样的,如果你的毕业论文是按照科学研究的结构写成的,即有明确的研究目的和研究假定,有数据和模型,有结果分析和明确的结论,那么这样一个结构相当于你建造了一座学术高楼。你所用的数据、你使用的研究方法或模型相当于建筑的地基或骨架,然后一层层地把楼盖了起来,此时你的结论只相当于是你的楼的外形。一个好的、有水平的论文评审者,犹如一个建筑的质量检测员,他会关注你的地基和骨架,即你的数据和模型是否存在问题,而并不十分关注你的结论或楼的外表。因为一旦你的假设、数据和模型出了问题,你的结论一定有问题。所以,水平高的学者一般不会在结论上提问题,而更多的是在研究假设、所使用的数据和模型上提问题。而对于答辩者来说,凡是答辩委员针对这些地方提出问题,你一定要认真对待,而且要清楚地给予解答,否则你的论文就会有"硬伤",很可能会过不去的。相反,对于那些只针对你的结论提出的问题,你是不需要太在乎的,因为你的结论的对错是由你的数据和模型来支持的,这些都是你结论成立的条件。如果条件没有错误,你的结论就不能被说成是错误的,即使你的结论与很多人的感觉并不一致,甚至可能会与前人的研究结论不一致,评审者也没有理由否定你的结论,因为要想否定一个结论必须拿出证据。实际上,真正有意义的、有效的讨论,都应该是针对研究假设、针对使用的数据和模型来进行讨论,或针对这些内容来提问题,而不是直接针对结论来提问题或进行讨论。然而,在学生论文答辩上,在中国的社会科学学术会议上,我们经常会发现,会议上提出的绝大多数问题,以及针对提出问题的讨论,多数都是围绕结论展开,而不是针对得出结论的条件和证据,大家可能会针对某个结论争得脸红脖子粗,也分不出个胜负来。这类讨论就像前面谈到的"大专辩论赛",是得不出结论的,因为缺乏可信的证据。讨论者花了大量的时间在争论,但最终还是得不出大家公认的结论,这类讨论完全是在浪费时间。请读者回顾一下,你曾参加过多少次这样的讨论会?你曾浪费了多少宝贵的时间?再有这样的会议,你还愿意参加吗?

3.3 "不科学"的特点

中国社会科学的其中一个特点是不做文献研究,也不给出参考文献。一些研究既不去回顾以往已经做了什么,也不表述自己的研究与以往研究的联系或关系;既不区分哪些结论是过去别人做出来的,也不说明哪些结论是自己得出来的。与此相应的是社科领域发表的论文很多文章后面是没有参考文献的,甚至有些论文连注释都没有。当然这种问题近些年已经开始大大减少,但仍然存在。这里既有作者的原因,也有杂志编辑的原因。有些杂志可能会认为参考文献用处不是特别大,而且占的版面比较多,所以即使原文有参考文献部分,最终发表时也会被删掉,或者会大大压缩。

为了尽量避免上述问题,推动学术研究的规范化,在我从1994

年开始担任《人口研究》杂志主编的时候,专门在《人口研究》杂志撰文[1]强调过要树立一种学术规范,不参阅以往的研究,不注明哪些是别人的研究成果、哪些是自己的研究结论,是一种不规范的研究。言外之意是,投给本刊的论文必须列有参考文献,凡是没有给出参考文献的论文一律不予发表。当时感觉,自己对投稿者提出这种要求是对的,也很有意义,一定会有利于推动学术规范。然而,在美国做了一段时间研究后,我却慢慢发现这种"要求"在美国是对的,对于中国式的学术研究好像并没有太大的必要。

为什么在国外就是对的呢?因为国外一项研究所得出的结论都是研究者自己通过收集数据和使用模型"证明"出来的结论,这一结论犹如物理学发现了"牛顿第一定律"[2]一样,是研究者辛勤劳动的结果,而且研究者作为这一规律的发现者,具有这个结论的署名权,犹如一项发明的专利人一样。如果有人使用了这一研究成果,必须注明这一成果的来源和署名人。然而,在中国的社会科学研究中,几乎绝大多数所谓的研究结论都是作者"想象"出来的,或是作者"认为"的结论,而且这种结论发生的可能性有多大、是否是真实的,也并不十分清楚。既然你能"想出"这个结论,当然其他人也能够"想出来",只是你比别人早想到或早说出来而已;对这个可能还存在很大争议、还不一定能够定论且没有客观依据的"结论"来说,你并没有太多的"贡献",那么为什么要署上你的名字、所有权为什么要归你呢?所以从这个角度上说,在中国做的一些文献回顾、标注参考文献或引用某个结论的作者,意义并不是很大。换句话说,只有那些"被证明出来"的结论才可以被称为研究结论,"被说出来"的结论不能归为研究结

---

① 参见本人在《人口研究》1997 年第 1 期(第 21 卷)所写的卷首语。
② 牛顿第一定律:一切物体总保持匀速直线运动状态或静止状态,直到有外力迫使它改变这种状态为止。

论,而这些被证明出来的研究结论以及证明了这些结论的作者才有资格被学术论文所引用,这些才是为后续研究奠定了基础的研究,是有效研究。

由此可以引出社会科学的另一个特点,那就是中国学者在研究中得出的很多"结论",实际上根本算不上结论。在规范研究中这些只能算做是研究假设(hypothesis),而不能作为最终的发现(finding)或研究结论(conclusion)。"假设"是社会现象或规律的一种不完备的、尚待检验的主观判断,而且这一判断一定存在感知上的可能性,但是这一判断只能作为研究的起点,它给出研究的目的和方向,而不是研究的终点,更不是研究的结论。只有当假设经过了客观事实的检验后,才能作为一种发现或结论给出;这一检验过程就是所谓的"科学研究"。凡是没有经过客观检验的、只是某人主观判断得出的、或自己"认为"的"结论",是不能作为科学研究结论给出的,这类"结论"是不应该被社会和学术界所接受的。然而,令人遗憾的是,这类结论在中国的社会科学界则比比皆是。

经常有学生在开始写毕业论文时会抱怨自己找不到一个好的研究题目,他们会抱怨:很多好的题目都被别人研究过了,甚至都曾发表过论文。后来我告诉这些学生,如果从主观层面来研究问题的话,确实在中国很多问题都被人家"研究"过,很多"结论"也被别人"说过",但这些研究充其量也只是"假设",而不是真正的结论。如果从科学的角度看,这些所谓的研究"结论"正是需要我们用数据去检验的。从这个意义上说,中国的社会科学领域基本上是一块没有被开发过的"处女地",或者说有非常大的研究空间。以往研究所做的主观性结论恰恰可以为做实证研究或科学研究的人提供非常好的素材和选题,它可以成为很多科学研究的起点。所以,在中国社会科学领域不是没有问题可研究,而是真正需要研究的问题实在是太多了。

中国社会科学也有很多理论（Theory）。实际上。理论也可以分成两类，一类是人们主观构造出的理论,另一类是经过大量实证研究得出的理论。前者是由多个假设组合成的一个整体,后者是多个研究结论组合成的整体。中国学者创造的理论绝大多数属于前者,当然早期欧洲的很多社会理论也有类似的情况,而近代西方社会理论绝大多数属于后者。前者是靠哲学式的想象得出来的,后者是证明出来的,所以前者的说服力和解释力明显不如后者。这就是为什么我们经常会感到国内学者出版的教材和研究著作明显不如国外同类教材和著作写得好、写得有深度或有说服力。甚至国外学者研究中国问题很多都比中国学者做得好,这不是因为国外学者比中国学者更了解中国国情,或者比中国学者更聪明,而是因为人家做研究比我们更规范、更科学,也更认真、更扎实;人家是用被证明了的结论或理论来解释社会,而我们在用没有被证明过的假设或理论在描述社会。前者会更严谨、更令人信服;后者会漏洞百出、争议很大,难以让人信服。

中国社会科学领域还有一个特点,那就是知名学者并不一定是有很高学术造诣的人;相反,有很高学术水平的学者一般也不会"知名"。中国学者出名主要有两个渠道,一个是通过媒体,另一个是通过政府。媒体主要是电视、报纸和网络。有些学者整天忙着在电视台做节目,甚至可以参与跨越不同领域的节目,今天讲经济问题,明天讲社会问题,后天可能还会讲足球。他们是无所不知、无所不晓。这类学者一般来说都比较勤奋、肯于思考、博览群书,当然人也比较聪明,反应比较快,口才也比较好,也知道如何满足大众和媒体的口味。也有些学者在电视上用比较通俗的语言来讲专业,特别是讲历史、讲心理学的比较多,故事讲好了,就容易出名。还有一类是借助政府来出名的,特别是那些能够给政治局、给中央各部委或各级政府人员讲课的学者,会很快在社会上出名。一旦给中央领导讲了课,就可以变成一些学者的名片,这个名片往往比学者的学术头衔更重要。然而,在这样一些场合下出名的学者,并无法证明他们一定具有很深的专业功底和学术水平,因为他们的出名不是本领域学者认定的,而是由政府和媒体来确认的。

通常来说,能够面向普通大众或领导来讲问题,讲的一定不是专业的或科学的问题,因为讲专业和科学问题,普通人是听不懂的。原因是生活世界和科学世界是两个完全不同的领域,二者有不同的思维方式、不同的理性和不同的世界观。生活世界是人们直接感知、用自然语言和文字所表现出来的世界。这个世界强调"实质理性"(substantive rationality),根据个人立场对某一特定问题做价值判断。科学世界则是由科学家构造出来的。他们构造出一整套专业术语和专业方法,并由此形成了一整套知识体系,这里强调的是"形式理性"(formal rationality),即强调做事情时"方法和程序的可计算性",它重视的是"不具任何价值色彩的事实"。前者重视目标和结果,对达到目标的方法或程序不作明确交代;后者重视方法和程序,任何人都可以用同样的方法和程序来追求自己的目标。但只有少数人熟悉这些特殊方法和程序。① 由于真正的学者在讨论专业问题时通常使用的都是有明确界定的专业术语,用专业术语讲话普通大众和领导是听不懂的。除非像有些科普作家那样,把专业知识和术语翻译成孩子或普通百姓能够听得懂的语言。这里不排除做"科普"的人也是学者,但通常这类学者都不会是专业内的顶尖学者。顶尖学者很少有精力和时间去做普及性的工作,大众和领导也就不会知道他们,所以他们通常不会出名,尽管在专业领域他们可能名气会

---

① 黄光国. 社会科学的理路[M]. 北京:中国人民大学出版社,2006:9.

很大。

可能有人会说,在中国确实有一些学术水平很高的学者同时也很有名呀。这其中可能有两方面的原因:一方面可能由于这类学者有把专业术语转换成普通术语的能力,另一方面则可能是这个专业基本没有什么专业术语,其专业研究中所用词汇也都是老百姓的语言,而不具备特定的专业语言。因为我们确实发现,中国的很多社会科学领域在讨论问题时,把很多时间都用在讨论或争论一些名词或术语的界定上,因为术语界定不清楚,人们对同一词汇的理解就不一致,对问题的讨论就无法进行。之所以是这样,一个原因是学科不成熟,另一个原因就是学者不成熟。

在国外,一个学科是否成熟的标志是看这个学科是否有一本"专业词典",因为这一学科的学者学的都是同一本词典,都在用词典中给出明确定义的、学者公认的专业术语在说话和讨论问题。如果一个学科没有一本"学术社群"公认的专业词典,则意味着这一学科是不成熟的,对很多问题的讨论是无意义的,甚至是在浪费时间;相反,如果一个学科是成熟的,那么一个没有受过某一专业训练的人,是不懂该学科专业术语和专用方法的,也不可能参与对该学科问题的讨论,更不可能轻易地进入该学科。然而在中国社会科学领域,似乎学科的跨越很容易,一些学术知名人士会在不同时间出现在不同的学科领域里,甚至可以在各个领域都做得"非常好"。若果真是这样的话,出现前面讲到过的,一个"过路人"都可以参与到学术讨论中来的情形,就不足为奇了。

中国社会科学还有一个特点,那就是研究题目通常会非常大,非常宏观。这些题目不仅大,而且还很空。你可以从题目的文字表述上知道要研究什么方向,而且内容通常会非常宽泛,但你却看不出要研究什么具体问题。下面列出2006年国家社会科学基金社会学学科的几个选题：
- 中国特色社会学理论体系建构
- 当代中国社会建设的理论研究
- 环境友好型社会建设的社会学研究
- 节约型社会与消费社会学研究
- 弱势群体共享社会发展成果问题的社会学研究
- 建设社会主义新农村的社会学研究
- 性别平等与和谐社会建设研究
- 失地农民问题研究
- 建设社会主义和谐社会与诚信友爱研究
- 完善社会管理体系对策研究

很明显，这些题目都比较大，而且多数都叫作XXXXX研究。这些"研究"里一类属于"理论构建"或"理论研究"，另一类是XXXX社会学研究，还有"问题研究"或"对策研究"。这里最明显的是，没有一个研究具体问题（problem）的题目，尽管其中一个题目叫"失地农民问题研究"，但这里的问题不是problem，而是issue，即指的是哪一方面的研究，而不是存在什么问题的研究。尽管"2004年国家社科基金课题指南说明"中强调："从今年开始，基础研究一般不列具体条目，只规定重点研究领域、申报范围和方向，申请人可按要求自行设计题目，选题要力求具有原创性或开拓性，避免低水平重复研究。"但即使是申请者在某个方向上自行设计一个更为具体的题目，往往也很难中标。原因是绝大多数社科基金的评委都是研究"大题目"起家的，而且习惯于做宏观的、理论的研究，往往会认为"具体题目"研究的问题太小，太窄。他们通常会认为，不研究国家发展问题、不研究宏观理论问题、不解决国家宏观政策问题的研究，都是无足轻重的研究，都是不值得去做的。他们把题目的"重要性"或是否有"重大意义"放在首位。他们并不关注具体的研究设计和研究方法,因为思辨性研究是不需要做研究设计的,更不涉及具体的实证研究方法。评委们可能还有一种理解,那就是如果选题太小,好像没有什么可研究的,甚至研究报告都写不出几个字来,那你拿那么多钱干吗?他们认为,课题经费的多少只与研究题目的大小、重要程度和研究报告的字数有关,在他们眼里只有"大题目"涉及的问题才比较多,面也比较广,这样一个研究其内容才更丰富,研究报告也可以写出几万字、十几万字,甚至是几十万字,这样的研究才是一个好的研究。他们关注的只是广度,而不是深度;关注的是数量,而不是质量。

实际上,社会科学领域研究生论文也存在同样的问题,那就是论文题目比较大,涉及的内容比较多。学生们也会经常说,如果选题"太小",自己写不出太多东西,达不到研究生论文的字数要求。似乎大家都从字数的多少来判断论文的好坏,从对字数的要求上来选择题目的大小。实际上,一项科学研究,即那些针对一个假设能够最终给出确切答案的研究,很难研究一个"大题目",因为"大题目"内容太多,关系太复杂,往往从数据收集上、变量关系的把握上,以及模型的使用上都会非常困难,甚至无法实现。所以,科学的研究通常是针对"小题目"或某一个确切的假设来进行的。一个假设就是一个问题,比如"受教育程度高的人生育孩子的数量少",这是用判断句,也可以用疑问句:"受教育程度高的人生育的孩子就少吗?"一个科学研究最终就是要回答一个具体问题;换句话说,一旦这个研究做完了,假设所提出的问题就可以得到明确的回答。当然,在这一研究思路下,也可以研究大一点的题目,为此可以在这个题目下不只是给出一个假设,而是给出一系列假设,即给出相互联系的多个假设,这些假设作为一个整体被系统地提出来,并得到检验。当然,最后基于这些假设可以得出很多具体结论,并在此基础上形成一个理论。实际上,做出这样的研究是很难的,可能要花几年时间,一般来说在国外做博士论文,会选择这类题目,或者一些学术"大牛"或大一点的课题会做这样的题目。然而,发表在学术刊物上的论文,更多的是一篇论文只检验一个假设。通过不同学者检验不同的假设,最终经过多年的、大量的研究,学者们的研究结论形成了一个系统,并用理论表达出来。

如果比较国内学术刊物和国外同类学术刊物发表的论文①,从发表论文的题目上也可以看出这方面的差异。

下面给出中国出版的《人口研究》2007年第1期前5篇论文题目:

- 国家人口发展战略研究报告
- 信息时代的人口动力学
- 中国人口与社会发展关系:现状、趋势与问题
- 构建和谐首都中的人口问题
- 向"中国人口崩溃者"进一言

下面给出的是英国出版的《人口研究》2006年第2期前4篇论文题目:

- "一战"期间的战犯和被驱逐出境且在德国的比利时公民的死亡率——强制性劳工影响的再评估
- 通过比较1958年和1970年出生的英国女性队列,看正在变化中的未婚同居和生育行为的和谐共存
- 加纳的移民生育率:作为因果机制的选择,适应和不适应的对照
- 1985年和1999年西班牙已婚生育率和宗教信仰

---

① 因为笔者第一次以本书的主题作学术报告是在2007年5月份,当时手头正好有这三本杂志,就从中选出了几个论文题目来作为对比。

下面是美国出版的《人口学》2006年第2期前4篇论文题目:
- 未婚同居与婚姻稳定性:用16个欧洲国家数据检验同居扩散的作用
- 结婚还是分开?贫困同居妇女的婚姻变化
- 非婚子女比例增加:是生育选择还是婚姻行为?
- 性别取向家庭构成:北欧国家子女和生育行为的性别偏好

如果比较国内和国外发表的论文选题,很明显可以看出,国内研究题目非常不具体,从题目上几乎看不出要解决哪个具体问题;相反,国外论文的题目就非常具体和明确,其题目本身几乎就是本研究要检验的假设,这些假设通过具体数据都可以进行检验的,而且最终可以给出确切的结论。

这里做一个假设,如果把国外刊物上的这些研究题目给中国学者来做,大家想象一下,中国学者会怎样去做?比如拿上面美国《人口学》杂志的第1篇文章题目为例,即回答"婚前同居对未来婚姻稳定性的作用是积极的、还是消极的?"估计很多学者会用思辨的方式去做研究,也会有学者举出一些个案例子来做说明并依此来下结论。而且可能不同学者会得出完全不同的结论,最后拿到学术会议上进行"讨论",这种讨论犹如"辩论赛",大家会秉承"真理越辩越明"的理念,激烈地争论,结果会导致大家可能争论了一百年也得不出结论。

这就是为什么在中国的社会科学领域,大家经常会发现这样的情况:很多研究题目都有不断地"炒冷饭"的嫌疑,也就是二三十年前曾经在学术界讨论过或争论过的题目,现在再一次拿出来讨论,而且永远也得不出结论。中国学者研究过的问题很多,发表的论文也很多。如果大家都是在做这些"永远也得不出确切结论"的研究,我们的研究还有什么意义?发表那么多论文干什么?我们是在浪费精力、时间和金钱!

从研究课题或论文的选题上看,除了上面提到的内容过宽、选题过大、结论过于空洞和模棱两可、思考很多、实证很少、缺少证据支持以外,还有一些明显的特色就是:重宏观研究、重理论研究、重政府关注的题目研究;不重微观研究、不重基础研究、不重对老百姓问题的研究。

中国的社会科学研究基本上属于政府主导型。首先,选题是政府出的①、经费是政府给的,政府希望学者做政府感兴趣的研究,回答政府所提出的问题,解决政府需要解决的问题。而政府提出的问题肯定是宏观的,或与宏观决策有关的问题。这样,学者为了拿到课题,拿到科研经费,就必须跟着"政府的兴趣"走,跟着政府的"课题指南"走,这些"指南"几乎"设定"了90%以上的学术研究内容,而学者们自发的研究选题所占比例很小。在这里,学者是被政府"引领"的,只有这样做,才能获得一些研究经费。这里没有独立思考,没有学术创新,有的只是如何满足政府的需要,如何为政府的决策做解释,以及如何讲官员高兴的话,如何让自己出名。在这里,学者成为政府的御用工具,成为领导的"秘书"。学者的研究基本上都是思路性的,很多学者的研究甚至可以直接拿来作为政府工作报告或领导的讲话稿。学者关注的问题几乎与国家领导人关注的问题一样,社会科学的角色和作用犹如国务院政策研究室,或中央部委的研究中心。多数学者的眼光向上,关注国家级的问题,很少眼光向下,关注普通老百姓的问题,因为他们的研究经费不是老百姓给的。

实际上,中国社会科学领域的研究经费差不多百分之百都是来自于政府——要么来自于某个政府部门,要么是来自政府设立的基

---

① 尽管某些社科重大项目也向学者来征集选题,一方面学者会根据当前的社会形势和政府关注的领域提出选题,这样被选中的可能性就大,另一方面最终的选题也是由政府来确定的。

金会。某个政府部门提供的研究经费一般是为了解决该部门制定政策的需要,而基金会则更多的是没有具体目的,只是为了资助课题研究。那么,一个基金会资助课题的选题到底应该由谁来确定?到底应该由谁来评审?到底应该给多少资助?这些问题并不是十分清晰,也存在很多问题,应该认真考虑并重新进行设计。

在社会科学领域,实际上涉及三类研究:一类属于基础性研究,这类研究通常更多地属于学术性问题,即揭示人的行为的一般知识,并不直接应用于决策;第二类属于应用性问题,这类问题的主要目的是为了解决老百姓的现实问题;第三类属于评估性问题,即针对现有政策或项目执行的好坏进行的测量和评估。

针对第一类研究,研究的题目应该由研究者自己来确定,不应该事先由基金会确定,也不应该由哪个人或哪几个人给定,即使是研究范围也不应该给定,因为只有研究者本人知道哪个题目从学术角度更重要,对学术发展更有意义,同时也适合自己的研究。这里既考虑了研究者的兴趣又考虑了研究者的能力。针对第二类研究,应该有一部分题目是由决策者提出来的,另一部分题目是由学者自行决定的。因为毕竟社会科学研究其中一个目的是为了满足政府决策的需要,此时由决策者提出选题是非常有意义的。另一部分应用性题目应该更多地揭示和分析老百姓目前存在的问题,以及分析产生这些问题的原因,并依此提出解决这些问题的建议,从而为政府制定政策提供线索。二者的区别是,前者是指政府已经明确了决策方向所选的题目,后者是学者为政府提供决策方向的建议,二者是相互补充的关系。针对第三类研究,更多地应该是由政府或决策者,以及项目支持者提出选题,而不是主要靠学者自行提出选题。当然,对于政府并没有提出的某些重大政策执行效果的评估,可以由学者提出,并主动设立选题进行研究,也是很有必要的。总之,课题选题应该分为两类,一类是政府推荐选题,另一类是学者自由选题,而且资助选题的数量中学者自由选题的比例应该大大高于政府推荐选题。

如果按照这样的思路来设立选题的话,课题的评审者实际上也涉及两部分人,一部分是政府的决策者,另一部分是学者。针对政府推荐的选题,评审者应该包括政府决策者和学者两部分人,前者主要关注申请者的研究方向和目的,看其研究是否与设立题目的初衷一致、是否能够满足决策者的需要,后者主要关注研究思路、方法和手段,把握研究的规范性和科学性。针对自由选题,评审者应该是相关领域的权威学者,他们既要把握研究的目的和意义,也把握研究的规范性和科学性。

目前一个社会科学研究课题到底需要多少经费,以及如何去计算实际需要多少研究经费,各个基金会并没有很清楚的界定以及明确的计算方法。而目前的情况是,不同级别课题的资助额度是按照"重要"与否事先设定的,比如国家社科基金重大项目一般为80万,重点课题为35万,一般课题和青年课题为20万。在这里,课题的重要程度与资助力度是成正比的,这里的重要程度直接体现在课题指南中所给出的选题上,而绝大多数题目反映的是政府部门的即时需要,而并不反映老百姓当时的需求[①],即课题研究主要是为了满足政府决策的需要,而不是学术研究的需要或研究老百姓现实问题的需要。实际上,一个课题到底应该给多少经费,主要还是取决于它是否需要花费多少经费,而是否需要花更多的经费往往与宏观课题的"重

---

① 实际上,一个问题是对国家重要还是对老百姓重要往往并不是一致的,前者通常研究的是宏观问题,后者更多指的是微观问题,往往问题更具体、更能切合实际。而实际上,从制定政策的逻辑上看,任何宏观研究和宏观决策都应该是在充分揭示和分析了微观问题的基础上的研究。单纯研究宏观问题并依此构建宏观政策,往往构建的是空中楼阁,并不一定接地气。

要性"并无必然的联系,相反,宏观课题或与政府决策有关的课题,很多是原则性的、思路性的,或通过对以往研究的归纳和总结来完成,通常不需要针对老百姓做微观或定量调查,从而也不需要花费很多经费。对这些不需要花太多钱的课题,提供比需要花更多钱才能做的研究更多的经费,只能理解成课题经费是为了奖励的目的,即奖励那些研究国家认为是"重大"选题的学者,因为他们为国家做了"更大"的贡献。

在中国社会科学领域,真正做基础性研究的学者很少,直接研究老百姓现实问题的学者也很少。而正是这些基础性的、理论性的研究,那些直接面对老百姓做实地调查的研究,更需要依据客观事实,更需要数据,更需要用规范的科学研究方法来进行研究。而所谓的宏观政策研究,由于题目过大、内容过于宽泛、涉及关系过于复杂,很难用经验的方法来做,导致学者容易将复杂过程用简单的方式处理。这样,只要研究者能够提供一定的框架、思路,通过回顾和整理以往研究者所作出的判断和结论,并最终给出自己的判断或结论,课题研究就算完成了。这种研究体制,即浪费了大量的研究经费,也把研究者引入了思辨研究的歧途。

课题评审应该考虑三方面的问题,即必要性、可行性和科学性。必要性指的是选题的意义,即这个选题对于学科建设、增进知识、学术积累,对于解释问题、解决老百姓的问题、政府决策是否重要、是否有意义;可行性是指申请者的研究资格、实力和能力,以及现有的数据、文献资源、所用方法是否足以保证申请者能够最终做出他所期望的结果;科学性是要看研究设计的规范性和科学性,从而保证得出的结论是客观的、科学的。总之,是否能够立项取决于必要性、可行性和科学性,但资助经费的多少关键还是要看该项研究是否需要花费这些经费,包括定量调查和定性调查涉及的样本规模、样本覆盖范围,即获得每个样本信息平均的花费,等等。这些并不需要与必要性、可行性和科学性挂钩。对于那些根本不需要自己做抽样调查或收集数据的研究来说,是不需要提供太多资助经费的。至于如何考虑一项调查到底需要多少样本,我们在后面会有进一步的叙述。

第四章　不科学的后果

- 影响政府决策
- 影响学术发展
- 影响学者成长
- 影响学生培养
- 影响国际交流和创建世界一流大学

中国社会科学大量存在的思辨式的、"纯理论"①式的、"不用数据"式的或者说是凭个人感受式的研究,我们在这里称作不科学的研究。如果这类研究大量存在,对中国社会科学的发展有百害而无一利,后患无穷。

邓小平在1978年3月18日全国科学大会开幕式上的讲话首次提出科学技术是生产力,并强调"科学技术是生产力,这是马克思主义历来的观点。早在一百多年以前,马克思就说过:机器生产的发展要求自觉地应用自然科学"。很明显,这里讲的"科学"指的是自然科学,而不是社会科学。那么,这里要问一个问题:社会科学是不是生产力? 换句话说,社会科学能不能推动社会和经济的发展?②我想,答案应该是肯定的。因为生产力的其中一个最重要的要素是劳动者,作为劳动者的人是社会科学的研究对象,而人的发展、人的素质的提高对整个社会的发展无疑是更重要的。人的贡献已经远远超出生产力范畴,远远超出物质的范畴。

这里需要澄清的一点是,我们不能单纯把人看成是经济发展的手段或者说是一种"工具",更应该看成是发展的目的。如果狭义的科学(指自然科学)是为了经济发展的话,那么广义的科学(包括自然科学和社会科学)更重要的是为了人的全面发展。在实现"以人为本"的目标上,社会科学和人文学科会比自然科学发挥更大的作用。然而,社会科学的不科学,会使这种作用大打折扣,甚至会产生负面效果,它会对国家和社会发展、学术研究以及社科人才的培养等多方面造成不好的影响。

---

① 这里指完全用思辨方式构造出的且没有经过实证检验过的理论。
② 过去我们常讲:生产力决定生产关系;生产方式是生产力和生产关系的总和,生产关系的总和为经济基础;经济基础又决定上层建筑。如果社会科学也是生产力的话,那它一定也会影响生产方式和上层建筑。

4.1 影响政府决策

政府决策可以涉及方方面面,包括经济政策、社会政策、环境保护政策等,而这些决策都离不开社会科学研究。为了避免决策失误,中国政府经常会强调要"科学决策",但是什么样的决策才算是科学决策呢?对此并没有人能够给出明确的答案。尽管从字面上讲,采用科学的手段进行决策就叫科学决策,但人们很容易简单地理解为科学决策就是"科学家参与的决策",所以为了能够做好决策,政策制定者经常会提出一些研究课题,从财政拿出一些经费,资助学者们来进行研究。这个程序是对的。然而,关键的问题是这些为决策而做出来的研究到底是不是科学的,所得出的结论是基于充分的实证证据,还是学者在房间里自己杜撰出来的。如果学者提出的建议,完全是基于个人想象得出来的,那么政府采纳了由这类研究得出的结论或建议,决策失误的风险就非常大,政策的失误会给国家带来巨大损失,甚至是影响整个国家的发展。社会政策的失误带来的可能是社会动荡,影响到千家万户的幸福。在这里谈一谈跟中国人口问题和政府决策有关的例子。

其中一个例子是关于中国出生婴儿性别比偏高的问题。出生性别比的定义是每出生 100 名女孩与相应出生的男婴数量的比值,具体计算公式是某年出生的活产男婴数除以活产女婴数再乘以 100。正常的或由生理因素决定的出生婴儿性别比通常在 103—107 之间变化[①],超出这一范围则被称为"不正常"。中国出生婴儿性别比从中

---

① 按常理讲,生理决定的出生男婴与女婴之比应该是 100:100,然而事实却是 105±2,即男孩会比女孩多一些。然而,由于男孩死亡率比女孩死亡率高,到了婚配年龄时,男孩和女孩数量之比就接近 100:100 了。

华人民共和国成立以来一直都在正常范围内,第一次发现出生性别比不正常的时间是20世纪80年代初期,即1982年第三次全国人口普查10%提前机器汇总数据公布以后,得到的中国1981年出生婴儿的性别比为108.47,超出107的正常范围。从此,国外一些学者和媒体开始关注中国出生婴儿性别比偏高的问题,甚至得出结论:中国出生婴儿性别比的异常偏高是计划生育所导致的溺杀女婴所致。开始中国政府对这一问题并没有重视,只是认为国外有人拿性别比问题来攻击中国的计划生育。然而不幸的是,1990年第四次人口普查发现出生婴儿性别比仍在继续升高,达到111.4,外国媒体和学者再次向中国政府发难,此时政府才真正感到了问题的严重性,着手认真对待这一问题,拿出经费来支持中国学者进行研究。当时研究的其中一个目的是为了回应国外一些人借助出生性别比偏高的问题,对中国计划生育进行攻击。而当时国内学者的研究结论直接否定国外学者的结论,即中国出生性别比偏高的原因不是溺弃女婴所导致的。在溺弃女婴、选择性人工流产和女婴漏报三个潜在因素中,中国学者的主流结论是最能让人感到安全和欣慰的,那就是中国出生婴儿性别比偏高的首要原因是女婴数据漏报,即孩子都生出来了,只是很多女孩没有登记上来。遗憾的是,这一结论并没有使中国感到安全,也没能使政府和学者感到欣慰,性别比偏高的程度仍然在加剧。从20世纪90年代后期政府才真正重视这一问题,开始着手解决性别比偏高的问题,出台了很多抑制出生性别比的法规、条例和规定,也采取了一些行动。比如卫生和计生部门开始打击"两非",即非医学需要的胎儿性别鉴定和非医学需要的人工终止妊娠。国家计划生育委员会从1998年起推出了"婚育新风进万家"活动,重点宣传"生男生女一样好""女儿也是传后人""男女平等"等婚育观。为了能够进一步抑制出生性别比升高,国家人口计生委又从2003年开始启动了"关爱女孩行动",旨在保护妇女儿童合法权益,消除性别歧视,倡导男女平等,弘扬科学、文明、进步的婚育观念,采取得力措施,从根本上解决出生婴儿性别比升高问题。国家投入了几个亿来做这些工作。然而,这些行动并没有产生明显的效果,相反,出生性别比仍然在继续快速升高。2000年第五次全国人口普查的结果是116.9,2010年第六次人口普查的结果是118.1。

为什么"婚育新风进万家活动"和"关爱女孩行动"没有导致出生性别比明显的或较大幅度下降呢?主要原因就是在推行这些"活动"和"行动"以前,并没有搞清楚导致出生婴儿性别比升高到底有多少种原因、各种原因作用程度到底有多大、其中哪个是最主要原因,也没有一个科学、严谨的研究为此提供证据支持。政府简单地认为这就是人们重男轻女传统观念导致的结果,把解决观念问题作为解决问题的重点,开展了"婚育新风进万家活动"和"关爱女孩行动",由此入手来推动性别比问题的解决。

实际上,要想搞清导致出生性别比升高的可能性原因,以及它们之间的关系,我们需要描述出导致中国出生性别比升高的一个理论关系图(见图4.1)。图4.1中将导致出生性别比升高的原因分为直接原因、间接原因和技术性原因。直接原因(即直接导致出生性别比数值发生变化的因素)包括出生特别是出生女婴的漏报、选择性人工流产和溺弃女婴;间接原因为生育政策和男孩偏好;技术性原因就是可以用来检测性别的工具——B超的普及和广泛应用。抑制出生性别比的升高意味着对引起性别比升高的各个潜在路径实施干预,并制定相应的政策,比如统计部门和计划生育部门开始抓出生登记漏报问题,卫生和计生部门开始打击"两非"等。然而,干预哪个路径最有效,或可能产生的作用最大,则需要实证研究的支持。理想的研究是要求学者在这个理论框架的基础上构建可以进行测量的操作模型,并收集相应的数据,通过模型运算最终计算出各个路径的作用系数,得到作用程度大小的排序。在此基础上,政府可以根据各个路径上的作用程度大小,来考虑政策干预的重点或干预路径上的优先顺序,并制定相应的干预政策。如果测量结果准确、政策干预效果显著的话,甚至还可以估计出出生性别比预期下降的程度。

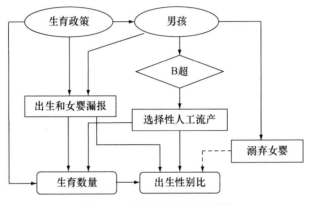

图 4.1　出生性别比影响因素

这里给出的只是一个理想的研究思路,实际上对于社会科学学者来说,构造一个真实的、能够反映客观实际的全模型是比较困难的,特别是受到研究经费的限制,能够系统地、大规模地收集有关数据是不可能的。但是如果能够有政府的行政支持、有一定的研究经费作保证,还是可以在一定程度上测量出模型中的各种关系。如果经费支出不够的话,学者们也可以对局部路径进行研究,构建简单的关系模型,多个简单模型的研究也可以逐步逼近复杂的真实关系模型。然而尽管如此,这方面的研究仍然十分缺乏,最终导致很多学者以及政府都单纯认为性别比偏高主要是由于中国传统的"重男轻女"和"传宗接代"观念导致的,从而想通过消除性别歧视、倡导男女平等、关爱女孩来解决性别比偏高的问题。

实际上，从新中国成立以来，妇女地位已经有了大幅度提高，重男轻女观念已经大大下降。那么，为什么在新中国成立初期，特别是20个世纪的五六十年代，重男轻女等传统观念更为严重的时候，中国出生婴儿性别比一直是正常的，一直都在105左右，而在旧的观念几乎已经消失、妇女地位有了大幅度提高的今天，却出现了人们选择孩子性别而导致出生性别比升高的现象呢？很明显，这里有其他比传统观念更为重要的原因。从实际情况看，尽管政府已经采取了很多抑制出生性别比升高的措施，制定了很多干预政策，出生婴儿性别比仍然居高不下，这本身就意味着以往的干预并没有抓住重点，并没有触及最重要的影响因素。

尽管并没有实证研究来肯定影响出生性别比升高的最重要因素是计划生育政策[①]，但我们仍然可以从逻辑上判断出生育政策的作用。政策的影响会引起两个方面的变化，一个是人们选择生育数量的空间被压缩后(比如从可以生育任意多个孩子变成最多只能生育两个孩子，再到只能生育一个孩子)，自然导致了选择性别的意愿增强了，因为当人们生育孩子比较多的时候，并不担心是否会有个男孩或女孩，因为生育孩子的数量越多，孩子的性别也会越全，数量多自然会在很大程度上保障"儿女双全"或"至少有一个儿子"，即通过增加数量就可以自然满足对孩子性别的需求。当政策只允许生两个甚至只允许生育一个孩子时，通过自然生育来实现"儿女双全"或"至少有一个儿子"愿望的可能性会大大降低，这时人们才真正担心起孩子的性别，才会主动去选择性别。可以说，对生育数量的限制可能是导致性别偏好意愿增强的重要原因之一，而主要不是传统观念导致的

[①] 我们这里并没有充分的证据，仍然属于个人的判断，不属于科学结论。

结果。另一个原因是差异性生育政策导致的结果,特别是从1984年到2013年绝大多数农村地区实行的是"第一个孩子是男孩,就不允许再生育了;第一个孩子是女孩,允许再生育一个孩子"的政策。这一政策本身就会导致那些渴望至少生育一个男孩的夫妇,在第一个孩子生的是女孩后,会千方百计再生育一个男孩。尽管国家并不允许他们去人为地选择性别,但农民们会认为,国家既然制定这样的政策,就是暗示并希望农民都能至少生育一个男孩,否则为什么生了男孩的家庭就不允许生育了,而生了女孩的家庭就可以再生育一个?不就是因为生了一个女孩的家庭还缺少一个男孩,缺少一个劳动力?正是因为国家关心和同情这样的家庭,才制定了"第一个生育了女孩的夫妇可以再生育第二个孩子"的政策,实际上很多基层计划生育干部也是这样理解的。因此,一旦某个家庭第一个孩子是女孩,不仅夫妇会想方设法再生育一个男孩,当地计划生育干部也会主动给她们出主意、想办法,建议她们在怀孕期间去做B超,并希望她们第二个孩子是个男孩。农村夫妇们会感觉,如果第二个孩子生不出男孩,将对不起国家对她们的关心和理解,也对不起国家为她们制定了这样符合她们愿望的政策。同样,一旦第二胎生了男孩,当地计划生育干部也非常高兴,因为这个家庭此时已经"儿女双全"了,就不会再去超生了,她们就不再是计划生育工作的对象,为计划生育工作减轻了负担。正是这样一个政策最终导致了二孩以上的出生性别比大幅度升高(见表4.1)。很明显,这是政策导致的结果。计划生育政策是用少生孩子换来了性别的不正常,是在解决一个问题的同时带来了另一个问题,到底哪个问题会更严重,目前还不得而知。

表 4.1　第三次到第六次人口普查分孩次出生性别比

年代	合计	第一孩	第二孩	三孩及以上
1981	108.5	105.5	110.8	114.1
1989	111.3	105.2	121.0	127.0
2000	116.9	107.1	151.9	159.4
2010	118.1	113.7	130.3	158.4

根据有关方面的统计发现,自2010年以后中国出生人口性别比已经出现了下降的趋势,从2011年到2014年出生人口性别比分别为117.78、117.70、117.60、115.88。人们得出结论:中国出生人口性别比已经"连续六年下降"。① 然而,一方面不知道这些数据的准确性有多大,即有多大程度的出生人口漏报,另一方面数据反映的下降幅度是非常小的,而且性别比仍然处在非常高的水平上。相对于二十多年的政策干预力度比,这点小小的变化是远远不够的。2013年底国家放开了"单独二孩"政策,即夫妇一方是独生子女的家庭,允许生育第二个孩子;2015年底国家再次放开了"普遍二孩"政策,即所有家庭都允许生育两个孩子。尽管我们事前未曾证明过严格的生育政策是导致出生性别比升高的主要原因,但是通过事后出生性别比的变化,就可以证明我们之前的判断是否正确。

4.2　影响学术发展

学术研究的目的是为了发现新知识和新规律。这里的"新"是一个相对概念,即相对于以往曾经发现的知识,新的研究有新贡献。知识的积累犹如砌一堵墙,人们从某类知识的底部开始铺设地基,然后

---

① 参见 http://politics.gmw.cn/2015-02/03/content_14732247.htm。

开始添砖加瓦,每一块砖相当于一项研究所做出的一个贡献,很多围绕同一类问题的研究会逐步导致这堵知识的墙越垒越高,并形成了一个知识或理论体系。

如果某类知识的形成是这样一个过程的话,这里面隐含了三方面内容:一是每一项贡献必须是科学的,即它是通过实证研究证明出来的结论,而不是主观想象出的结论;二是要有创新性,即一项研究必须有新内容、新贡献,哪怕是很小的贡献;三是新的研究和以往研究之间要有继承性,即新的研究贡献是在以往研究基础上获得的结论。只有满足了这三个条件,一项研究的贡献才算是"有效贡献"。

按照这样一个思路,一个专业评审者在审查一篇学术论文或一项学术研究报告时,通常要关注下面三件事:1)论文作者是否已经熟练地掌握了前人构建的理论和结论,即知道在同一领域前人已经有了哪些有效贡献;2)论文作者所研究的问题是否是前人未曾解决的问题,是否准备提供一个新的贡献;3)对结论提供支持的所有证据,包括数据和方法都是可信和无误的。简单地说,这三件事情实际上提供了研究者的资格问题、研究结论的创新性问题和研究方法的科学性问题。

我们经常会看到英文论文后面会列出很多参考文献。这些参考文献不是随便列出来的。首先必须是作者认真阅读、学习和领会过的,其次必须是与本研究关系最密切的,最后必须是本领域最重要的或最不可或缺的论文。如果在论文中,某篇或某几篇非常重要的论文没有被列入参考文献,则意味着作者根本没有读过或根本不了解以往的这些贡献,此时学术论文评审者就会认为你没有资格来研究这个问题,他甚至不管你后面的研究做得如何,都会拒绝接受你的研究成果。在有了研究这个问题的"资格"以后,论文的"有效贡献"就变得非常重要了,因为它体现的是一项研究为一个建筑添上了一块砖、加上了一片瓦——没有"有效贡献",你的论文是不可能被接受或发表的。然而,要想证明论文的贡献确实是有效的,还需要检验论文所使用的数据是否反映了客观事实,所用的方法是否是科学的、合适的方法。一旦这里面的某个环节出现问题,就意味着你的研究结论是不可接受的。实际上,正是学术社群的一大批学者,通过辛勤的劳动,不断重复这样的研究过程,并各自为这一建筑做着自己的贡献,从而使知识的大厦越建越高,使学科更加成熟。

　　回过头来我们再看中国式的研究。我们很多研究是不用数据也不用统计方法,靠的是个人的经历和感受以及研究者的主观判断来下结论,那么从科学角度看,这些研究结论是"无效"的、无意义的。换句话说,这类研究无异于没有研究。另一方面,如果假定这些结论大家普遍认为是对的,我们也会经常发现,针对同一个问题的研究,往往不同研究得出的结论都差不多,多数结论是重复或交叉的,有区别的结论很少。原因是,既然大家都是根据个人想象得出的结论,个人的想象力又不会有太大的差别,想象出来的结论差异也不会特别大,打个比方就是:如果针对某一问题的研究,一篇文章能够得出五个结论的话,那么针对同样问题的研究,二十篇文章总共也就会得出八个结论,即二十篇文章比一篇文章总共也只多出三个结论,而且这八个结论实际上也是缺少实证证据的。这种通过想象和推理得出的结论其实很多都是常识性的,是显而易见的,有些甚至是非专业人士也可以想象得出来的。这些结论对人们的认识并无推进,对学术并没有贡献。

　　由此可见,中国的社会科学研究存在着大量的、低水平的重复。这类研究并不是在前人基础上对学术的推进,并不属于一种学术积累,其结论罗列的都是研究者想象出来的可能性,并把感觉可能性最大的拿出来做结论。这类研究最终导致中国的学术是"有增长、无发展"、"有结论、无贡献"。

实际上,近年来中国社会科学发表论文的数量是快速上升的,表面上看学术研究很兴旺,但这种"增长"是被"规定"或逼出来的,因为各个高校都要求由讲师评副教授、由副教授评教授要发表多少篇论文、多少本著作,也要求一个高校教师每年必须发表多少论文,甚至研究生也要发表多少论文。发表论文成了学生毕业、教师晋升的刚性要求,大家都拼命地在写论文、发表论文,而不是真正做研究。与此同时,由于这些发表的论文绝大多数都属于"低水平"的想法,对学术大厦并没有贡献,实际上是制造了大量的学术垃圾。然而,我们却要求研究生们去读。中国社会科学的学生是在阅读这些学术垃圾中成长起来的,与此同时,学者也在阅读垃圾的过程中继续制造更多的垃圾。年轻人在浪费时间,学者们在浪费精力,而真正能够被称为科学的精品在中国社会科学界成为稀缺资源。为了能让中国学生能够学到更好的知识,不再在学校浪费时间、浪费青春,我们不得不让学生阅读国外的经典教材和论文,否则我们会永远落后,中国的社会科学永远也走不上正轨,创建世界一流大学几乎是无稽之谈。

总之,如果按照前面构建知识大厦的比喻,可以发现,中国式的研究是很难建设起这样一座大厦的,我们的知识缺少继承性,更缺少积累性。我们不仅缺少"前人"的有效研究,也缺少后人的有效贡献。每项研究似乎都只是开始,又似乎从来没有结束。我们的成果和贡献完全是一种虚幻的东西,是一种大家都说过但又不曾证明过的东西。学者们发表文章的数量在迅速增长,但对知识的贡献并没有太多的增加。不仅我们的学者在做这种无贡献的研究,影响了学术的真正发展,我们甚至还在拿这些虚幻的、不靠谱的知识来培养学生。这种状况难道不需要改变吗?

4.3 影响学者成长

　　这样一个创造虚幻"知识"的环境下,对于真正想要做规范研究的学者来说,是没有容身之地的。目前中国社会科学学者的专业知识和方法的积累与学术成就并不成比例,因为做规范的、科学的研究并不是容易的事情,需要花很多功夫、精力和时间。相反,基于研究者个人经历和想法所做的研究却很容易。因此会出现这样的结果,那就是真正做规范研究的、一丝不苟地去做学问的人,可能写出的论文质量会比较高,但数量会比较少。其研究的内容比较具体、题目比较小,而不是那些选题宏大且具有"重大意义"的题目。相反,做思辨研究的人,尽管论文质量不高,但论文数量会非常可观,且研究的问题都是国家级、政策性问题。这两批人相比,在中国现有的学术环境下,做思辨研究的人论文写得快,发表也快,论文数量积累得也会很快,而做规范研究的人情况正好相反。不幸的是,中国的职称评定通常是以发表论文数量的多少为评判标准,而不是真正看论文的质量。

　　我们前面曾经讨论过,在社会科学领域并不存在一个能够评价学术质量高低的标准,因此各个高校在评职称时通常都会依据论文是否发表在本校或社会上给出的排名靠前的期刊或本领域的核心期刊上,来判断论文的质量。期刊排名主要是基于发表文章的被引用率来决定的,然而我们前面曾谈过,中国社会科学论文引用其他曾经发表的论文,意义不是很大,因为在社会科学领域被引用率高的论文并不一定就是规范和科学的论文[①],因为通常引用的是以往发表论

---

① 比如很多与政府某些部门关系密切的学科,在其学术刊物中经常会发表各级领导的讲话或报告,甚至会排在杂志比较重要的位置上,有些领导讲话或观点以及政府的政策甚至经常成为某些学术观点的证据。

给出的结论,而并不知道这些结论是对科学知识的有效贡献还是无效贡献。如果中国社会科学研究中绝大多数的结论都是作者主观判断得出的,而不是通过客观的实证数据证明的结论,即使这些结论被大量引用,又有什么意义呢?

在中国社会科学领域,什么样的学者的论文比较容易发表,会比较快地得到职称晋升呢?基于前面讲的思辨式的研究思路,一定是关注国家重大问题、有思路、有想法、文笔好、社会阅历比较丰富的人,发表论文就会很容易、很多,也很容易成为社会科学某一领域的专家。那么学习什么专业的人具备这些条件呢?一个是学哲学的,另一个是学文学的。如果这些人社会经历又比较丰富,特别是年龄大一些的人,就更容易写出有思想、文笔漂亮的文章,而且这类文章往往更容易得到编辑①的赏识,更容易被发表。实际上,有这样背景的人不仅可以成为某一个领域的专家,他甚至可以成为他想成为的任何领域的"专家"。然而,这种靠"想法"来做研究的人,不需要太多的学术积累,也不需要掌握任何分析工具和技术方法,他们只要能写出自己的想法和感受,就会有人给他发表。

在中国,人们经常会发现在报纸等媒体上发表的文章与在学术刊物上发表的论文,除了字数不同以外,在写作内容、方式和结构上并没有太大的区别。换句话说,在报纸上能发表的文章也可以拿到学术期刊上发表,反过来也是可以的。报纸上发表的文章通常都是老百姓的一些看法和观点,如果能够拿到学术刊物上发表的话,本身就意味着老百姓的想法和观点与学术思路和结论无差异,这也从另一方面说明了我们的社会科学领域是不存在门槛的,那些没有受过

---

① 在跟一些社会科学有关杂志的交往过程中,会发现很多社会科学领域的杂志编辑都是学中文出身,他们习惯于用文学的视角来审视学术论文,喜欢文字华丽和大气的文章,这与科学论文一般要求所使用的语言要朴实、简捷和达意的思路不一致。

系统专业训练的人,那些不具备独特专业知识的人,也是可以成为本领域专家的。这种情况会影响那些真正受过专业训练的人的发展,甚至挫伤他们做学术研究的热情和积极性。

很多这类专家,后来成了中国社会科学领域的学术权威,而这些学术权威已经成了学术发展的绊脚石。他们用宏观的、思辨的思路来评价和判断学术研究的好坏,他们在申请课题评审、评奖、论文审定等方面具有绝对的权威和话语权,他们不懂得什么是真正的科学,他们甚至把真正的科学给扼杀掉了,也扼杀了一大批有学术抱负、科学精神和科学素养的年轻人。有些社会科学的大学者,在学术生涯结束时,甚至都不知道什么是"科学"的研究。

蔡元培说:大学者,研究高深学问者也。这里的高深应该指内容的高深,而不是形式上的高深或文字上的高深,更应该强调形式上的简单和内容上的深刻。当一个人做不到内容上的高深时,自然会追求形式上的高深,以至于追求文字上的晦涩,使读者难于读懂,并"感觉"好像是很"高深"。这是学术上的自欺欺人,既欺骗别人又欺骗自己。

2007年5月我被邀请在国内一所著名高校的社会学系作学术讲座。讲座开始前,该系的一位年轻教师来宾馆接我,主动跟我聊起了他的困惑。他说,他本科在国内读的是计算机专业,研究生是在美国著名高校读的社会学博士,毕业后回国,现在仍然是做社会学的教学和研究工作。很明显,这位老师的学术背景是非常好的,基础比较扎实而且在美国受到过系统的、规范的专业训练。然而,让他感到困惑的是,回国工作几年来,与跟他同时来到学校的其他国内毕业的一些老师比,他发表的论文数量明显比人家少。他说,他是在国外读的博士,在国外接受的教育是,首先要收集或获得数据,然后使用统计方法和模型来做数据分析,最后再得出结论。可是按照这样的方式做研究,研究所花的时间和完成一篇论文的周期会非常长,即使自己再努力,一年也只能完成2—3篇论文。而国内培养出来的学者却不是这样的,他们可以不用数据来做研究,一年可以发表十几篇甚至几十篇文章,这样在评定职称时,人家都排在前面,并陆续评上了副高级职称。而他本人由于发表论文数量比别人少,一直都没有评上职称。似乎他的研究做得比别人差,一些同事瞧不起他,一些领导也认为他没有水平,甚至有人认为,国外学习回来的人,也就是这点水平。他自己也曾下决心好好努力,最终还是发现,他即使再努力,如果仍然坚持原有的研究方式,无论如何在发表论文数量方面都不会超过其他老师,因此他感到很痛苦,不知道今后应该怎么办。他说他目前面临两个选择,一个是同国内其他学者一样,从此开始用思辨的方式去做研究、写论文。他相信,这样他一年也可以发表很多篇论文,也可以比较快地评上职称。另一个是仍然坚持做规范、科学的研究,坚持自己的研究风格。然而他知道,走第一条路是不对的,他也知道那不是在做科学研究,那类研究是无任何意义的,所以他不想走这条路。所以他最后还是希望坚持走第二条路,那就是仍然坚持走自己的路,做科学的研究。但他知道,如果继续这样坚持下去,他未来的前途仍然十分渺茫。最后,他很无奈地对我说,他准备再坚持两年,如果还没有结果的话,他会放弃现在的工作,再回美国。三年以后,他们系的一个学生到我这里来学习,我向她询问这位老师的情况。她说,这位老师已经离开她们学校,回美国了。

我对这件事情一直感到很无奈,因为这类事情在中国的社会科学界并不是个案,而是十分普遍的问题。正是这种不科学的环境,导致中国社会科学整体在"跑偏",它意味着不是我们哪个学科出了问题、哪个系出了问题或哪个人出了问题,而是我们整个大环境普遍存在问题。我们真正要改变的不是哪个学科、哪个人,而是整个社会科学的大环境和大方向。这样的环境不仅影响着中国社会科学的发展，也影响着国内年轻学者的成长。我们期望有一天，研究人员的内在学术水平和外在学术声望能够匹配起来，大家都能走在科学的道路上，并在这一道路上进行竞争和比拼，避免不公平的竞争，避免"非科学"战胜科学或排挤科学。

4.4 影响学生培养

著名物理学家、诺贝尔奖获得者杨振宁教授曾经说过一句话："中国大学的本科教育非常成功。"他的理由是，2004年他曾在清华大学为大一学生上过一学期物理课，此前他曾在美国教过两次大一物理。相比之下，中国大一学生比美国大一学生基础扎实，学习更专注、更努力。然而，他的这句话在网上引起了热烈的讨论，主要是讨论中国大学教育是否成功的问题。

我本人同意杨振宁教授所说的理由，但不同意他的结论，因为大一学生"基础扎实"并不是大学本科教育的结果，而恰恰是中小学教育的结果。如果将中小学教育作为大学前的预备教育，不可否认，中国学生的基础知识确实是非常扎实的。因为全世界几乎没有哪个国家的家长对孩子的教育能够像中国家长这样重视，也没有哪个国家的中小学生在学习上所花费的时间和精力能够超过中国学生。中国学生从进校门那天起，就开始受应试教育的驱使，一直面临着紧张的学习和激烈的分数竞争。家长、学校和学生三者为了一个共同的目标——考进名牌大学——而努力着。可以说，中国最辛苦、最劳累的人群是中小学生。在这样一种氛围下，学生的基础知识怎么能不扎实？

经合组织（OECD）举办的国际学生评估项目（PISA），是针对世界上不同国家接近完成基础教育的15岁学生所开展的一项素养测评,并被喻为"教育界的世界杯"竞赛。PISA 测试采用了科学的评估方法,测量结果在不同国家之间具有可比性。① 评估主要分为 3 个领域——阅读素养、数学素养及科学素养,目的是测试学生是否能够掌握社会所需的知识与技能,因此,试题着重于应用及情境化。受测学生必须灵活运用学科知识与认知技能,针对情境化的问题自行建构答案,因此测试能深入检视学生的基础素养。PISA 测试的重点是看学生全面参与社会的知识和技能,对学生阅读、数学和科学能力的考察并不限于书本知识,还包括成年人生活中需要的知识和技能。

该项目从 2000 年开始,结果显示,芬兰学生在历次测试中名列第一。中国是从 2009 年开始被列入测试,此后的 2012 年再次参加。PISA 通常会在各个国家或地区中抽取 4500 到 10000 名初三与高一为主的 15 岁学生作为调查对象。然而,这么大的样本要想覆盖全国 31 个省、自治区、直辖市或对全国有代表性是很困难的,因此该项目不得不把样本点选在一个地区,最终决定把中国样本放在了上海。2009 年 4 月,根据 OECD 的技术标准要求,随机抽取上海 152 所学校的 5115 名学生,代表全市各类中学约 10 万名 15 岁在校生参加测试,参与率和覆盖率分别达到 97.8% 和 98.6%。测试结果显示,在全球 65 个国家或地区约 47 万名接受测试的 15 岁学生中,中国上海学生三项成绩均排在第一位,其中阅读素养得分为 556 分,高出第二位的韩国学生 17 分;数学素养和科学素养得分为 600 分和 575 分,分别高出第二位 38 分和 21 分。在这份成绩单上,阅读素养排前五位的依次为中国上海、韩国、芬兰、中国香港、新加坡;数学素养排前五位的为中国上海、新加坡、中国香港、韩国、中国台北;科学素养排

---

① 关于 PISA 的详细介绍请参见 http://www.baike.com/wiki/国际学生评估项目。

前五位的为中国上海、芬兰、中国香港、新加坡和日本。①

人们对这一排序多少有些怀疑,因为这一结果还是有一定偏差的。毕竟上海是中国受教育条件最好的地区之一,并不能代表全国的一般水平。实际上,除了OECD对上海的测评外,中国的有关部门在2009年还对天津市、河北省、吉林省、江苏省、浙江省、湖北省、海南省、四川省、云南省、宁夏回族自治区、北京市(房山区)等11个省、自治区、直辖市按照OECD同样的方法进行了测评,如果把这12个地区的结果看成是可以代表全国整体水平的话,中国学生阅读、数学和科学三科平均成绩为520分,仍然高于OECD当年平均的493分,而这12个地区的最低分也在490左右,与OECD的平均分相差不大。这其中中国(内地)学生的数学成绩最好(550分),大大高于国际平均水平为496分,只排在新加坡(562分)和中国香港(555分)之后;中国(内地)学生的科学成绩为524分,高于国际平均水平的501分;阅读成绩为486分,低于国际平均水平的493分②,很明显中国学生的阅读成绩相对要差一些。尽管如此,经合组织特别教育顾问安德里亚·施莱歇尔仍然表示,中国绝对不应该被低估。他指出:"实际上,我们在中国的12个省份进行了PISA测试,即使在一些欠发达地区,测试成绩也接近于经合组织的平均水平。"③

2012年是中国第二次参加PISA,这次测试的重点领域是数学,参加的国家(地区)为65个。根据OECD对测试抽样的技术标准要求,上海155所学校的6374名学生代表全市各类中学约9万名15

---

① 参见:PISA,Baidu百科;http://baike.baidu.com/link? url=2pdnkMUs_XySxA-joLJjLbY_gHlwiSt3d_dVP0ESPiXVqruXVtVOEm_LfzhNcsSA0fElhjWVI962WKJ6UUA-Gzw_。
② 参见百度文库;http://wenku.baidu.com/view/169972250722192e4536f694.html? re=view。
③ 参见环球网国际新闻;http://world.huanqiu.com/roll/2010-12/1325350.html。

岁在校生参加测试。上海学生数学平均成绩为 613 分,在 65 个国家(地区)中位居第一,86.8% 的学生达到或超过了 OECD 平均成绩(494 分),其次是新加坡(573 分)、中国香港(561 分)、中国台北(560 分)、韩国(554 分)、中国澳门(538 分)和日本(536 分)。[①] 上海学生的科学和阅读成绩同样排名第一,分别为 580 分和 570 分;排在后面的依次是中国香港(555 分和 545 分)、新加坡(551 分和 542 分)、日本(547 分和 538 分)。[②]

中国的中小学教育质量和水平在全世界已经得到公认。为了学习中国的经验,2014 年 2 月下旬,英国教育和儿童事务部副部长率领英国教育代表团专程来上海"取经",探访了上海多个中学,了解上海基础教育的发展、尤其是学生数学成绩出众的原因。英国教育部则与上海市教委进一步合作,互派小学数学老师,分享教学经验。上海学生普遍使用的由华东师范大学出版的《一课一练》数学分册也将在英国出版,并预计在 2015 年在英国普遍开始使用。[③]

这里所给出的 PISA 测试只是针对即将完成基础教育的中学生所进行的测评。实际上,中国学生最辛苦的阶段或提升空间最大的阶段并不是在初中,而是在高中。如果这种测试是针对高中毕业的学生,那么中国学生的成绩会更高,特别是数学成绩,一定比其他国家的学生高得多。可以不客气地说,中国高中毕业生特别是那些能够考入名牌大学的学生,其专业基础特别是数学基础在世界上一定是最好的。然而,令人遗憾的是,当这些好"材料"被拿到中国大学这

---

① 参见上海 2012 年国际学生评估项目(PISA)结果:http://www.cnsaes.org/homepage/html/researchnews/10102.html。
② 参见:PISA,Baidu 百科:http://baike.baidu.com/link?url=2pdnkMUs_XySxΛjoLJjLbY_gHlwiSt3d_dVP0ESPiXVqruXVtVOEm_LfzhNcsSA0fElhj。
③ 英国想中国"取经"教学:英国学生将用中国教材,新闻晨报,2015 年 3 月 1 日。

全球学生评估（PISA 2012）排行榜
观察者网翻译

		数	学		阅	读	科	学
OECD	PISA统计2012平均分	表现不佳学生百分比（低于第2等级，共6级）	表现出色的学生百分比（5级级）	同比往年	PISA统计2012平均分	同比往年	PISA统计2012平均分	同比往年
平均值	494	23.1	12.6	-0.3	496	0.3	501	0.5
上海(中国)	613	3.8	55.4	4.2	570	4.6	580	1.8
新加坡	573	8.3	40.0	3.8	542	5.4	551	3.3
香港（中国）	561	8.5	33.7	1.3	545	2.3	555	2.1
中国台北	560	12.8	37.2	1.7	523	4.5	523	-1.5
韩国	554	9.1	30.9	1.1	536	0.9	538	2.6
澳门（中国）	538	10.8	24.3	1.0	509	0.8	521	1.6
日本	536	11.1	23.7	0.4	538	1.5	547	2.6
列支敦士登	535	14.1	24.8	0.3	516	1.3	525	0.4
瑞士	531	12.4	21.4	0.6	509	1.0	515	0.6
荷兰	523	14.8	19.3	-1.6	511	-0.1	522	-0.5
爱沙尼亚	521	10.5	14.6	0.9	516	2.4	541	1.5
芬兰	519	12.3	15.3	-2.8	524	-1.7	545	-3.0
加拿大	518	13.8	16.4	-1.4	523	-0.9	525	-1.5
波兰	518	14.4	16.7	2.6	518	2.8	526	4.6
比利时	515	18.9	19.4	-1.6	509	0.1	505	-0.8
德国	514	17.7	17.5	1.4	508	1.8	524	1.4
越南	511	14.2	13.3	m	508	m	528	m
奥地利	506	18.7	14.3	0.0	490	-1.1	506	-0.8
澳大利亚	504	19.7	14.8	-2.2	512	-1.4	521	-0.9
爱尔兰	501	16.9	10.7	-0.6	523	-0.9	522	2.3
斯洛文尼亚	501	20.1	13.7	-0.6	481	-2.2	514	-0.8
丹麦	500	16.8	10.0	-1.8	496	0.1	498	0.4
新西兰	500	22.6	15.0	-2.5	512	-1.1	516	-2.5
捷克	499	21.0	12.9	-2.5	493	-1.5	508	-1.0
法国	495	22.4	12.9	-1.5	505	0.0	499	0.6
英国	494	21.8	11.8	-0.3	499	0.7	514	-0.1
冰岛	493	21.5	11.2	-2.2	483	-1.3	478	-2.0
拉脱维亚	491	19.9	8.0	0.5	489	1.9	502	2.0
卢森堡	490	24.3	11.2	-0.3	488	0.7	491	0.9
挪威	489	22.3	9.4	-0.3	504	0.1	495	1.3
葡萄牙	487	24.9	10.6	2.8	488	1.6	489	2.5
意大利	485	24.7	9.9	2.7	490	0.5	494	3.0
西班牙	484	23.6	8.0	0.1	488	-0.3	496	1.3
俄罗斯	482	24.0	7.8	1.1	475	1.1	486	1.0
斯洛伐克	482	27.5	11.0	-1.4	463	-0.1	471	-2.7
美国	481	25.8	8.8	0.3	498	-0.3	497	1.4
立陶宛	479	26.0	8.1	-1.4	477	1.1	496	1.3
瑞典	478	27.1	8.0	-3.3	483	-2.8	485	-3.1
匈牙利	477	28.1	9.3	-1.3	488	1.0	494	-1.6
克罗地亚	471	29.9	7.0	0.6	485	1.2	491	-0.3
以色列	466	33.5	9.4	4.2	486	3.7	470	2.8
希腊	453	35.7	3.9	1.1	477	0.5	467	-1.1
塞尔维亚	449	38.9	4.6	2.2	446	7.6	445	1.5
土耳其	448	42.0	5.9	3.2	475	4.1	463	6.4
罗马尼亚	445	40.8	3.2	4.9	438	1.1	439	3.4
塞浦路斯	440	42.0	3.7	m	449	m	438	m
保加利亚	439	43.8	4.1	4.2	436	0.4	446	2.0
阿联酋	434	46.3	3.5	m	442	m	448	m
哈萨克斯坦	432	45.2	0.9	9.0	393	0.8	425	8.1
泰国	427	49.7	2.6	1.0	441	1.1	444	3.9
智利	423	51.5	1.6	1.9	441	3.1	445	1.1
马来西亚	421	51.8	1.3	8.1	398	-7.8	420	-1.4
墨西哥	413	54.7	0.6	3.1	424	1.1	415	0.9
黑山共和国	410	56.6	1.0	1.7	422	5.0	410	-0.3
马拉卡	409	55.8	1.4	-1.4	411	-1.8	416	-2.1
哥斯达黎加	407	59.9	0.6	-1.2	441	-1.0	429	-0.6
阿尔巴尼亚	394	60.7	0.8	5.6	394	4.1	397	2.2
巴西	391	67.1	0.8	4.1	410	1.2	405	2.3
阿根廷	388	66.5	0.3	1.2	396	-1.6	406	2.4
突尼斯	388	67.7	0.8	3.1	404	3.8	398	2.2
约旦	386	68.6	0.6	0.2	399	-0.3	409	-2.1
哥伦比亚	376	73.8	0.3	1.1	403	3.0	399	1.8
卡塔尔	376	69.6	2.0	9.2	388	12.0	384	5.4
印度尼西亚	375	75.7	0.3	0.7	396	2.3	382	-1.9
秘鲁	368	74.6	0.6	1.0	384	5.2	373	1.3

图 4.2 全球学生评估(PISA 2012)排行榜

资料来源：观察者网：http://www.guancha.cn/Education/2013_12_04_190244.shtml。

个工厂进行加工时,我们并没有加工出与"原材料"同样高质量的产品。

大学犹如一个加工厂,刚入学的学生就好像是原材料,经过大学阶段的加工和打造,最终生产出"产品"。这些"产品"就是那些从大学毕业的本科生和研究生。大学办得是否成功,要看它们"产品"是否是高质量的,是否具有国际竞争力。这里我们要谈的是"产品"的质量,是指培养出的学生在专业知识和技能与国外同类专业毕业的学生比是好还是差。

那么中国大学培养出来的本科生和研究生与国外同类学生比到底有多大的差距呢?从 2009 年 PISA 测试中也可以看出美国 15 岁学生与中国学生的差距。当年美国参加 PISA 测评的学生共 2 万人,来自全美 50 个州的一千多所学校,美国学生的数学在 65 个国家和地区中的排名为第 12,科学排名第 23,阅读排名第 17。[①] 2012 年 PISA 考试,美国学生的数学在 65 个国家里只排在 36 位,美国中学生的学习成绩仍然在继续下降,美国官员也不得不承认,美国学生正在失去竞争优势。PISA 反映出的美国和中国的差距可以看成是美国学生与中国学生在 15 岁时的差异,那么到了高中毕业二者的差异可能会更大一些。我们可以把这个时间点作为上大学的起点,来看从进入大学开始到博士毕业结束,中国学生和美国学生之间的差距是如何演变的。

遗憾的是,国际上没有一个测量大学学生水平的考试,从而很难直接将中国和美国大学本科或研究生的成绩进行比较。然而仅凭笔

---

① 参见百度文库:http://wenku.baidu.com/view/169972250722192e4536f694.html?re=view。

者个人在中国大学和美国大学工作所获得的感觉①,仍然想用比较形象但可能并不确切的打分方法,将中国学生与美国学生进入大学以后所学到的知识和技能水平做一个比较。这里假设中国学生和美国学生考同一份卷子,其结果可能会是这样的:如果在上大学本科前,美国学生的学习分数是30分的话,中国学生应该是40分。如果将其换算成百分制的话,则意味着同样的试题,中国学生考100分的话,美国学生只考75分。②大学毕业以后,美国学生的分数会从30分提高到60分,中国学生会从40分提高到60分,此时两国学生的分数可能会持平,都是60分。硕士毕业后,中国学生开始落后于美国学生,如果美国学生此时是从60分提高到80分的话,中国学生只是从60分提高到70分。到了博士毕业,美国学生可以从80分提高到100分,中国学生则只能从70分提高到75分。此时,二者的差距正好与上大学本科前的差距相同,但方向正好相反。换句话说,在高中毕业时,中国学生的基础要比美国学生好得多,二者的差距是100∶75;而博士毕业时,中国学生的水平要比美国学生差得很多,二者的差距是75∶100。这说明,正是在进入大学以后,中国学生和美国学生的差距被迅速拉大了。美国人把一个并不太好的原料,加工成一个非常好的产品;我们是把一个非常好的原料,加工成了一个很一般的产品,甚至可能是次品。是什么东西导致了这样的结果?是我们的大

---

① 我的孩子曾经分别在中国和美国比较好的高中读书,我曾从她那里了解过两边学生和老师的差距。我本人也分别在中国和美国的大学工作过,非常了解中国和美国的本科生和研究生的情况。这里表述的完全是一种主观判断,给出分数只是一种形象的比喻,并不像 PISA 那样是通过严谨测试给出的结果。

② 2012 年 PISA 考试中国上海学生的数学分数为 613 分,美国学生数学分数为 481 分;如果以中国学生成绩为 100 分计算的话,美国学生为 78.5 分。这可以反映初中毕业时的差异,若到了高中毕业,如果仍然以中国学生为 100 分的话,美国学生为 75 分应该是不成问题的。需要说明的是,这里用的只是上海学生而不是中国全国学生的平均成绩,因此这里实际上反映的是中国东部发达地区高中毕业生与普通美国高中毕业生的比较。

学和研究生教育。难道我们能不为大学教育感到痛心、为我们的学生感到惋惜吗?

上面给出的是一个完全基于主观的整体判断。实际上中美两国学生的差异,理科学生和文科①学生也有很大的不同,中国理科学生的情况要比文科学生好很多。特别是在本科毕业时,中国的理科学生要明显好于国外同类学生,而文科相应地要差很多,特别是进入到硕士和博士阶段,文科学生的情况会更差。当然,学校与学校间也存在一定的差异。

社会科学比自然科学要差一些的原因,一方面是由于前面已经谈到的,中国社会科学研究不规范和不科学,以及缺少知识的积累和沉淀以外,还有就是中国很多社会科学专业是改革开放以后建立起来的,在这之前基本上属于空白,专业建立起来以后到底应该开设什么课程、所开设课程到底要讲哪些东西,大家并不清楚。即使知道应该开什么课程,开课的很多老师以前也没有学过这些课程,只能靠自己去自学。对于那些国外已有的专业,国内往往会照搬国外本专业开课目录来设置课程,英语基础好一点的教师会去参考国外教材完成自己的教案,英语差一些的或比较知名的教授、忙于发表论文期望能早一天评上职称的老师,通常只能依靠自己对专业的理解来组织授课内容,更有甚者,会将自己以往的专业并结合自己的科研素材向新课程上靠,弄得很多课程名实不副。尽管如此,绝大多数国外专业目录中的课程,中国老师仍然是讲不了的,因为他们以前从来没有学过这方面的课程,完全靠自学也不是一件容易的事情。在新开设的专业中,也有些是基于中国自身发展需要而设立的,国际上实际并没

---

① 这里讲的文科主要是指社会科学,因为人文学科很多是不可比的,特别是语言、文学、戏剧、影视等。

有这些专业,因此没有人知道这些专业到底应该开设什么课程,完全要重新来设置课程,重新构建课程内容,此时课程的设置和所讲内容就会更加随意。由于新开专业课程不足、老师不足,为了能够为这些专业的学生提供足够毕业的学分或课时,很多院系鼓励老师自行申报课程,自行决定课程名称和内容,而老师们为了能够凑足评职称的课时数,往往把自己所研究的内容或某项课题的内容作为一门课来上,而这些"内容"基本上都是研究者自己的"想法",并没有很多学者所做的规范、科学的研究的积累,也并不是真正有效的知识,只是讲一些"前无古人、后无来者"的东西,甚至还编出一些教材,让学生去学。有些课程看起来很热闹,但没有实质性内容,甚至有些课堂完全是在"讲故事",讲空话,是在误人子弟。

一门学科、一个专业或一个领域从设立走到成熟,需要经历漫长的过程。这一学科能独立存在,或能作为一门课程来讲,前提是这一领域以往的研究有了足够的积累,无数学者做过大量研究,理论已经比较成熟,内容已经比较丰富,并形成了一个完整的体系,此时这门学科才成熟起来,才可以作为一门课程来传授给学生。尽管个别人能力比较强,贡献比较大,但一个学科绝对不可能由一个人或几个人就能构建起来。总之,一个学科的成熟表现在先有研究,待其成熟后再形成课程,并写出教材。然而,我们经常发现在中国社会科学领域,很多学科和教材的形成,往往经历了一个相反的路径,即先由个别学者提出一个名称,然后自己构建一个"理论体系",再围绕这个体系用思辨的方式来添加内容。似乎给人一种印象,这个学科就是某个人构建出来的,后面的其他学者则会围绕这个体系做更多的研究。特别是某些交叉学科的形成,往往是某个学者把两个学科的内容照搬过来,并很牵强地"组合"到一起,犹如油和水的关系,尽管形式上是把二者放到了一起,但二者根本融合不到一起。比如在人口学里,将经济学和人口学结合,称作人口经济学;将社会学与人口学融合,称为人口社会学;将生物学与人口学结合,称为人口生物学;将控制论与人口学结合,称为人口控制论。甚至还有把多个学科都结合在一起的,比如将经济学、环境、资源和人口学融合,称为人口、资源、环境经济学。一些中国学者为了能够标新立异,成为某个新学科的"创始人",专门去寻找交叉领域中的空白,犹如将200个学科做交叉关系矩阵,然后看哪个交叉点上的学科是空白,或没有人做研究或写书,然后自己就开始写,这样就成为了这个"新学科"的创始人。实际上,是否能够成为一个独立的交叉学科,关键看两个学科是否有比较密切的关系并能够有机融合在一起,而不是"两张皮"。然而,令人遗憾的是,中国学者这种先构建学科、再填充内容的研究方式,给社会科学带来了虚假繁荣,并将这些虚幻的内容传授给学生。让学生大量地阅读这类教材,不仅浪费了学生的时间,阅读了大量的学术垃圾,也将把学生的研究思路和方法引向歧途。

实际上,在国外也有很多这类新学科或新的交叉学科,而且经过以往研究的积累,一些学科已经非常成熟。然而,即使在国内有同类或同名学科或课程,国内老师讲授的内容与国外老师讲授的内容完全不同。这里的主要原因是,国内社会科学领域对国外这类成熟的学科学习和引进不够,国内这类学科所讲授的内容很多是基于国内学者自己的理解和创造形成的,而不是在国外已有内容基础上的引进和发展。因此,在国内社会科学领域读过本科或研究生的中国学生,到了国外同类专业攻读硕士或博士学位时,普遍会发现以往在国内学过的内容,国外几乎没有,或完全不一样,而且国内学过的课程或知识,到了国外几乎都用不上,似乎都需要重新开始学习。

如果比较国内和国外同一个专业的课程名称和内容的差异,通常会有四种情况:第一种是同样名称的课程,内容差异不大;第二种是同样名称的课程,内容差异很大;第三种是中国有的课程,国外并没有;第四种是国外有的课程,中国并没有。一个中国学生在中国读完了某一专业后,又到国外学习同样的专业,他/她会发现,第一种情况比较少,而后三种情况会非常普遍。

十多年前我在美国参加美国人口学会年会时,有两位在美国读社会学博士的中国学生跟我谈了他们在国内学习社会学时所遇到的困惑。他们两位都是在中国某著名大学的社会学系读的本科和硕士,硕士毕业后去美国读博士。他们进入社会学系的前两年分别学习了微积分、线性代数和概率论与数理统计三门数学必修课,可是在后来的本科和研究生学习过程中均没有用到过这三门数学课所学过的内容,他们的毕业论文也没有用到数学的内容,他们还发现这个领域著名学者发表的论文也没有用过数学。他们当时不理解,既然社会学专业都不用数学,为什么还要学习这些数学课?他们后来自己的解释是,可能这些课程与中学学过的一些课程一样,是作为大学生的素质教育课程,大家都必须要学的。后来他们到美国读博士才发现,博士期间上过的绝大多数课程都是方法类课程,而且都要用到这三门数学课的内容,这时他们才发现这些曾经学过的数学内容非常有用,也恰恰是在大学时打下了这样一个数学基础,才导致他们后来在美国的学习比较容易,甚至比美国学生学得还好。

这里的主要原因是,中国的社会科学重思辨式研究,轻实证研究,因此很多社会科学专业不用定量研究方法,导致很多院系只开设一些基础的(甚至是干脆不开设)定量方法课程。而在美国,不学定量研究方法,不用数据去做研究,论文几乎是不可能发表的。因此,在美国社会科学领域,研究生阶段的课程绝大多数都是方法类课程。学习这些课程必须要求有一定的大学数学基础,而且数学基础越好,学习这些方法类课程也越容易。而中国学生恰恰在这方面具有非常大的优势,这种优势不仅在于他们在大学本科时就学过大学数学课程,更重要的是他们在中学时所受到的数学训练、所掌握的数学基础知识明显好于美国或其他国家的学生,这也是为什么中国学生在美国读书时,尽管理论类课程往往不如美国学生或其他国家的学生学得好(这在很大程度上是因为中国学生语言方面的弱势),但是在方法类课程中国学生会遥遥领先,在这类课堂上中国学生都是数一数二的。这也是为什么留在美国大学社会科学领域教书的中国学者,几乎绝大多数人都在大学里开设定量研究方法课程。

下面回来看中国的情况。尽管中国学生的数学基础非常好,但是到了大学,特别是到了读硕士和博士阶段,所学课程几乎都与数学无关,甚至毕业后做研究也不需要用研究方法,所以也不需要数学。在大学里学生们学到的几乎都是空洞的、抽象的"理论",听到的都是老师讲的很多"故事",而那些在中学时打下的数学基础、积蓄的能量,在大学和读研究生期间并未被利用起来或被开发出来,这些曾经打下的坚实基础和丰富积蓄被白白地荒废掉了。到了他们成为学者和教授时,仍然用思辨的方法做研究,与真正的科学渐行渐远。可以说,中国学生没有输在起点,但却输在了终点。

中国的社会科学是自己把学生潜力给压制住了。你数学基础好,可我们单单就不用数学,也不学与数学有关的研究方法,做研究也不要方法。然而,中国学生这么好的基础却在美国找到了用武之地。美国大学特别是在研究生阶段为学生提供了足够多、足够高级的方法类课程,从而把中国学生的能量大门完全打开了,让中国学生的能量和潜力得到充分释放和发挥。你有多大的能力,他们就可以提供给你多少知识和技能,他们永远有让你学不完的东西,并可以让中国学生的能力发挥到极致。而这一点正是中国大学所缺乏的。也正是这一点,使美国大学把基础不好的美国学生培养成高水平的研究人员,中国大学则把基础非常好的中国学生培养成了不会做科学研究、只会耍嘴皮子的学者,最终导致中国社会科学研究者的整体实力与国外的差距越来越大。

可以这样来形容:中国社会科学领域的学生在大学里学的犹如一大锅稀饭,表面看好像内容很多,但能真正过滤出来的"干货"却很少。我记得2004年上半年我给硕士研究生上课的时候问他们,这学期他们上多少门课,当时有学生回答本学期上11门课。当时我就问学生,这么多课是否上得下来?是否会很辛苦?学生回答,能够上下来,也不是很辛苦。在美国,一个研究生通常一学期最多只能选3门课,这样学生已经非常辛苦了,如果一学期上4门,几乎是不可能的。因为尽管每门课上课的时间并不长,但课下的阅读量和作业量非常大,而且还要做笔记、写课程论文,每次课还要进行课堂讨论,学生上课前还需要做很多准备,这样一门课下来要阅读好几本著作,数百篇经典论文,甚至要进行多次考试。尽管美国大学学生一学期上课门数并不多,每门课的课时数跟中国也差不多,但学得很精,学的内容很多、很深。相反,中国学生一学期所上的课程很多,但课程内容浮浅、空洞,实质内容少,很多时间老师都是在讲故事或念教材,学生课后阅读任务也不多,最终导致学到的真正有价值的内容不多,深度也不够。

很多学习社会科学的学生都会感受到这样一种情况,那就是在本科阶段学习过的课程,到了硕士研究生阶段仍然继续学习同样的内容,有些课程可能会改改名称,也有些课程被称为"高级"课程,但并没有很多新的东西,也并未显得"高级",甚至到了读博士时仍然还是这些内容,基本上是换汤不换药。而且,中国社会科学有关专业的本科课程、硕士课程和博士课程拉不开档次,学生并没有明显感觉研究生课程比本科课程有什么更高之处,甚至有时会感到本科课程更实、更有内容,而研究生课程则更虚、更空洞。

那么,为什么中国大学会出现这种情况呢?除了社会科学做得不科学以外,还有很多其他原因,主要原因包括:教师队伍存在先天不足且缺少教学动力;专业内容贫乏,对国外同类专业的学习和引进不够;非专业课占据了大量的时间;由于专业的迅速扩张,很多专业教师未经过专业训练,赶鸭子上架。然而,这些问题的产生有其历史原因。

第一,大学骨干教师普遍基础较差。近三十年来,在国内大学一线的教学和科研骨干或者说具有教授职称的教师,多数是"文革"后1977、1978年恢复高考后的几届大学生。这些人里,除了"老三届"①或年龄更大的一些学生外,他们的小学、中学都是处在"文革"的动荡和"读书无用论"盛行的时期,当时是"学生不学,老师不教"。很多高中毕业生达不到初中水平,有些连小学水平都不够,基础非常差。另外,这批人的外语也比较差,高考前几乎都没有学过太多的外语,1977和1978年两届高考外语是不计入成绩的,只是作为录取的参考。然而,尽管有些人考上了大学,但多数是在短短的几个月内"突击"自学上去的。从"文革"过来的这批教师基本上都是"50后"和"60后",他们目前都在各个大学里当教授,并成为博士生导师或硕士生导师。并且,高校中的其他年轻老师或后来毕业的学生都是这些人的学生。

第二,当时高校教师水平也比较差。恢复高考以后,当时在校的大学教师同样受"文化大革命"的影响,其学业已经荒废殆尽,很多人已经多年不搞研究,过去学过的知识也已经忘掉了。有些大学甚至是

---

① "老三届"是指1966年"文化大革命"爆发时在校的三届高中和初中学生,即1966、1967和1968三届,由于"文化大革命"的原因,三届学生同时走上了社会,绝大多数成了上山下乡知青。

清一色的"工农兵"大学生在给通过高考进来的学生讲课。尽管改革开放初期,国家非常重视科学技术的发展,提出要实现"四个现代化",当时的大学生也非常用功,无奈这些学生的基础比较差,老师的水平也不高,所学到的知识和技能无论在深度上和广度上都十分有限。

第三,社会科学长期在"跑偏"。中国从1949年以后社会科学领域完全与西方隔绝,接受的是苏联模式的带有强烈的意识形态、价值判断和思辨色彩的社会科学,完全抛弃了以客观判断为基础的科学研究方式。当时片面地认为,社会科学不需要使用数学,所以导致高考时就开始文理分科,对文科学生的数学要求很低。而事实上,进了大学或者读研究生时,其学习的专业课程中确实很少能够用到数学。以经济学为例,当时的经济学只有政治经济学,没有现在的西方经济学专业,与经济有关的所有学科都要学政治经济学这门课,包括经济学的资本主义部分和社会主义部分,前者主要学《资本论》,后者学习社会主义政治经济学——当时把西方经济学称为庸俗经济学。过了很长一段时间以后,西方经济学包括微观经济学、宏观经济学等内容才逐步在经济类学科中开设。

第四,一些传统的社会科学学科被长期中断。1949年以后,特别是经过大学院系调整,很多社会科学学科被取消,最典型的是社会学。因为社会学是研究社会问题的,当时的理论是社会主义是最先进的社会形态,社会主义国家不存在社会问题,凡是研究中国社会问题的,就是给社会主义抹黑,或者是攻击社会主义。社会学在改革开放以后才正式恢复,期间中断了三十年,这三十年在中国没有社会学专业,没有社会学研究,也没有培养过社会学专业的学生。在学科恢复的初期,这一领域几乎是一片空白。好在一些科班出身的老先生当时还健在,其中一部分知识得到了传承。

第五,"市场经济"对教师的影响很大。77、78级大学生毕业后,正处在改革开放的初期,当时面临着经济体制的改革,外资企业和民营企业发展迅速,20世纪80年代后期到20世纪90年代初期教师收入一般比工厂工人还低,教师生活比较困难,导致一大批水平比较高、能力比较强的年轻教师"下海",离开高校进入外资或合资企业、政府和银行等部门,再加上当时鼓励高校创收、办产业,学校也鼓励各院系和教师利用学校资源或名义私自办班赚钱,学校和院系从中提成,从而也导致有些教师承包学校资源①来赚钱,也有教师自己成立公司在社会上办各类培训班,或整天忙于给社会上的各类培训班授课,根本没有心思在学校上课。进入20世纪90年代后期,高校赚钱之风得到了一定的抑制,教师的注意力开始转向拉课题,获得更多的科研经费;一些人为了尽快评上职称,忙于写文章,发论文。由于受社会的影响,以及学校把所获得课题数量、经费数量以及发表论文的数量作为职称评定的主要指标,教师们把主要精力都转向了科研,从而忽略了教学,也很少有教师愿意把主要精力放在教学上。

第六,学习先进知识的潜力不够、动力不足。由于中国社会科学长期游离在国际学术界之外,改革开放以后亟须将中国社会科学融入国际学术界,最重要的是要学习和掌握社会科学的理论和方法,然

---

① 我本人也曾有过这方面的经历,但当时的目的不是为了赚钱。当时我工作的单位中国人民大学人口研究所主办了好几本公开发行的学术刊物,比如中文的《人口研究》、对国际发行的英文《人口研究(Population Research)》和中文的《人口译丛》。由于经费紧张,在1990年代初期首先停办了《人口译丛》,随后具有国际刊号并被SSCI收录的也是当时中国人民大学唯一的英文刊物——英文《人口研究》也申报停刊。后来再加上质量大幅下降,领导们讨论准备停办最后一种中文《人口研究》杂志。当时我站出来反对,希望能够把最后一本刊物继续办下去。领导的意思是,你既然反对停刊,那你来承包这个刊物,但前提是单位不再提供任何经费。承包协议上明确写出,刊物亏损由我个人承担,刊物若有盈利则需要提成给人口所。这样签了五年的承包协议后,我从1994年5月开始就成了《人口研究》杂志的主编,但是我没有任何行政职务,直到1999年11月出国,正式辞去主编职务。

而恢复高考后的前几届大学生英语水平相对比较差,除了后来有机会到国外学习的学者外,其他学者要想读懂国外原版英文教材、著作或论文都是比较困难的。另外,由于当时进入社会科学专业的学生数学基础比较差,因为当时的文科是不考数学的,学生们学习研究方法特别是定量研究方法也比较困难。实际上,在当时的大环境下,也很少有人会花时间坐下来认真、细致地读书,特别是去学习国外最先进的知识和技能。由于当时这批大学生在校所学到的很多知识很快就过时了,在他们成为大学教师以后,也没能得到进一步的学习、提高和深造。

与中国情况形成鲜明对照的是,在西方社会,由于20世纪80年代计算机开始普及,特别是将统计方法写成了计算机软件,很多原来人工难以实现的计算技术后来得到广泛的普及和应用,推动了各个学科的飞速发展,新知识、新技术大量出现,知识的更新速度明显加快。由于中国社会科学长期中断和游离在国际社会科学之外,再加上中国社会科学本身一直处于非科学状态,远离科学的轨道,导致这么多年来中国社会科学的多数学科不仅没有跟上国际学术发展步伐,甚至被远远地抛在了后面。

自然科学的情况要比社会科学好很多。虽然自然科学整体上仍然落后,但毕竟自然科学是遵循科学的思路在做研究,所以依旧走在科学的道路上。而中国社会科学在研究方向上就背离了科学的思路,脱离了科学的轨道。所以社会科学存在的不是"落后"问题,而是研究思路和研究方向存在问题。遗憾的是,我们并不知道我们一直走在错误的道路上,而且还在继续走下来。当然,我们也必须承认,近年来中国社会科学不科学的面貌已经开始有所改善,一方面是因为一些在国外获得社会科学学位的学者或国内送出的很多访问学者回到国内,带来了国外的新知识和新思路。同时,国内也有很多年轻学者已经意识到了过去的研究思路和方法存在问题,开始用更为规范和科学的方法来做研究,这从近年来学术刊物发表的论文中可以看出来。

　　总之,从科学知识和技能角度与国际比较的话,我国大学教师的知识水平和技能明显落后于其他国家。如果国际上有类似PISA方式对各国社会科学领域的大学教师进行评估测试的话,其结果可能会正好与学生测试的结果相反,中国教师的得分可能相对比较低,其得分可能不仅会低于所有发达国家,甚至会比一些发展中国家还要低。若把两个测试结果放到一起来做结论的话,我们的结论可能会是:中国学生的基础是世界上最好的,而中国老师的学术水平则不尽如人意,相比之下会比较低。当然,中国大学教师队伍所面临的问题,并不是教师本人的问题,也不是教师不够努力、不够聪明,而是历史给中国社会留下的遗痕,亟须尽快改变。中国可以成为物质产品的加工厂,但却成为不了人才产品的加工厂,这是一件十分可悲的事情。当大批的年轻人放弃在中国学习的机会,拿着父母挣来的钱涌向国外大学,不知道教育主管部门有何感受?

4.5　影响国际交流和创建世界一流大学

　　1998年5月国家正式宣布,"为了实现现代化,我国要有若干所具有世界先进水平的一流大学",明确了建设世界一流大学的方向。为此,教育部决定在实施"面向21世纪教育振兴行动计划"中,重点支持部分高校创建世界一流大学和高水平大学,简称为"985工程"。2010年6月7日教育部、财政部联合发布了《关于加快推进世界一流大学和高水平大学建设的意见》,并明确指出:"经过十年建设,'985工程'重点建设学校的整体实力显著提升,与世界一流大学和国际知名大学的差距明显缩小,已经具备了跻身世界一流大学和国际知名大学的基础。"其建设目标是"通过持续重点支持,加快推进世界一流大学和高水平大学建设。力争在2020年前后,形成一批达到国际先进水平的学科,使若干所大学跻身世界一流大学行列;使一批学校整体水平和国际影响力跃上一个新台阶,成为国际知名的高水平研究型大学;使一批学校成为特色鲜明的高水平研究型大学"。

作为国内最有可能率先进入世界一流大学行列的北京大学所制定的"1999—2015年北京大学创建世界一流大学规划"中也明确提出,北京大学要在中国率先建成世界一流大学,并采取两步走战略:第一步从1999年到2005年的七年,是创建世界一流大学的基础性准备阶段;第二步从2006年到2015年的十年,是创建世界一流大学的关键性起飞阶段。最终的结论是:在二十一世纪初叶基本建成世界一流大学。

尽管国家已经提出要创建世界一流大学,但是这里并没有明确界定什么是世界一流大学。是在世界大学排名中排在前100位就是世界一流大学了吗?还是应该排在前50位才叫世界一流大学呢?先看看中国大学在世界的排名状况,再定义什么是世界一流大学,可能"更合适"一些。当然,老百姓对此可能期望值会高一些,毕竟中国已经成为世界上第二大经济体,在国际上的地位大幅度提升,教育的地位也应该大幅度提升才对。如果教育与经济总量呈正相关关系的话,中国经济总量目前已经是全球第二,似乎中国的大学水平也应该在整体上接近全球第二。但目前的实际情况则相差甚远。

上海交通大学世界一流大学研究中心[①]发布的2014年"世界大

---

① 上海交通大学公布的世界大学排行榜被称为世界上四大大学排行榜之一,具有一定的权威性。具体情况介绍参见 http://edu.qq.com/a/20150312/053327.htm。

学学术排名",排名列出了全球领先的500所研究型大学,中国内地共有32所大学进入世界500强。这其中清华大学、北京大学、上海交通大学在2013年还排在150名以外,而2014年首次跻身世界101—150名之间,中山大学、西安交通大学、南京大学、哈尔滨工业大学、华中科技大学和北京师范大学6所学校排在第201—300名——这意味着中国内地有9所高校进入世界300强。① 如果按研究领域排名的话,理科排名中北京大学排在世界第50名,中国科学技术大学和清华大学进入世界百强;工科排名中清华大学位列世界第20名,哈尔滨工业大学等11所学校也入围了世界百强;生命科学与农学排名中,国内排名最高的浙江大学和中国农业大学处在世界第101—150名;社科排名中,北京大学排在世界第151—200名;医科排名中,没有国内大学进入世界前200名。如果按学科排名的话,数学排名中,北京大学排在世界第37名,上海交通大学等9所学校也位列世界百强;物理排名中,中国科学技术大学和北京大学入围世界百强;化学排名中,北京大学排在世界第28名,浙江大学等12所学校也进入世界百强;计算机排名中,清华大学位居世界第27名,浙江大学等7所学校进入世界百强;经济学/商学排名中,国内表现最好的是北京大学,处在世界第101—150名之间。

北京大学原本的目标是在2015年进入世界一流大学行列,但如果把世界一流大学定义为前100强的话,北京大学仍然还有一段路要走。然而,如果按研究领域进行排名的话,北京大学理科排名为世界第50位,工科排名清华大学甚至排到了第20名,社科排名北京大学则只排到151—200名之间。若按学科排名的话,北京大学数学排

---

① 数据来源参见:http://www.shanghairanking.cn/World-University-Rankings/Shanghai-Jiao-Tong-University.html 和 http://learning.sohu.com/20140815/n403465307.shtml。

世界第37名,物理进入百强,化学排在第28名,而经济/商学则排在世界第101—150名之间。很明显,中国大学的自然科学已经进入了世界百强,甚至是前50名的行列,但社会科学明显拉了中国进入世界一流大学的后腿。换句话说,如果中国社会科学再不有所改变,中国进入世界一流大学的步伐会大大放慢,甚至可能会遥遥无期。

在教育部的推动下,国内很多大学都雄心勃勃地在争创"世界一流大学"。如果单纯看自然科学,国内很多大学成为世界一流大学的可能性还是相当大的,毕竟中国自然科学一直行进在科学的轨道上。然而,如果单纯从社会科学的角度看,中国要想创世界一流大学,从短期看几乎是不可能的,因为目前中国的社会科学仍然还游荡在"科学"之外,并没有走上科学的正轨,我们离科学还很远。只有当我们走上科学正轨的时候,才有资格去讨论何时才能赶上或进入"世界一流"。基于中国社会科学目前的状况,估计没有哪所大学敢说我们要在社会科学领域创建世界一流。

在"创建世界一流大学"的工作中,我不知道有哪项工作能够比把中国社会科学引入正轨更为重要了。如果连"科学"都做不到,让我们跨入科学前沿,那只能是无稽之谈。在国际交流上,目前的状况是:中国本土培养起来的社会科学学者①看不懂国外学者发表的学术论文,而国外学者也无法理解中国学者的研究思路。双方几乎是无法交流和对话。

中国学者不习惯做实证研究,不懂得数据收集方法,也不了解数据分析方法,而国外学者发表的学术论文,几乎没有一篇文章是不用数据、不用分析方法的,特别是统计分析方法和模型。对于中国社会

---

① 这里强调的是只在国内学习而没有在国外学习和进修背景的中国社会科学领域的学者。

科学领域的学者来说,读国外的学术论文犹如读"天书"一样,根本不知道人家做的是什么,也不知道为什么要这样做。相反,中国学者读中国的论文,则没有一点困难,因为大家都是被"思辨"思路和哲学方法培养出来的,也是按照这种方法来做研究和讨论问题的,所以大家不存在障碍和理解上的问题。中国的学术界与国外学术界犹如被一道墙所隔开,各自在自己的一边独立运行,互不来往、互不干预,也互不了解。

当然,近年来随着国际交往增多,国内高校经常请国外学者来中国讲学或开讲座,而国内学者也开始到国外参加学术会议和做访问学者,但由于研究思路和方法存在着本质的不同,中国学者听外国学者的讲座或报告简直是一头雾水,不知道人家在说什么,所以几乎学不到什么东西,导致这种交流完全是形式上的。这里不完全是语言问题,更多的是中国学者不了解科学研究的思路,不懂人家的理论,更不懂人家使用的定量或定性分析方法。要想弥补这种差异,光靠听几次国外学者的讲课或讲座,靠在国外做半年或一年的访问学者,是不可能做到的,因为这种差距不是某一方面的差距,而是基础性的、系统性的和全方位的差距。改变或缩小这种差距需要从基础开始,通过系统性训练,才有可能实现,但对一个学者来说这需要至少3—5年的时间。

在这方面,我个人的经历和感受可能会有一定的代表性。我在读人口学硕士研究生以前也曾在统计部门工作过,主要是搞人口普查,对人口学的理论和方法有过一些了解。后来读研究生时系统学习了人口学的专业知识,但却没有学过社会科学研究方法,特别是定量研究方法的课程。毕业后留校做人口学研究和教学工作,再后来是去美国做人口学博士后,从事人口学研究。在美国的第一年,去旁听了几门课,基本都没有听懂,所以并没有学到什么东西。到了第二年才逐渐搞清楚,人家的学生在学什么,人家的学者在怎样做研究,才逐渐意识到自己的差距。

两年后,从国外回来,原单位让我讲一下在美国都学了什么。说实话,待了两年,很多具体的知识和方法并没有学懂,毕竟原来没有基础,而且英文也不是很好,尽管胡乱旁听了一些课程,但由于听课不系统,所以要说具体学到了什么,还是有些讲不清楚,只是大体知道了每门课是在解决什么问题。但我还是有很多感受和体会,后来我就用两张图形来形象地介绍我在美国待了两年后的一些感受。

在下面的图里,左边画的是一口井,右边画的是一条河,而且河里有水。

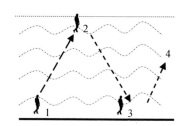

图 4.3

读研究生以前,我处在"井"和"水"的 1 号位置,即人在井底下,同时专业水平也在水底下(水平比较低);读研究生,以及后来做研究的目标是努力从水底下爬升到水的顶端,即从低学术水平上升到高学术水平,这样在充分掌握了该领域的知识以后,才有资格做学术研究。从读研究生开始,一直到出国去做博士后以前,可以说我的目的已经达到了,即人已经升到了"水"的上面,即 2 号位置。我自认为,人口学专业该学习的知识和方法我已经完全掌握了,人口学最高水平的研究我也有了充分的了解,差不多也已经走到了学术前沿,因为当时我已经当了五年多中国人口学排行第一的学术刊物《人口研究》的主编,人口学最高水平的论文都是我看过的,是在我负责的刊物上发表的,而且那个时候我已经是正教授了。出国以前,尽管也读过一些英文的论文和著作,但对国外研究的了解是很不够的。到了国外以后,突然发现人家做研究的思路、使用的研究方法,自己完全搞不懂,人家发表的论文也完全看不懂。仔细琢磨后发现,主要是我们对国外研究所使用的理论和方法,特别是定量研究方法几乎一点都没有学过,一点都不懂。这时我才突然意识到,我本人在专业领域的知识,特别是研究方法方面的知识十分欠缺,甚至可以说是到了一片空白的地步。同时也突然发现原来我有那么多的知识是不知道的,需要重新去学习,有那么多的研究方法需要我们去掌握。当时感觉自己简直就是一个小学生,什么都不懂。要想在美国做研究,甚至发表论文,几乎是不可能的。我突然感觉到,我看似从井下的1号位置走到了井上的2号位置,这时我才看到,原来天这样大,知识这样多,有那么多我不知道的东西。此时,感觉到我从水上面(2号位置)突然掉到了水的下面(3号位置),即从原来认为自己知道得很多,突然变成什么都不知道了。当时就在想,我下一步的目标是什么?下一步的目标就是在井的2号位置时,努力使自己从水中的3号位置重新往上爬升,即向4号位置挺近。然而,我不得不承认,这次已经几乎不可能再爬升到水的顶端了,因为我没有机会系统地在国外学习,去掌握以前没有掌握的知识,另一方面年龄也大了,既没有时间也没有精力了。看来,这些工作只能由中国的年轻学者来完成了,我所能做的就是要告诉年轻人:我们还有很大距离,有很多东西要学。我也会尽自己的努力帮助和培养年轻人,让他们来实现我们曾经想去实现

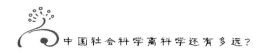

的目标,并希望年轻一代来代替我们去完成赶超世界先进水平的任务。

以前我一直搞不清楚,为什么越是有水平的人往往越谦虚、越低调?通过上面的个人经历,我突然明白了这个道理。水平不高的人之所以容易骄傲,是因为他只知道自己知道什么,并自认为自己知道得很多,实际上他是处于井的1号位置。水平比较高的人之所以不敢骄傲,是因为他不仅知道自己知道什么,同时他更知道自己不知道什么,此时他位于井的2号位置。知道得越多,会发现自己不知道的也越多,就越觉得自己有很多东西需要学,此时他是骄傲不起来的。这背后的道理是,往往接触知识越少的人自己知道的知识占全部能够接触的知识的比例会比较大,而能够接触到比较多知识的人,尽管他知道的东西很多,但他知道的知识占他所能够接触到的知识的比例相对比较小。所以,无知的人恰恰是只知道自己有知的人,有知的人恰恰是知道自己无知的人。苏格拉底说:"我比别人多知道的那一点,就是我知道自己是无知的。"当一个人从心里面真正感悟到这一点,这个人才真正是一个伟大的人。这样的人很谦虚,不是因为他具有美德,而是他有自知之明,这是人生的一种境界。

人们是基于自己"知道自己知道什么"和"知道自己不知道什么"二者的相对结果来评判自己的。一个学者最失落的时候应该是在两端,一端是自己知道的东西很少,另一端是自己不知道的东西很多。处于两端的学者都会对自己不满意,前者是对自己知识少而不满,后者是对自己的能力有限而不满。后者通常都是学术大家,或是非常著名的科学家,当他们发现了某些自然界的规律时,他们一方面发现了自然界的"完美",同时也发现了自己的不完美。面对宇宙中有太多的规律没能被发现和揭示,而且也发现了自己(包括人类)认识宇宙的能力是多么的有限,而且是多么的无知,从此开始对自己的能力失去信心,甚至放弃了对科学的追求,而且可能出现极端的结果,比如把失去的信心寄托于某种信仰,开始相信上帝。

另一个有趣的现象是英国大学职称的等级分为三级,从最低到最高分别为 Lecture、Reader 和 Professor。这三个词对应的动词含义是"教""学"和"无知",它的表面含义是,开始的时候你是个教师,然后你变成一个学习者,最后成为一个无知者,其含义是你的学问越深,你就越需要学习,而且你不知道的东西也会越多。这就是学者的境界。

2011年11月7日教育部发布了《高等学校哲学社会科学"走出去"计划》的通知,明确指出:"经过十年左右的努力,通过加强国际学术交流合作的内涵发展、品牌建设,国际学术交流合作体制机制更加完善,高端国际型人才培养体系基本形成,服务国家外交战略能力大幅提升,国际学术对话能力和话语权显著增强,中国学术海外影响明显扩大。"要注意,这里讲的"走出去"不是让我们的学生或学者出去学习,而是要与人家进行交流和合作,并提升在国际上的话语权,扩大在国际上的影响。然而,我们还不了解人家是怎么做研究的,看不懂人家的研究论文,不知道如何跟人家进行交流,我们在国际上连论文都发表不了,更谈不上我们在国际学术界能够有话语权和有影响。当然,个别学者做到这一点,是可能的,但这类学者通常是国外培养出来的或在国外受过相对比较系统的训练且自己非常努力的中国学者。换句话说,如果按照中国目前的状况,并完全靠中国大学自己来培养,很难培养出能够跟国际学者进行平等交流并能够在国际学术界有一定影响的学者。同样的道理是,如果中国在社会科学领域(当然主要在经济学)能够出诺贝尔奖获得者的话,那么也只能出自在受过国外系统训练并仍然保留中国国籍的学者,通常不会是完全由中国自己培养出来的学者,至少在近期或在未来的十年内都很难出现。

国际一流大学不仅仅是看世界排名,如果中国某一天、某几个学校已经能够排在全世界比较靠前的位置,但此时若没有世界一流的大学制度、一流的办学理念、一流的大学文化,没有世界一流的教师和研究队伍,没有中国自己培养出来的一批被国际学术界公认的顶尖学者和一批诺贝尔奖获得者,恐怕我们也不敢理直气壮地称自己是世界一流大学。这些应该是世界一流大学的最重要标志。

在某些评价指标上,中国可能会比较靠前,比如中国学生的基础训练在世界上绝对是一流的,中国大学学生和教师规模在世界上也是一流的。若中国政府再投入巨额资金集中培养几个重点高校,也会使部分高校的经费投入以及硬件设备达到世界一流。若有充足的经费,我们可以在短期内从国际上招聘一批国际顶尖学者来中国工作,我们生产不出诺贝尔奖获得者,但我们可以买来很多诺贝尔奖获得者。尽管在形式上这些指标都可以上去,可能会快速拉升中国高校在世界的排名,但这些都不是中国成为世界一流大学的重要标志,也并不真正意味着我们已经成为了世界一流大学。我们看重的应该是一流大学背后的真实内容,而不是它的形式。

尽管由于中国的快速发展和西方发达国家发展速度的放慢,再加上中国政府在引进人才政策上的大量投入,相对来说在中国工作的待遇会好于在国外工作,近些年会有一大批在国外学成或工作的学者返回国内高校工作,并在一定程度上会提高中国大学教师的质量,但这仍然不是由于中国大学内在水平提高所致,而是外在经济因素推动的结果。我们要的是真实的世界一流。

第五章　社会科学与
　　　　自然科学的比较

- 社会科学与自然科学的异同
- 为什么社会科学更容易做得不科学?
- 社会科学与自然科学相比谁更难?

尽管社会科学与自然科学都属于科学的范畴,但二者在对象上、属性上和性质上都有很大差异。而恰恰是二者的这种差异导致了研究问题的思路和方法有很大的不同。了解这一点对于理解如何做好社会科学研究是非常重要的。

5.1 社会科学与自然科学的异同

社会科学与自然科学二者的共同点是它们都属于科学的范畴,都依据事实来进行判断;强调客观判断,排斥主观判断;强调"让事实说话、让数据说话,而不是让研究者自己说话";在研究中,它们遵循的基本原则是:结论基于证据,证据基于数据,数据基于事实。因此,一个好的研究,需要检验支持结论的证据是否充分和合适,支持证据的数据是否可靠和有效,以及数据是否能够反映客观事实。无论是社会科学还是自然科学,都必须经历这三方面的检验,并最终得出结论、发现规律。

除此之外,既然二者都属于科学范畴,它们都必须满足科学的基本原则,比如结论是通过否证获得的、结论是可以重复检验的、检验有失败的可能等。换句话说,一个科学的研究,无论是自然科学还是社会科学,若不是依据否证,而是依据归纳法获得结论,其结论是值得怀疑的;若某人得出一个结论,而其他人没有可能对此结果进行重复试验或重新检验的话,这项研究也是有问题的;若一项研究在一开始就知道不可能失败,这项研究也不可能属于科学的研究。

以上谈到的这几种情况,在自然科学领域完全是不成问题的,而在中国社会科学研究中,很多研究并不满足这些原则。比如,首先,绝大多数社会科学研究的结论并不是依据假设检验,即先给出原假设和备择假设,然后通过否定原假设来证实备择假设,而是用归纳法,即基于样本给出的结果直接下结论,而忽略了样本并不一定能够反映或代表总体这样一个事实。其次,很多社会科学研究是基于思辨而不是基于数据得出的结论,因此对于其他学者来说,根本无法重复检验这一结论是否是对的。而事实则是,如果另一个学者也是基于自己的主观判断,得出与前者完全不同的结论,两个结论可能都是对的或都是"不错"的。因为二者所站的角度不同、所设定的前提条件不同、所处的环境和经历不同,在各自的前提下,其结论都是对的,但两者的结论可能正好相反。很明显这样的结论一定不是科学的结论。最后,在中国社会科学研究中,从来没有听说过哪个学者拿到课题后做不出来,或者说该项研究失败了,最多也只是存在"做好"或"做不好"的问题,不存在能做出来或不能做出来的问题,因为中国式的研究结论并不是用数据证明出来的,而是研究者自己说出来的,其依据也是凭借研究者的主观判断得出来的。只有通过数据进行证明才存在能否证明出来的问题,主观判断不存在判断出来或判断不出来的问题,只要人还能够思维,就一定能够判断。一项研究存在失败的可能,是这一研究是否科学的必要条件——换句话说,不存在失败可能的研究,一定不是科学的研究。一项自然科学研究如果失败了,大家会觉得很正常。若有人说一项社会科学研究失败了,大家都会觉得很奇怪,甚至不可理解。我们是把不正常的东西看成是正常的,并形成了一种习惯,这背后的原因就是我们不了解什么是科学,更不会做规范的科学研究。

实际上,中国人对自然科学和人文学科的入门教育是比较早的,因为中小学课程几乎都是有关自然科学(比如数学、物理、化学、生物、地理、计算机等)和人文学科(语文、历史、政治①、音乐、美术、体育、外语等)的内容,所以往往对自然科学和人文学科研究问题的思路比较熟悉,对社会科学的内容和研究思路是比较陌生的。只有那些大学本科进入到社会科学专业的学生,才真正开始了解社会科学。然而比较遗憾的是,进入社会科学后,人们并没有把中学所学的自然科学的"科学"思路引入到社会科学,倒是把在中小学期间受过的人文学科教育中的某些思路直接搬到了社会科学中来,因为中国的学者是用人文思路来研究社会科学的。这也是中国社会科学没能步入科学轨道的原因之一。

由于社会科学研究的对象是人,因此对于社会科学研究者来说,要想做好社会科学研究,首先必须搞清楚人的属性和特点,以及人的属性与物的属性之间的区别,这样才能更好地把握人的运动特点和运动规律,才能通过研究更好地解释和理解人及人类社会。社会科学与自然科学的不同点体现在很多方面。

第一,自然科学和社会科学二者的研究对象不同,对象的属性也不同。社会科学研究对象是人,而自然科学研究的是物。实际上,人本身也是物,所以她有物的特征;同时人不仅是物,她是可以行动的物,而且是从动物进化过来的,从而又具备动物的特征;再进一步按照达尔文进化论的解释,人最终从原始状态进化到目前的状态,并从动物中分离出来,成为与动物完全不同的物种。此时,人既是物又不是物,既是动物又不是动物,这意味着人仍然承载着物和动物的一些特征,同时又超越物和动物,具备了更多独有的特征,即专属于人的特征,比如社会特征和心理特征。尽管物和动物特征在人身上仍然

---

① 历史和政治往往介于人文学科和社会科学之间,其中有些内容属于社会科学的范畴。

存在并一直有所体现,但是随着人的社会化程度越来越高,人的这些自然特征逐渐被人的本质属性所掩盖、替代或改变,并处于被支配的地位。那么人的本质属性又是什么呢。人们普遍认为,人既有自然属性又有社会属性,但本质上是社会属性。也有人认为人是自然属性、社会属性和心理属性的统一,并认为人和其他物质的区别在于心理活动,与动物的本质区别是人的主观能动性。人本身不仅是自然的,人还可以认识自然、改造自然,甚至改变人类自身。比如,人类作为有生命个人的总和,不仅有出生、生育、成长、疾病、衰老、死亡的生命过程,并受生物规律的支配,人类还可以通过学习和研究在一定程度上认识和改变这一过程。这是其他物种所做不到的。尽管人类的生物属性是人类得以存在的基础,但人的社会属性在人类发展中起着更大的作用,人的本质是一切社会关系的总和。人的属性到底涵盖哪些方面的内容,可以从人的行为受哪些因素影响来考察。比如,考察婚姻(包括结婚和离婚)行为的话,我们会问:婚姻行为可能受哪些因素影响呢?这里肯定有经济因素、社会因素、地理环境因素、文化因素、心理和性格因素,也会有生理需求因素等,尽管生理因素会对婚姻的结果或变化产生影响,但其他社会因素则起决定性作用。①由此可以看出,人的活动或行为存在着多重属性,但主要体现为社会属性,因此我们经常会说,人是社会的人,而不是物质的人。社会科学研究的,是与研究者本人同类的客体,自然科学研究的是与研究者完全不同的自然客体——二者研究对象的特征完全不同。前者有思想、有意识、有情感、有动机,并有主观能动性,而后者没有思想和意识,完全受自然规律的支配,这一差异决定了社会科学和自然科学在研究方式和方法上完全不同。

---

① 这一点是可以通过实证数据来证明的。

第二，决定规律的本源不同。决定物质运动规律的原动力和决定人的活动规律的原动力是不同的。物质运动受自然力的支配，由此引起的一些自然规律不仅不以人的主观意志为转移，而且还是相对稳定的，它是自然所给予的，人们有时把它称为自然外在表象背后的"真理"，科学研究的目的就是要发现和掌握这些自然规律、揭示真理，并利用这些规律为人类服务。而人的活动，尽管背后也有一股力量在支配着，甚至这些力也在一定程度上受到自然力的影响，但这个力量归根结底仍然是人类本身所提供的，尽管人的活动也有其内在秩序，并能够表现出一定的规律，然而这些规律却是人的内在意识、思维和动机所决定的。人与人之间的关系，人与外部环境之间关系，以及更多方面的有机组合，会随着时间的推移以及内在因素和外在环境的变化而产生变化，这标志着人类活动规律往往也不是一成不变的，从而也很难存在一成不变的规律或"真理"，这一点与自然科学有很大不同。尽管自然科学和社会科学都不存在绝对真理，但作为相对真理来说，社会科学所发现的真理相对变异会更大一些。

第三，在研究方法上自然科学更多地采用实验法，而社会科学更多采用观测法。自然科学可以利用实验的办法来做研究，即通过控制外部环境或排除无关因素的干扰，来测量一个因素对另一个因素的影响。因为自然规律在不同场合下的变异很小，因此在自然科学研究中，有时是用典型的个案或少量案例实验就可以做出结果。但对人的研究就很少采用实验的方法，一方面很难对人进行"操纵"或"控制"，另一方面"实验"会有一定的破坏性，会涉及伦理问题。因此社会科学只能采用现场观测或现场测量的方法来记录事件，然后对记录的信息进行分析。社会科学的客观性或规律性往往体现在一般人群或大样本人群的测量上，样本越大，所体现出的规律越稳定，越能反映结论的一般性。社会科学排斥个体或小样本所带来的偶然性或不确定性。

第四,自然科学中物质变化的决定因素比较少且关系简单,而社会科学研究的关系要更复杂。比如两个物体之间引力的大小通常只受两个因素的影响,一个是两个物体的质量,另一个是两个物体之间的距离,其具体关系式是:引力等于引力常量乘以两物体质量的乘积除以它们距离的平方(万有引力定律)。而社会科学中影响人行为的因素往往相当多,而且关系错综复杂。比如,影响一个学生学习成绩好坏的因素有哪些? 可能你会列出十几个或几十个因素,甚至影响因素很难穷尽,而且这些影响因素之间还相互影响。因此,社会科学各变量之间的真实关系是非常复杂的,很难用一个数学函数直接表达出来,这就需要研究者在一系列简单函数中找到一个相对来说能够比较好地反映"真实关系"的函数,并用它来近似描述所要反映变量之间的关系。

第五,由于自然科学研究的物质世界之间的关系简单,且相互独立,所以变量之间的关系通常是确定性的,或者说是可以用确定的数学函数表达出来。即使它们之间的关系也会存在一定的变异,但其变异性是非常小的。比如地球到火星的距离目前是5700万公里左右,若从地球发射卫星到火星,如果现有的各种计算公式不确切或存在比较大变异的话,即使在计算完全没有错误的情况下,卫星落到火星或火星上指定位置的可能性也会比较小。然而,由于社会科学所研究问题的影响因素多且关系复杂,往往很难用一个确切的数学函数来表达其复杂关系,这意味着社会科学所研究的问题或现象绝大多数是非确定性问题或随机现象,要用非确定性或随机方法去分析、去解释,而研究非确定性或随机问题的方法就是统计学,这也就是为什么社会科学研究要大量使用统计学方法,而不是用确定性数学函数的方法。与此相应的是,社会科学的结论通常也是用概率或统计的形式给出,即它并不单纯地给出结论,而是给出在多大程度上这一结论是正确的。换句话说,它既要给出结论,同时要给出这一结论正确的可能性。这犹如天气预报一样:"明天有雨,且可能性为60%。"

自然科学让人类更好理解自然,社会科学让人类更好地理解自己,也更好地利用自然科学成果为人类自身服务。这说明,自然科学的发展和社会科学的发展可以相互促进。人类认识自然可以更好地改善人类生活条件,改善人际关系以及人和自然环境的关系。事实已经证明,随着自然科学和技术的发展,人的行为和交往方式正在发生着巨大变化,如随着计算机、互联网技术的发展,人们对计算机、手机和互联网的依赖越来越大,如网上办公、网上交友、网上购物、网上银行、网上授课等,从而导致人和人之间的关系、联系方式、交往方式、行为方式都在发生着天翻地覆的变化。从另一个方面看,人类认识自身,认识了人类社会,有助于人类更好地学习、认识和利用自然,构建幸福、和谐、健康和满意的社会生活环境,在此基础上人类还可以制造出更好的交通工具、高速计算机以及互联网平台等。

自然科学的高度发展,既带来社会的发展、生活的便利和水平的提高,同时也带来了很多新的社会问题,甚至可能会导致人类的灾难。但这些问题不是科学本身带来的,而是人的不正当行为带来的。解决这些问题需要社会科学的努力。社会科学落后或不被重视,将可能使人类吞噬自然科学盲目发展带来的苦果。

5.2 为什么社会科学更容易做得不科学?

在中国,一些社会科学领域的学者甚至一些决策者和老百姓都认为社会科学不一定要像自然科学那样做得那么科学,所以对思辨式的研究或判断也并不十分排斥,因为毕竟社会科学是研究人的,人是有思想、有想法、有主观能动作用的群体。而物质没有思想、没有主观动机,是一种完全客观的事物,从而更容易做得科学。

那么社会科学到底是不必要做得科学还是不可能做得科学呢?由于受苏联的影响,很长时间以来都认为社会科学不必要做得科学。1978年开展的关于"真理标准大讨论",强调"实践是检验真理的唯一标准",在一定程度上排除了当时的政治干扰,为改革开放在理论上铺平了道路。尽管当时允许学者跨出学术禁区,但跨出的只是政治禁区。这样,在摆脱政治干扰的情况下,人们认为"实践是检验真理的唯一标准",从而在一定程度上解决了科学研究的"必要性"问题。但此时并没有解决科学研究的"可行性"问题,因为并没有跨出思辨式的研究模式,但人们仍然认为社会科学受研究者的观念、喜好、文化等主观意识即受意识形态上的影响,缺少一般性和客观性,所以不可能做得很科学。尽管如此,我们仍然感觉,现在认为社会科学"不必要"向自然科学那样做得科学的人少了,更多的是认为"不可能"做得很科学。

这里的主要原因还是认为,对人的研究无论如何也摆脱不了价值判断。实际上,人们对事情的判断有两种方式。一种是价值判断,如"好"或"坏"、"高"或"矮"、"幸福"或"痛苦"等,这是一种主观判断,它取决于人们的喜好、价值观、经历、文化、习惯、传统观念等。另一种是客观判断,它是建立在事实的基础上,而不是建立在个人主观判断的基础上。比如,判断某一个人身材的高矮,假定这个人实际身高为1.77米,我可能认为这个人的身材很高,你可能认为不太高,两个人的结论是不一样的。不一样的原因是我们每个人脑袋里判断高矮的尺度或标准不一样。一个人认为超过1.70米就算比较高了,另一个人可能认为超过1.8米才算高。标准不同,自然导致判断结果也不同。然而一旦为主观判断设定了一个统一的标准,比如我们定义超过1.75米的人,就算高个子,那么由此所得出的判断或结论就是客观的了。此时判断结果已经摆脱了研究者自己的感觉、经验、想法。这样,我们就可以把原本属于主观判断的东西,转换为客观判断,而由客观判断所得出的结论就是科学的。科学判断正是将测量对象的主观判断转换成客观判断,从而使其成为一种客观事实。

前面已经谈到,判断一项研究是否科学的原则就是要看所得出的结论是研究者根据自己的经验、经历和感受或根据自己的喜好得出的,还是独立于自己的喜好,从客观事实或数据中得出的。从上面的例子中可以看出,对人的研究不是不可以做客观判断,而是研究者不知道如何去做客观判断,不是社会科学不可能按照科学的方法去做,而是我们自己不知道如何去科学地做研究。

社会科学学者将主观判断与客观判断相混淆的主要原因是由于社会科学研究者经常将研究主体和研究客体之间的角色相混淆。因为在社会科学研究中,作为主体的研究者是人,而作为客体的被研究者也是人,二者属于同类,因此在研究者研究某类特定人群的时候,经常会代表这个人群来做结论。研究者会认为,因为我研究的是人,而我自己也是人,所以我能理解并知道人为什么会这样想、这样做,我自然可以根据我的理解和判断来给人下结论。特别是研究者本人恰好也属于这个被研究对象,或有过被研究对象的经历。正像前面谈过的,一个老年学者研究老年人问题,一个女性学者研究妇女问题,会觉得自己更有权利和能力代表这个群体说话。若研究离婚问题,或回答为什么离婚率升高了,研究者通常会基于自己的经历、感受、观察或者从媒体上看到的有关报道来判断离婚率升高的原因,他关于离婚原因的主观判断可能会包括:由于女性经济越来越独立从而减少对男性的依附感;人们越来越功利、自私,家庭观念单薄;社会对离婚更加包容和理解;由于计划生育在要孩子问题上产生矛盾;为了追求自我发展导致两地分居增加;社会越来越开放导致婚外恋增加;习惯以自我为中心的独生子女很难和另一半相处,等等。当然,如果这个研究者自己就曾经离过 8 次婚的话,他的这些判断似乎会更"可信"。然而,如果他离过婚,不管他离过几次婚,从被研究对象的角度看,他也只能是被研究对象的一个个案,充其量也只能反映一个个案的情况,这一个个案是不能代表所有离婚人的情况的,所以由此得出的结论是不具有一般意义的,更不代表一般的离婚群体。科学与新闻报道不同,它追求的不是个体真实,而是整体真实,即科学判断是针对整体,而不是针对个体的。科学结论必须具有一般性和代表性。

这里的问题来自于研究者和被研究者是一体的,二者都是人,所以才存在着研究者可以代替被研究者来说话、来下结论的问题。这在自然科学里是不可能出现的。因为自然科学的研究者是人,被研究对象是物,是人以外的物质。此时,研究者不可能代替被研究对象来说话,来下结论。比如,一个人研究石头的成分或特征,研究者本身不是石头,他不可能知道石头会怎么样,所以他只能是通过对石头进行取样、测量和分析,最后才能得出所要的结论。所以说,自然科学家尊重客观事实,让事实说话,是一件很自然的事情,也是一条很容易遵循的原则。但在社会科学领域,遵循这条原则相对来说就比较困难,这一方面是由于研究者没有搞清自己与研究对象的关系,没有正确摆好自己所处的地位,另一方面是依据自己的感受来下结论要比把所有研究对象的情况都调查清楚以后再下结论要容易得多。

那么在社会科学研究中应该如何处理好研究者与被研究者、客观判断和主观判断的关系呢? 表 5.1 给出了研究者和被研究对象在客观判断和主观判断之间的分类,从中识别哪些判断属于科学研究的范畴。

表 5.1　研究者和被研究对象的关系矩阵

研究对象 (被研究者)	研究者	
	客观判断	主观判断
客观事实(自然科学和社会科学)	对客观事实的客观判断	对客观事实的主观判断
主观事实(社会科学特有)	对主观事实的客观判断	对主观事实的主观判断

从研究对象角度来看,被研究者本身是事实的承载者。如果研究对象是物的话,它所反映出的事实就是客观事实。如果研究对象是人的话,那么有些事实是客观的,比如年龄、性别、身高、体重、收入等;有些是被研究者通过自身判断所反映出的事实,属于主观事实,比如喜好、态度、观点、评价、满意度等。从研究者的角度看,存在着两种判断,一种是客观判断,一种是主观判断。很明显,不管研究对象反映出的是客观事实还是主观事实,凡是研究者通过主观判断来下结论的,基本上都属于非科学的,而研究者通过客观判断得出结论,则属于科学判断。所谓的科学判断,就是指给出的结论不是按照研究者个人头脑中的标准,而是按照一个社会公认且给定的标准或测量工具来判断,它相当于测量长度的米尺,测量重量的磅秤。实际上,任何一个客观事实都会对应一个测量标准,比如测量年龄的标尺是以年为单位,测量身高是以米或厘米为单位,测量体重是以公斤为单位,测量收入是以元为单位,而且这些变量都属于连续型变量。测量分类变量时同样也需要有个分类标准,比如性别的分类为男性和女性两个分类,这样测量任何一个人的性别时,就可以将其归为男性或者女性。对于主观事实的记录同样也需要事先进行分类,即设定分类标准,比如询问"你是否对今年中央台春节晚会表示满意",可以在询问以前将其分成以下五类:非常满意、比较满意、一般、不太满

意、非常不满意。通过电话调查可以把每一个被调查者的答案归为其中的一类,并计算出各类所占的比例。如果比较满意和非常满意所占比例之和为90%,研究者就可以依据此结果下结论说,老百姓对"春晚"普遍感到满意,"春晚"是成功的。此时的结论不是研究者自己说出来或自己判断出来的,而是依据从被调查者那里获得的数据结果给出的。研究者的作用是进行数据的收集、汇总和整理,让数据表现出规律,并作出结论。尽管这个结论是研究者说出来或写出来的,但真正给出这个结论的是事实和数据,而不是研究者本人。所以,科学是让事实说话,让数据说话,不是让研究者自己说话——研究者是事实的收集和整理者,但不是事实的承载者。

科学家承担着发现真理的责任,并可以成为真理的代言人,但个人的想法和认识并不是真理。那些打着学者旗号、披着学者外衣来宣传和传播个人想法的人,并不是真正的学者。我们崇拜牛顿,不是因为他创造了真理,而是因为他发现了真理,人们用牛顿的名字来命名他所发现的真理,让他来为他所发现的真理代言。一个学者是否有能力为真理代言,取决于他是否有能力做科学的研究,这是学者和非学者的本质性差异。实际上,我们对学生的培养不仅是要教学生有效的知识,更重要的是教他们如何做科学的研究,使他们能够成为探索、发现或传播真理的人。

一个人讲出来的结论是基于"证明出来"还是基于"个人判断出来"的结果,老百姓是很难区分的,只有同行学者可以识别出来。正是由于这一点,有些打着学者旗号的人,出来招摇撞骗、愚弄百姓,从中换取名利、地位。所以,各个学术领域的学者,也应该承担起"打假"的责任,把那些胡编乱造的东西清除出"知识领域",使老百姓能够知道哪些是真正"有效的知识",哪些是骗人的知识。在知识领域,中国也存在严重的"雾霾",同样需要环境治理,净化空气。

5.3　社会科学与自然科学相比谁更难?

　　前面的分析已经谈到,人既有自然属性还有社会属性和心理属性,或者说由于人有思维和意识从而有主观能动性,而物只有自然属性,没有其他属性。所以从研究对象角度看,社会科学的研究对象要比自然科学研究对象更复杂。这也决定了影响人的行为的因素要比影响物质运动的因素更多,各因素之间的关系也更复杂。因此描述人的行为关系的解析式通常是求不出来的,而描述物质运动的解析式通常可以给出来。由于人的行为影响因素不可穷尽,说明行为结果是不确定的或是随机的,需要用随机的方法来进行测量和研究,这也是为什么研究社会科学更多地采用统计学方法的原因。而物质运动是确定的、可描述的,所以通常用确定性模型来反映。

　　由此可以看出,描述人的运动要比描述物质运动更复杂,也更难,然而研究的情况正好相反。人们认为自然科学家研究的问题更难懂、更深奥,构建的数学模型也更复杂,他们能计算出行星运行轨迹,能把卫星送上天,能生产出超级计算机,他们才是真正有学问的人。而社会科学家哪懂什么数学模型呀,最多也就是算几个数据,告诉大家GDP每年增加了多少,并进一步建议,要想让GDP进一步增长则需要扩大内需、搞好产业转型升级、提高就业率、提升人力资本存量等,这些结论不需要计算也可以判断出来。正是中国人认为社会科学不需要用太多的数学,导致长期以来中国的高考是文理分科的,即考理科的学生对数学的要求会更高一些,考文科的学生数学要求就会低很多,而且上了大学以后尽管也学习一些基础的文科类大学数学,但是再往后数学的用处就越来越少,最多是用一些简单的加减乘除,甚至干脆就不用数学了。这正是目前中国的事实,即社会科学家研究问题的方式和方法很简单,远远不如自然科学家做的复杂,学习社会科学知识也要比学习自然科学知识简单、容易得多。这里就出现了一个奇怪的现象:针对复杂对象的研究在方法上更容易,而针对简单对象的研究在方法上则更难。

正常情况应该是,针对复杂对象应该用复杂方法来研究,针对简单对象应该用简单方法来研究。换句话说,正是由于社会科学研究对象是人,以及人思维和行动的复杂性和不确定性,社会科学研究从本质上说应该比自然科学更困难、更复杂,在科学性和规律性的把握上要比自然科学更不容易。然而我们面临的问题是,正是由于社会科学研究对象的复杂,社会科学学者在不具备把握复杂现象的能力时,更容易将复杂问题做简单化处理——既然描述不出来、证明不出来,那就只好"感觉"出来。这就把原本应该是科学的研究,用不科学的、简单的、直观的方法来处理,得出的结论通常是常识性的,而不具任何新意和科学性。这正好验证了一句话:越是说不清楚的事情也最容易说。正是这样一种情况,导致社会上的人们都认为社会科学研究很容易,也没有什么规矩,更不用研究方法,似乎谁都可以做社会科学研究,甚至会出现未受过专业训练的人比受过专业训练的人研究做得更好的情况。

那么,社会科学真的就很简单,真的什么人都可以做吗?不是的。这只是在中国出现的奇怪现象,在其他国家则很少出现这类情况。比如,在西方国家,统计学这门学科并不是由纯数学家创立的,而是由做应用研究的人,特别是做社会科学研究的学者所创立的。这些社会科学家在描述和解释数据关系时,提出了对研究方法的需求,当一个问题被解决时,一个新的研究方法就出现了。另外,在社会科学领域不断出现解决新问题或更复杂的问题的需求,大大推动了社会科学领域的学者数学水平的提高,甚至出现了某些社会科学领域学者的数学水平比专业数学家的水平还高的情况。这是因为专业数学家往往找不到需要解决的问题，从而不知道自己应该去做什么。而应用领域的学者面临的问题很多，在不断解决问题并创立了新的研究方法的同时，他们的数学水平相应得到了提高。这种情况在经济学、人口学和公共卫生领域是非常明显的。

我本人曾经听一个美国学者讲课，他讲的是多状态人口健康转移的马尔科夫链模型，包括马尔科夫链的原理、定理，以及一些公式的推导，而且他本人还用 SAS 软件编写了模型运算软件。我当时感觉这个教授不像是一个社会学家，倒像是个数学家。在课间休息的时候我就问他，他以前是不是学数学的。他告诉我，他从来没有读过数学系，他本科学的就是社会学，博士学的也是社会学，而且现在仍然是社会学教授。这令我很惊讶，要知道马尔科夫链在数学系都是一门比较深奥的课程，而美国社会学教授却可以运用自如，这在中国学者中是不可想象的。试想，若这位美国的社会学教授来到中国，给中国的社会学教授来讲马尔科夫链方法，会是什么结果？若请这位教授给中国社会学系的学生讲同样的内容，估计中国学生同样听不懂，但在美国他讲这些内容，美国学生特别是一些博士生是能够听懂的。这就是我们跟人家的差距。

第六章　社会科学与哲学的关系

- 科学的起源和演进
- 我们为什么获得的是哲学博士
- 哲学对科学的认识
- 社会科学的本质
- 哲学演绎在社会科学研究中的作用

尽管前面讨论了哲学式的、思辨式的研究导致了中国社会科学领域研究的不科学,但并不意味哲学在社会科学研究中不重要,相反,哲学在社会科学研究中的重要性是毋庸置疑的。无论从社会科学发展的历史、社会科学的科学理念,还是从社会科学研究的整个过程中看,哲学都起着非常大的作用。

6.1 科学的起源和演进

古希腊对科学知识的探索最初起源于对数字的兴趣。当时比较有影响的一位学人叫毕达哥拉斯(公元前580—前500年),他认为世界的本源不是物质,而是抽象的"数"。他宣称:"从数字产生出点,从点产生出线,从线产生出平面,从平面产生出立体,从立体产生出感觉所及的一切物体,产生出四种元素:水、火、土和空气。这四种元素以各种不同的方式互相转化,于是创造出有生命的、精神的、球形的世界。"他在这里抽掉了"数"的物质基础,使"数"变成了先于事物独立存在的精神实体和世界的本源。按照这样一个思路,他发现了一些数字之间的联系。

埃及人在测量土地时发现了一个形成直角的简单方法,那就是把绳子分成12等份,然后将其中的3份为第一个边,4份为第二个边,5份为第三个边,并将其围成一个三角形,这样第一个边和第二个边所围成的角为直角。然而,埃及人后来并没有做进一步的研究,而古希腊人基于对数字的兴趣,开始研究为什么这样的三角形会是一个直角三角形。他们对用什么材料去测量不感兴趣,只对直线感兴趣,认为直线是对各种物理材料的抽象,他们称其为抽象法。希腊人发现能够形成直角三角形的数值并不是唯一的,即除了3、4、5的三角形外,5、12、13或7、24、25形成的三角形,都会是直角三角形。

这说明这些数据背后具有共性。毕达哥拉斯将这个问题拿到由他任首领的"青年兄弟会"上去讨论,经过激烈的辩论后认定,形成直角三角形的唯一条件是:第一个边和第二个边的平方和等于第三个边的平方。公元前525年,大家同意这个定理用毕达哥拉斯的名字命名,称其为毕达哥拉斯定理。

当时希腊的很多数学家对于几何图形中线和点的关系做了大量的研究,最后由欧几里得把这些研究成果整理出来。在编排这些定理的时候,他发现每一个定理都可以由另一个已被证明过的定理来证明,而最前面的几个定理是无法证明的。由于最前面的几个定理比较直观,很容易让人接受,所以就不需要证明了,这被称为公理或公设。这样欧几里得约在公元前305—前240年写了《几何学原本》,构建了欧式几何学。希腊人不仅用此方法研究几何,而且用此方法探索科学知识。

亚里士多德(公元前384年—前322年)首先使用了"科学(scientia)"这样一个名词,但这一名词在最早使用时其含义是"知识",它是指具有一种特定性质的知识,即这一知识来自于有效的演绎逻辑推理,其推理的出发点是不证自明的公理或公设。当时的哲人普遍认为,学好几何是学好哲学的前提条件。几何学的漂亮和完美导致人们认为,几何学的演绎思路就应该是发现科学知识的思路。

当时希腊人对知识的追求并不是为了有用,而是把它看成奴隶制社会中一种绅士们玩的智力游戏。他们崇拜"非实用性知识",而把探索实用性知识如发明、实验、观测研究等看成是社会世俗阶层所做的事情,不够高尚。他们觉得研究现实或自然是一种羞耻,因为他们认为最高级的知识来自思维,而不是来自现实,从而把研究重心放在纯抽象的或纯形式的东西上。"在希腊,精神的原则居于首位,自然事物的存在形态不复有独立的效准,只不过是那照澈一切的精神的表现,并被降为精神存在的工具与外形。"①

　　古希腊人认为公理是"绝对真理",并依此来获得宇宙的所有知识。然而,正是这样一种思维方式,导致他们对知识的探索受到给定公理的限制,并使自己走进了死胡同。比如,他们曾提出这样的几条公理:地球是宇宙的中心且是不动的;圆是最完美的曲线,因为天体是完美的,因此认为星体是以圆形轨道绕地球运动;物体下落的速度与其重量成正比,等等。

　　实际上不仅在对自然科学的研究中曾采用这种方法,后来社会科学的一些研究同样也采用过这种演绎的方法,不同的是演绎过程不完全基于内生的前提条件,也不断加入一些外生条件,即在不同的演绎环节加入一些新的条件。比如马尔萨斯的《人口原理》,首先从两个公理出发:第一,食物为人类生存所必需;第二,两性之间的情欲是必然的,且几乎会保持现状。这样人对食物的需求必须由生产出的生活资料来保障,人对性的需求会导致下一代的出生。在两个公理基础上他又推出了两个级数理论,即人在无妨碍时以几何级数增长,生活资料以算术级数增长。这样会导致人的增长速度大大快于生活资料的增长速度,人必然要生病或死亡。为了阐明死亡的原因,他又提出两个抑制:一个是积极抑制,即人类社会客观上会通过提高人口死亡率的办法(比如瘟疫、战争和贫困等)来使人口和生活资料之间保持平衡;另一个是道德抑制,让人们通过各种主观努力在道德上限制生殖的本能,降低出生率,提出让人们禁欲、不婚、不育。他又在土地肥力递减规律(即在一定范围的土地上,由于土地生产潜力的影响,增加投资不能相应增加农产品的产量,而是到一定限度之后收益递减)的作用下提出了三个命题:第一,人口必然为生活资料所限

----

①　〔德〕黑格尔. 哲学史讲演录(第一卷)[M]. 北京:商务印书馆,1959:160—161.

制;第二,只要生活资料增长,人口一定会坚定不移地增长,除非受到某种非常有力而又显著的阻止;第三,占优势的人口繁殖力为贫困和罪恶所抑制,因而使现实的人口和生活资料保持一致。很明显,马尔萨斯的整个论证是一环扣一环的,逻辑结构非常严谨。再比如马克思的《资本论》的经典写作方式被称为是历史过程和逻辑过程的统一,即从物与物直接交换的最原始状态出发,逐步演绎到生产、流通和分配的各个环节,从而使它们由一种形式过渡到另一种形式,由一种联系秩序过渡到另一种联系秩序的规律。尽管马克思和马尔萨斯在观点上截然相反,甚至马克思在《资本论》中猛烈地批评了马尔萨斯的观点,但有意思的是二者的演绎式研究思路和方法却十分类似。①

在亚里士多德时代,人们认为用这种演绎逻辑方法得到的知识才算是科学的知识。当时的"科学"也不是现代意义上的科学,而是指"自然哲学",相当于现在的"自然辩证法",并归为哲学的一个分支。当时认为的科学知识,必须是真正"可靠"的知识,而不是事物的表面现象或仅仅是一种可能,或某个人的一种看法。

当然,单纯依靠这类演绎方法是有很大缺陷的,因为它排斥了观察法和归纳法,排斥了实证方法,但在当时完全依靠哲学思路做研究的大环境中,人们认为观察法和归纳法是不可靠、不稳定、不确切的。

从公元前600年一直到公元100年,古希腊各方面的知识,包括物理、化学、经济、艺术、人文、心理和地理等都属于西方哲学的研究领域,而且也并没有详细的学科分类,有的只是一个学科,只用一种研究方法,那就是哲学。但是当时的哲学内部也分为不同的领域。早期希腊的哲学主要研究宇宙的本源是什么、世界是由什么构成的

---

① 乔晓春. 对马尔萨斯人口论研究的几点意见[J]. 争鸣,1988(6).

等问题,重点是研究自然哲学。而苏格拉底认为研究这些问题对拯救国家意义不大,他更加关注国家和人民的命运,更加关注对社会伦理和人的研究。苏格拉底的学生同时也是亚里士多德的老师的柏拉图沿袭了苏格拉底的兴趣,他认为世界的本源不是物质的,而是精神的,是一种存在于人的观念中的"理念",他认为"理念"是先于客观存在的。他受苏格拉底的影响,只对"什么是正义、什么是美德"等问题感兴趣。除此之外,当时的希腊也研究很多与社会科学有关的内容,比如国家的角色(政治学)——最有代表性的是柏拉图撰写的《理想国》一书,主要讨论政治理想和国家学说,意识与社会的相互作用(心理学),以及市场中个人相互作用关系(经济学)等。柏拉图在雅典的Academia花园①开办学园,Academia原本是古希腊的一位英雄,后来这个词被翻译成"学院",所以柏拉图学派又被称为"学院派"。如果说苏格拉底和柏拉图更多关注的是道德哲学的话,到了亚里士多德的时代,他更多关注的是自然哲学。很明显,这里的自然哲学相当于现在的自然科学,道德哲学相当于后来的人文社会科学。在研究自然哲学时,希腊人认为宇宙是由不变的法则控制的一台机器,宇宙运动背后有一种自然法则在起作用。尽管人们努力去探寻或发现这些自然规律,但人们无法解释这种自然状态或自然规律是如何形成的。

到了公元100年以后的罗马时代,哲学式的研究更是兴旺发达,但罗马时代的希腊思想家对道德哲学越来越感兴趣,而对自然哲学的兴趣越来越淡。当时就已经有人发现,对于自然现象的研究,哲学并不能带来任何的可靠性,最多不过是提供了一些可能的看法。

然而进入中世纪,神学开始用不可见的神和灵魂来解释自然现

---

① 这是当时为纪念古希腊英雄阿加德谟而建造的花园,被称作Academia。

象,从而在对客观事物的解释上占主导地位。正如恩格斯所说,"中世纪只知道一种意识形态,即宗教和神学"。① 在那一阶段,哲学家和神学家成为知识的代言人。特别是基督教兴起,基督教教义侧重描述神的本性及神与人类的关系上。基督教把道德哲学引入一个全新的领域,使它成为一种明显优于自然哲学的理性追求。当时的经院哲学②认为,一切真理都是由"圣经"提出来的。公元 200—1200 年,欧洲人的研究几乎全都与道德哲学有关,尤其是对神学的研究。自然科学几乎无人问津。③

尽管中世纪从科学的角度对自然现象的研究有所止步,但仍然有人坚持亚里士多德的分析逻辑,不同的是他们将亚里士多德的自然哲学与基督教神学联系起来。比如奥古斯丁(公元 354—430 年)曾提出,哲学是宗教的女仆。他认为,合理性与真理的最高标准不是欧式几何,而是基督教的神学,由上帝通过圣经所启示的神学。神学的益处是能够从上帝那里,从这位全知全能的智者那里获得启示。相应地,神学就取代了几何学,成为科学的皇后和真理的标准④,"因此,教会信条自然成了任何思想的出发点和基础。法学、自然科学、哲学,这一切都由其内容是否符合教会的教义来决定"。⑤

尽管中世纪的思想被宗教所垄断,但中世纪后期大学在欧洲国家的兴起,却给科学带来了一丝曙光,虽然初期的大学仍然带有浓厚

---

① 恩格斯.路德维希·费尔巴哈和德国古典哲学的终结,马克思恩格斯选集,第 4 卷,第 231 页。
② 经院哲学是在古代教父学的基础上发展起来的。教父学就是由教父们制定的"创世纪""三位一体说"和"原罪说"等教义,它是一种理论化和系统化的基督教神学。
③ 〔美〕阿西莫夫.阿西莫夫最新科学指南(上下册)[M].南京:江苏人民出版社,2000.
④ 〔美〕修·高奇(Hugh G. Gauch, Jr.).科学方法实践(Scientific Method in Practice)[M].王义豹,译.北京:清华大学出版社,2005:40.
⑤ 朱德生,李真.简明欧洲哲学史[M].北京:人民出版社,1979:63.

的宗教色彩。据文献记载,目前仍然存在的最早的大学是意大利的博洛尼亚大学,差不多是在11世纪初出现的①;其次是法国的巴黎大学,基本上是在12世纪中期建立起来的;牛津大学是在12世纪末从巴黎大学的母体中发展出来的;紧随其后出现了剑桥大学;德国最早的大学是1286年创建的海德堡大学;到了中世纪晚期,欧洲各地至少成立了80所大学,后来有些大学没落了,也有些大学一直长盛不衰。② 实际上,后来在美国成立的一些大学基本上都继承了英国大学的传统和体制。比如美国的哈佛大学是1636年建立的,当时就是英国人想在美洲大陆建立英式大学,开始时学校还不叫这个名字。后来1635年剑桥毕业并在1637年来到美国波士顿的约翰·哈佛牧师拿出自己的钱为当时成立的大学买地建房,他甚至把他买下的那块地的地名改为"剑桥"。不幸的是哈佛1638年因病去世,临终前他将自己的一半家产和全部藏书捐给了学校,学校为了纪念他,于1638年将其命名为"哈佛学院"。从此美国有了第一所英式大学。③

尽管如此,中世纪对科学的影响仍然是灾难性的。如果不是东部文明保留了很多希腊所留下的知识,希腊的很多贡献和知识将遗失殆尽。从1095年到1272年的十字军东征,使得欧洲人开始重新了解了古希腊所做的贡献,并将其带回了欧洲,从而使希腊文明开始在欧洲重新恢复,并在后来的三百年逐渐在欧洲大陆广为流传。最重要的一点是,人们开始认识到了科学的价值,它不仅是哲学家感兴趣的问题,而且能为公众提供巨大的利益。这意味着亚里士多德科

---

① Elgin F. Hunt and David C. Colander. Social Science:An Introduction to the Study of Society,12th Edition,Pearson Education,Inc. 2004,p. 5.
② 〔美〕查尔斯·霍默·哈斯金斯. 大学的兴起[M]. 王建妮,译. 上海:上海世纪出版集团,2007:5—18.
③ 朱国宏. 哈佛帝国[M]. 上海:上海人民出版社,2002:43—46.

学观念最重要的缺陷,在这一期间得到了弥补。中世纪的科学哲学家将科学与哲学、科学与神学划清了界限,从此科学获得了实质性的独立。① 古希腊知识从1453年到17世纪末得以继承和发扬光大,所以这一期间被称为"文艺复兴时期"。

在文艺复兴时期开始后,理性主义者(Rationalist)与宗教之间的矛盾越来越突出,特别是在各自的信念和对世界的解释上存在明显的不同。理性主义者把人的推理置于信仰之上,他们寻求事物间的逻辑联系,并不断询问这样的问题:你能证明它吗?而宗教正好相反,它把信仰置于推理之上,并基于信仰对世界进行解释,而且不需要做任何证明。从17世纪末到整个18世纪的启蒙运动是欧洲理性主义在获取知识的方式上彻底取代宗教的时期,这也是各门学科开始从哲学分离出来的时期。

科学发展的历史就是各门学科不断从哲学中分离出来的历史。从公元前3世纪欧几里得使几何学与哲学分离出来开始,文艺复兴时期人文学科(文学、音乐、艺术)从哲学中分离,紧接着是伽利略(Galileo,1564—1642)、开普勒(Kepler)及17世纪的牛顿(Newton,1642—1727)使物理学最终与哲学分离②,这时留给哲学的仍然是形而上学哲学部分,它主要研究那些不可被经验检验的问题。经过时间的推移,人们又发现在这类哲学问题中仍然可以分解成两部分内容,一类仍然属于形而上学哲学,而另一类属于那些可以被经验检验的问题,这些可被检验的问题后来成为社会科学。这类问题与物理学一样,都属于可以被检验的,不同的是一类针对的是自然现象,另一类针对的是社会现象。后来社会科学又逐步细化为政治学、经济

---

① 〔美〕修·高奇(Hugh G. Gauch, Jr.). 科学方法实践(Scientific Method in Practice)[M]. 王义豹,译. 北京:清华大学出版社,2005:46.
② 目前国际上仍然有个别物理系的名称叫"自然哲学系"。

学、管理学、社会学、人类学、地理学、教育学和历史等(见图6.1)。

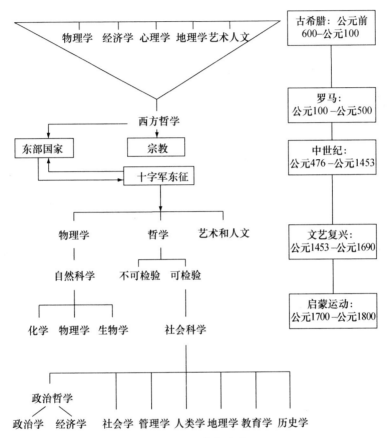

图6.1　科学的演进

资料来源：根据 Elgin F. Hunt and David C. Colander：Social Science：An Introduction to the Study of Society，12th Edition，Pearson Education，Inc. 2004 第7页 Figure1.1 整理和修改。

除此之外，数学在当时的快速发展也对科学发展有很大贡献，比如费马(Fermat，1601—1665)、伯努利(Bernoulli，1654—1705)、贝叶斯(Bayes，1701—1761)等学者发展了概率论和统计学，牛顿和莱布

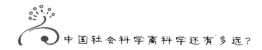

尼兹(Leibniz,1646—1716)发明了微积分,里德(Reid,1710—1796)发明了非欧几何。另外,1859年达尔文的《物种起源》又进一步使生物学与哲学和神学分离,20世纪初心理学作为一门独立学科从哲学中分离出来。近年来由于计算机技术的快速发展,逻辑学有从哲学中分离出来的趋势。很明显,一些能够通过实证研究不断澄清的知识,源源不断地从哲学中分离出来,而那些目前仍然证明不清楚的问题,被留在了哲学领域。这样一种趋势,并不意味着随着科学的发展,所有问题将来都能被回答,或这些留在哲学里的问题只是暂时的,实际上有些问题科学是永远也回答不了的,特别是那些人们经常追问的一些终极性或本源性问题。比如科学研究要使用数据,上课要规定时间,但"什么是数""什么是时间"这类问题,人们一直也回答不了。

实际上,尽管从18世纪以后无论是自然科学还是社会科学都已经从哲学中分离出来,但到了19世纪,在自然科学或社会科学的很多领域里,仍然带有哲学的痕迹,甚至仍然使用哲学的术语和名称。德国著名哲学家黑格尔(Hegel,1770—1831)1816年曾在海德堡大学的演讲时谈到,英国人是把科学知识算作哲学的。他说:"在英国一个名为汤姆生编的'哲学杂志'讨论到化学、农业(肥料)、农业经济、技术知识,有点像'黑尔谟布施泰特杂志',并且报道与这些科目有关的许多发明。英国人并称物理学的仪器,如风雨表和寒暑表,为哲学仪器。又如许多理论,特别是关于道德或伦理学的理论,一些从人心的感情和经验得来的理论也被称为哲学,最后关于政治经济学的理论和原则亦被称为哲学。所以至少在英国,'哲学'这一名字是受到尊重的。"①

---

① 〔德〕黑格尔.哲学史讲演录(第一卷)[M].北京:商务印书馆,1959:59.

从上面的描述中可以看出，科学的初始状态来自于哲学，后来随着人们认识的不断深入，以及某一门学科的不断丰富和完善，逐步从哲学中分离出来，特别是科学进入经验或实证阶段，就真正与哲学分离了。尽管如此，各门知识学科或科学学科实际上一直留有哲学的痕迹，二者并不能泾渭分明地分离开来。科学和哲学的关系是，科学来自于哲学，但又不等于哲学，而且科学研究实际上也离不开哲学，这在后面将进一步论述。

6.2 我们为什么获得的是哲学博士？

读者可能会问，既然各个学科都已经从哲学中分离出来了，那么我们获得的博士学位，为什么仍然是哲学博士(PhD)，而不是我们所学的某专业博士？我们所学的并不是哲学专业，甚至可能根本没有上过哲学课，为什么还要拿哲学博士学位？

实际上这里的哲学并不是特指哲学专业，或哲学这一具体的学科，而是沿袭了前人的理解，即哲学指的是一种最高的智慧。从前述科学发展的历史过程可以看出，哲学已经成为具有最高智慧的人的标志。黑格尔曾讲到："在文明初启的时代，我们更常会碰见哲学与一般文化生活混杂在一起的情形。但是一个民族会进入一个时代，在这时精神指向着普遍的对象，用普遍的理智概念去理解自然事物，譬如说，去要求认识事物的原因。于是我们可以说，这个民族开始做哲学思考了。因为寻求因果与研究哲学一样，皆以思维为其共同内容。或者就精神方面看来，当关于伦理、意志(义务、人的主要关系)的普遍原则被说出来了，而说出这些原则的人就被称为贤人或哲学家。"①很明显,这里把"认识事物原因""寻求因果关系"与研究哲学是同样看待的,他们被称为贤人。黑格尔进一步讲:"所以这种知识就是关于有限事物的知识,这世界只被认作知识的内容。这内容既是通过了自我反省,来自人的理性,所以人就是主动的。这样的自己思维甚受尊重,曾被称为人的智慧或世界的智慧,因为它是以地上的事物作为对象,而且又是从世界本身之内涌现出来的。这就是哲学的意义。人们所以正确地称哲学为世界的智慧。"②在这里,哲学已经不是原本意义上的哲学了,而是被称为人的智慧或世界的智慧。在这个意义上,获得哲学博士就意味着你已经被赋予了这样一种智慧,这是一个人在知识和精神层面所能获得的最高荣誉。

实际上,当一个人进了大学,读了硕士或博士研究生,你与那些没有进大学或没有读研究生的人比,区别到底是什么?读书应该有五个层次:第一个层次是学习新知识,让自己知道的更多,知识面更宽;第二个层次应该是不仅知其然,还要知其所以然,那就是不仅学了"是什么",还要学到"为什么",也就是要搞清楚知识背后的道理;第三个层次是要学到人家是怎么获得的知识,或知识是如何研究出来的,即了解别人研究问题的思路和方法是什么;第四个层次是如何将学到的这些知识,包括所需知识、研究思路和研究方法,用在自己的专业研究上,并从事科学研究;第五个层次就是能够把学到的知识、思路和理念应用到更为宽泛的领域,包括对生活方式、思维方式、价值观、世界观和人生观的提升。这里的前三个层次属于被动学习,后两个层次属于主动学习。前者需要老师来教,后者更需要"自悟",老师的作用主要只是引领而不是传授。

---

① 〔德〕黑格尔.哲学史讲演录(第一卷)[M].北京:商务印书馆,1959:59—60.
② 同上书,第62页。

中小学生的学习主要集中在第一个层次,即单纯学习知识或学习"是什么"。到了中学,特别是高中期间会开始学习一些"为什么"。到了大学本科主要是学"是什么"和"为什么",这期间对"为什么"的掌握要比中学时多很多,并开始接触第三个层次,关于"怎样做"的问题,即学习一些初级的研究方法,但是这些研究方法对于独立做一项研究还是远远不够的。到了硕士研究生阶段,就应该更系统地学习研究思路和方法,即加强第三个层次知识的学习,并开始涉及第四个层次的问题,即开始能够做初步的、简单的研究。到了博士生阶段,基本上进入了主动学习阶段,即集中完成第四个层次和第五个层次。

中国在本科、硕士和博士学位的设置上侧重知识的连贯性、接续性和拓展性,即完成本科学习以后才有资格去攻读硕士学位,完成了硕士学习后才有资格攻读博士学位,但在国外本科、硕士和博士可以是完全独立的,而且培养目标甚至完全是不同的,比如本科更接近于一种基础教育、素质教育或通识教育,尽管本科学习后期会要求学生重点选择一些大类的专业方向来学习,比如自然科学、医学、社会科学、人文学科等,但这充其量也只是让学生对这些大类学科有关知识有一个初步的了解。真正开始进入到某一个专业,通常是从硕士或博士才开始的。而实际上,在国外硕士项目和博士项目经常是分开的,因为培养硕士和博士的目标并不完全一致。通常来说,硕士的培养目标分为两类。一类是培养应用型人才,这些人未来并不是要其成为一个研究者,而是为了毕业后容易找到一个合适的工作,这样在学习期间会更多地让学生学习一些实用技能,特别是那些具有操作性技能的知识,这样使学生能更好、更快地胜任实际工作。这有点相当于中国的技校,但层次肯定要比技校高很多。另一类目标是培养研究型人才,然而由于硕士学习时间比较短,充其量也只能学习一些

课程,没有时间去做研究,因此在国外的很多大学,通常针对培养研究型人才,会把硕士和博士学习合为一体。博士的培养目标就非常明确了,那就是要培养一个合格的研究者或科学家,同时也是一位肯思考、会思考的思想者,他应该具备以上所说的五个层次的水平和能力。

如果你是一个想找工作的人,你就读一个硕士就可以了,一般来说欧洲一些国家硕士读1—2年就可以毕业了,在美国通常要读2年,在中国要读2—3年。如果你是想成为一个研究者,那就直接读博士。在中国读博士需要3—4年,而这种情况在美国通常是"硕博连读"的,即硕士几乎是象征性的,甚至干脆就不拿硕士学位,直接读到博士毕业,这样从开始进入到博士毕业,自然科学通常需要4—5年,社会科学甚至需要6—7年。由于硕士项目和博士项目的目标完全不同,课程的设置也不同,即使是同一专业、同一名称的课程,其授课内容和授课方法也大相径庭,比如硕士课程会重点讲如何操作,通常比较简单易学,而博士课程则要涉及理论、原理甚至是证明和推导,内容更深,学习起来更难。这是因为学生培养目标不同,课程内容的设置也自然会存在差异。

中国与此有很大不同。中国在硕士项目和博士项目上并无培养目标或培养方向上的差异,只有程度上的差异,它们的方向、目标一致,只是硕士在前,博士在后,经历过硕士才有可能进入博士,它们的目标都是为了搞研究,它们的名称都叫"研究生",即为研究而来学习的,只是一个叫硕士研究生,另一个叫博士研究生。另一个不同则是,中国学生在硕士阶段往往学习的课程较多,通常要拿到35个学分左右,课程的内容相对比较规范和系统。而在博士阶段几乎不需要上太多的课了,通常在16个学分左右,而且课程学习也更容易,课程设置也很随意,很多甚至是自学和讨论。因为中国人的理解是,硕士阶段主要是学习,把该学的知识都学完了,到了博士阶段主要是做研究,就不需要上太多的课了。但整个研究生阶段存在的问题是,如果硕士研究生的专业课学习是为今后做研究或继续攻读博士研究生打基础的话,那么绝大多数硕士毕业的学生并不一定是要做研究或去继续攻读博士研究生,而是要到实际部门去工作,但他们在攻读硕士研究生期间并没有学到更多工作方面的技能,他们所学到的为了做研究而设置的理论和高深的研究方法,到实际工作部门几乎派不上用场,从而白白浪费了很多时间。

在国外,本科课程往往要比硕士课程学习起来更容易,硕士课程要比博士课程[①]更容易。在中国情况正好相反,级别越低的教育,所学课程会越难,级别越高的教育,往往学起来越容易,从而导致受教育级别递增的同时,其收益是递减的。

从培养目标的差异上看,硕士培养的是"会做事情"的人,博士培养的则是"会思考、会创新、有智慧"的人,这应该是学习的终极目的。学习的最高境界不在于学到了多少知识,而是要通过学习引发更多、更广泛的思考,使思考变成一种能力和习惯,而且这种思考是不断深入、不断扩展的。你会从狭义的、只局限在专业领域的思考开始,自觉不自觉地拓展为广义的、对专业知识以外问题的思考。不了解科学的"外在"意义,一个博士只能算是一个会使用方法的技术员,这无异于只读了一个硕士。实际上,硕士以前的学习是一个能够"学进去"的过程,而到了博士就需要经历一个"学出来"的过程。"学出来"指的是在学习知识和方法的过程中,人们能够通过掌握科学的理念和思维方式,并通过自己的思考,使其在各个方面,包括精神和文化等方面得到大幅度提升。了解这些会使你的学位比一个技术学位更

---

① 这主要是指硕博连读或基于研究目的所开设的课程。

有价值。你是否真正达到了博士的水平,并不单纯看你在科学之内取得了多少成绩,更重要的是要看你是否能够跳到"科学"之外去看科学、看人生。

在大学学习与在社会上工作最大的不同是,你每天都在吸收新的营养、呼吸新的空气,你有了思考问题的时间、机会和条件,你可以思考人生、思考未来,你还可以学会思考人生的方式,你可以结识一批同样有思想的人,并在思考过程中相互学习、相互促进。学习的目的不是仅仅为了掌握更多的知识,而知识只是学习的最低需求,按照需求层次来衡量的话,学习的目的应该依次是:获取知识、开阔眼界、提升观念、引发思考、增进修养。让自己更了解自然、了解社会,也更了解自己。使自己的一生活得更有意义,更有情趣,前者是在改变社会,后者是改变自己。

为什么学习科学的人才可以最终"学出来",并使自己能够成为一个高尚的人呢?因为科学是一种自由艺术。它摆脱了追求自身利益的个人的、阶级的、文化的、宗教和民族的传统控制,因此它是"客观的",她不相信权威、不相信教条,只相信真理。在国外,一个人获得博士学位是一件很了不起的事情。当你被人称为某某博士时,一定比被称为某某处长要荣耀得多。因为前者标识的是智慧的等级,后者标识的只是行政级别。

中国大学经常把教学和科研对立起来看,这是一种非常狭隘的观念。如果是针对大学本科教育,教师不做科研,单纯搞教学是可以的。但是到了研究生阶段,特别是博士生教育,如果教师没有扎实的研究功底和丰富的研究成果,只会讲课,不会做或做不好研究,他是不可能起到"引领"作用的,也培养不出一个会做研究、会思考的高层次人才,更培养不出代表最高智慧的哲学博士。他最多只能培养出一个只懂得某一专业知识的学生,而不是一个能让自己的思想和知识超出专业以外的博士。

培养研究生层次的人才,不仅要求教师要上好课,也要求教师能做好研究。做好研究是上好课的基础和前提。如果一个教师只上课,而不去做研究,他可以当一个好教师,但是肯定成不了一个好导师。当然,一个研究生导师只做研究,不去做教学,也是不对的,但不做研究只是去搞教学更是不对的。教学和科研是相得益彰的,是"教""研"相长。然而,这里可能存在的另一个问题,就是我们所做的某些科研,是否能够称其为科学研究?如果我们做的只是形式上的科研或是非科学的研究,制造出的是一些虚假知识,并将这些杜撰出来的知识教授给学生,这类科研对教学是没有促进的,甚至是在摧毁教学,最终会毁掉学生。

总之,尽管哲学并不等于科学,但哲学比科学站得更高,它是从高处来观察科学,它研究的是科学的本质,而不是科学本身。科学家的归宿不是科学本身,而是要超越科学。当一个一般科学家成为大师级科学家的时候,一方面他会对自己已经知道的"越来越多不知道的东西(包括科学以外的和科学本质的东西)"更感兴趣,并开始做更多的探索,然后会感到自己更加无知,接着会发现自己的能力有限,甚至对自己失去信心——自负、傲慢、张扬、不可一世不是大师级科学家的标志。另一方面,他会对科学及超越科学进行更多的思考,最终他会从一位科学家变成哲学家。

6.3 哲学对科学的认识

一个做科学研究的人,当他超越科学来思考科学的时候,首先会碰到的问题就是:"科学的本质是什么?"是什么使其成为了科学?科学的局限是什么?这些思考已经不是科学本身能够回答的问题,而是一种哲学问题。这类哲学问题，不仅是哲学家研究的问题，也是大师级科学家思考的问题。这类问题被称为科学哲学。

科学哲学是要揭示什么样的研究才算是科学的研究。了解科学哲学及其发展脉络，可以提示研究者应该如何看待外部的客观世界，如何认识客观世界，这实际上是告诉科学家，用什么样的方式和方法来认识客观世界，我们的研究才算是科学的，以及怎样才能使科学研究做得更好、更科学。

小时候接受的教育告诉我们，科学是为了揭示真理的。表面上看这句话很容易理解，但再往深一步想，你会发现理解这句话并不是很容易的事情。它至少包括了三个问题：真理是什么？人们是否能够揭示真理？人们用什么办法可以揭示真理？这三个问题在哲学上分别被称为本体论、认识论和方法论问题。

本体论（ontology）所回答的问题是：被认识对象的本体究竟是什么？本体讲的就是真实的客观实在，即我们认为的"真理"。那么这个客观实在是否真的存在，是什么样的一种存在，是人们讨论的焦点。由于人们对真实存在的认识是通过不可靠的感官来实现的，而感官感受到的东西往往是表象，是偶然甚至是不稳定的认识，从而导致人们开始怀疑我们通过感官认识到的东西是否就是本质的客观实在。实在论（realism）主张，客观世界是存在的，而且它独立于人的主观意思而存在，科学研究的目的就是要将这种客观实在真实地描述和反映出来。尽管真实的客观实在是表象的本源，但通过表象来认识实在，则需要遵循一些原则，并使用特定的方法。观念论（idealism）并不否认客体世界的存在，但认为"实在"并不是独立于人的思想而存在的，知识的对象是思想主题的设置，人所认识到的"实在"必然通过思想、意志和行为的作用，是人类内在思维和外在事实的整体结果。①

从认识论的角度看,人们认为客观世界不仅是可认识的,而且是有规律的,而且人类是可以通过实证研究(positive research)的方式来认识和把握这些规律,揭示事物背后的因果关系。当然,物质世界的规律与人类社会的规律无论是在性质上、内容上还是在认识规律的方法上都有一定差异,比如前者规律相对稳定,后者的变异度会比较大;前者用实验(experiment)的方法来探索规律,后者用观察(observation)的方法来揭示规律。从方法论角度看,实证研究关注结果的一般性或代表性,排斥个案结果或偶然结果。

通常来说,从本体论、认识论和方法论的角度看,研究者的立场大体可以分为两类,一类是客观论者,另一类是主观论者,具有同一立场的人在本体论、认识论和方法论上具有协调一致的认识。客观论者认为世界是一种真实的客观实在,这一实在是有规律的,是可以认识的,而且是通过揭示规律的一般性来实现对世界的认识。主观论者认为世界不是客观存在的,而是人类自身构建出来的,认为世界并没有一定规律,事物的出现是偶然的,认识事物的方法是通过观测个案来实现的。

人类认识世界的方式有一个逐步演变的过程。从科学发展历史的早期看,无论是苏格拉底、柏拉图,还是亚里士多德,基本上属于主观论者,强调心灵和主观的认识,这属于形而上学的认识方式,使用抽象或无法观测到的原因来解释自然和社会。进入中世纪后人们承认存在一个客观世界,并认为可以认识这个世界,但在认识世界的方法上争论很大。当时经院派哲学占有主导地位,用不可见的神或灵魂来解释自然和社会现象。实际上在罗马时代,就已经有人发现单

---

① 黄光国. 社会科学的理路[M]. 北京:中国人民大学出版社,2006:15.

纯依靠哲学来研究客观世界是靠不住的,即思辨的方法并不能揭示客观规律。到了中世纪后期,也有人提出了这样的问题:什么样的方法可以为科学家提供符合客观现实的或真实的真理,而且这些方法必须是人可以理解和使用的方法?尽管有过一些讨论,但这些思想并没有成为当时的主流。文艺复兴时期以后,由于很多自然现象和规律被解释和证明,人们开始逐渐承认,用经验主义(Empiricism)的方法描述自然和社会才是认识客观世界的有效工具。但是当时以笛卡尔为代表的理性主义(Rationalism)者仍然强调把哲学推理作为真理最可靠的来源,以培根为代表的经验主义者强调通过寻求收集经验数据,并通过归纳得出一般结论,二者仍然存在激烈的争论。最终科学采用了经验主义的方法,而不是用哲学的或形而上学的方法,并将科学从哲学中分离出来。尽管科学从那时起已经开始步入正轨,但到底什么样的研究才能提供可靠的证据,才能称为科学的研究,仍然成为科学家和哲学家争论的焦点。

在经验主义逐渐被科学接受以后,19世纪法国社会学家孔德(Comte,1798—1857)在经验主义的基础上率先提出了实证主义(positivism)的概念。实证研究(Positive research)①强调的是科学知识的来源仅限于收集事实并找出它们之间的关系,从而揭示世界"是什么",与之相对应的是规范研究(Normative research),它研究世界"应该是什么",它是通过价值判断来研究问题。很明显,二者的区别反映在对问题的判断依据上:一个采用客观判断,判断结果与研究者个人主观判断无关;另一个采用价值判断,判断结果依赖于研究者本

---

① 人们发现实证研究和经验研究两个词会交替出现,从而搞不清二者有什么区别。实际上经验研究强调的是揭示世界"是什么"的研究方式,即它是通过收集客观事实来对世界进行认识的;与此相对应的是理论研究(Theoretical research),它的研究方式是通过哲学推理来获得对客观世界的认识。

人的主观判断。

进入20世纪,学者们对科学研究的本质以及如何做科学研究产生了极大的兴趣。其中具有代表性的是由一批知名学者自发组织的维也纳学圈(Vienna Circle)所代表的逻辑经验主义观点。他们的目的就是要把形而上学清除出科学领域,要避免哲学的推测,用可靠的数据来得出结论。逻辑经验主义的代表人物包括维特根斯坦(Wittgenstein,1889—1951)、施利克(Schlick,1882—1963)、亨佩尔(Hempel,1905—1997)等,他们的观点澄清了很多模糊的认识,为科学研究指明了道路,也推动了当时科学的发展。

逻辑经验主义实际上就是逻辑和经验两种思路的结合,或者说是早期理性主义和经验主义的综合。他们将构建科学知识所使用的语言分为"综合命题"和"分析命题"两大类。前者描述经验事实,后者则是逻辑语言,不涉及经验事实。他们并将科学家和哲学家做了区分。哲学家通过逻辑分析提出分析命题,从而提供一种逻辑上的形式框架,让科学家能够将真的综合命题组合成较为复杂的知识体系。他们认为分析命题属于逻辑判断,是永远正确的,它本身缺乏事实内容,比如"上了学的人都接受了教育",这犹如一个概念或数学的一个命题。而综合命题的对错则需要经验事实的支持和证明,比如"有些学生考上了大学"。这样区分以后,人们可以发现数学属于分析领域,而科学则属于综合领域,所以数学不是科学。

他们区分了逻辑关系和因果关系的差异。他们认为逻辑反映的是事物的结合方式,而不是描述因果关系。因果关系只适合于特定范围的事物,而逻辑关系则是普遍适用的。人们是靠自己的思维能力和感受到的事物之间的联系来把握事物之间的逻辑关系的,而不需要靠经验来证明这种关系。因此事物的逻辑联系是先于经验而存在的,这种联系反映的是世界的逻辑结构。他们认为,逻辑命题属于恒真句,它并不反映事实,它只表达真值的可能性。逻辑的任务就是研究事实存在与不存在的所有可能性,解释并说明所有可能性出现的事实。

人们还发现,经验只是研究的原始阶段,它只是人们对个别事物属性的了解,比如一个人的年龄、性别、受教育程度、身高、体重等,要想从中发现规律和现象背后的本质,则需要对经验资料进行整理,并上升到"认识"层面。在这个过程中人们需要借助概念体系,对经验数据进行整理、分类和比较,使其表现出规律,从中获得更多的新知识。获得新知识除了要获得经验事实以外,还需要借助少数概念,以及逻辑和数学的纯形式工具。

他们进一步认为,哲学并不是一种学说,而是一种活动,其目的是要使含混模糊的思想变得清晰。哲学不是一种综合命题系统,其目标不在于获得知识,而只是一种方法的运用。当陈述一个句子的意义到底是什么的时候,其实是在说明在什么条件下这个句子是个真命题。这是陈述证实这个句子的方式。"一个综合命题的意义就是实证它的方法"(施利克)。[1] 逻辑的可能性指的是意义上的证实,而经验的可能性指的是真理的证实。前者是哲学家的任务,后者是科学家的任务。

亨佩尔认为,形成假说既不是靠大量事实的收集也不是靠归纳法,而是靠科学家的大胆猜测。科学假说和理论不是从观察事实中归纳出来的,而是科学家为了说明他们观察到的事实而发明出来的。它们是科学家对现象之间可能的种种联系,或隐藏在现象后面的一致性和模式所提出的一些猜测。科学说明必须满足两个基本要求,即说明的相关性和可检验性。前者指提供的说明具有令人信服的充分理由;后者指科学说明要能够接受经验的检验。满足这两类要求

---

[1] 黄光国.社会科学的理路[M].北京:中国人民大学出版社,2006:76.

必须包含两类陈述:第一类陈述是某些"普遍定律",第二类陈述叫"先决条件"。说明项必须反映普遍规律,即用"全称语句",也可能是统计概率语句;普遍规律和先决条件的逻辑关系必须正确;必须具有经验内容,即普遍定律和先决条件必须可用观察和实验来检验。尽管亨佩尔提出了科学假说的概念,但他认为这里的假说是靠大胆猜测,既不是基于收集经验事实也不是基于某种理论。

逻辑经验主义对当时的科学界影响很大,并得到广泛的认可和推崇。它的主要特点表现在:1)强调经验观察,排斥理论的指导作用,认为观察是独立完成的①,与理论无关,即真正的科学判断是基于经验观察,并通过观察到的结果演绎出逻辑结论;2)通过大量的观察结果演绎出结论,依靠的是归纳法。

以波普(Popper,1902—1994)为代表的后实证主义,彻底批评了逻辑经验主义的观点,提出了一套新的科学研究方法。为了搞清科学和非科学的标准到底是什么,波普分析了不同学科、不同学者的理论,包括爱因斯坦(Einstein,1879—1955)的物理学、马克思(Marx,1818—1883)的历史学、弗洛伊德(Freud,1856—1939)和阿德勒(Adler,1870—1937)的心理学等。经过仔细考察,波普认为只有爱因斯坦的物理学才有资格被称为科学②,因为让他感到十分震惊的是:曾经经过了千万次检验后一直被认为是正确的、由牛顿所构建的物理学理论,居然让爱因斯坦的相对论给否定了,这对他来说简直是不可思议的事情。由此波普想到,既然一次失败就可以推翻被千万次检

---

① 这种现象在国内社会科学领域比较普遍,有时也被称为"撒网捕鱼"式的研究,即事先并不明确想要研究什么关系或者没有明确的研究假设,研究题目通常是"XXX因素分析",从而设定十几个甚至几十个因素作为自变量。回归结果出来后,看哪些自变量系数是显著的,就拿出来进行分析,并作为自己的研究发现或结论。

② 〔美〕修·高奇(Hugh G. Gauch, Jr.). 科学方法实践(Scientific Method in Practice)[M]. 王义豹,译. 北京:清华大学出版社,2005:63.

验为正确的理论,那么还有什么理论可以认为是正确的呢？与此同时,爱因斯坦也认为,它的相对论针对某一特定现象确实做出精确的预言,但他也承认符合预言的事实不能证实他的理论,但不符合预言的事实却能否证这一理论。① 相对来说,其他学者的理论基本上都是通过观察和经验得出来的,或是通过演绎法证实的。拥护者或支持者不外乎是再增加一些案例,再次加以解释罢了,没有任何新意。为此,波普得出了这样的结论:科学只能依据证伪而不是证实来检验;科学的方法应该是以理性批判作为基础的演绎推理。科学是先提出很多假设,借助经验观察来否定这些假设,那些暂时没有被否定的,则被保留下来,成为暂时保留下来的理论。所以说,科学的理论必须具有"可否证性"(falsificability)。如果一个理论的陈述或命题无法用经验的方法加以验证,则它就不能被称作是"科学"的。②

尽管我们在寻求真理,但是永远也不能肯定地说我们已经找到了真理。这意味着,科学似乎不能产生任何真理。证伪把科学和非科学分离出来,同时也把科学和真理相互隔开了。尽管如此,科学还是可以让被保留下来的理论离真理更近了一步。正如波普所强调的那样:"我们是真理的探求者,不是真理的占有者。"③

波普对逻辑经验主义排斥理论作用的观点也进行了批判。他认为,完全不带任何理论倾向的观察是不存在的。我们要观察的事物一定与我们要研究的事物有关,而我们要研究什么一定受某种理论的驱使和引导,并受理论框架的制约。为了证明这一点,波普在上课的时候让学生"把观察到的东西写下来",学生马上问:"让我观察什么呀？"他用这个例子来说明,观察一定有目的性、有选择性,并带有

---

① 黄光国. 社会科学的理路[M]. 北京:中国人民大学出版社,2006:108.
② 同上书,第 111 页。
③ 同上书,第 114 页。

一定的观点。因此说,没有理论指导的观察,是盲目的、没有意义的。这也说明了在研究中掌握和应用理论的重要性,理论相当于"探照灯",为研究指明方向。

在此基础上,波普提出了他的进化认识论:$P_1 \rightarrow TT \rightarrow EE \rightarrow P_2$。这里 P_1 表示发现的问题(problem),TT 表示试探性解决问题的理论(tentative theory),EE 表示排除其中的一些错误理论(error elimination),P_2 为保留下来且尚未被否定掉的解决方案,而保留下的方案可能会面临新的问题,这一过程将不断重复。波普认为,理论只不过是科学家的猜测,是人类强加给客观世界的,本质上是"人造的""假设性的"。

结合科学哲学界对科学本质的研究,对照中国目前存在的问题,我们可以发现,中国社会科学研究面临三个层面的问题。第一个层面是把研究者的猜测或试探性理论直接作为研究结论,这种猜测是"人造的",其结论也是"人造的",他们不做任何经验事实的收集和检验,缺少经验或客观证据,单纯通过主观判断来下结论,使研究停留在主观层面。第二个层面犯的是逻辑经验主义错误,即排斥理论对研究的指导作用,单纯依靠事实、依靠数据①,是一种极端经验主义,以一种"拷贝"事实的方式来下结论。从这个意义上讲,单纯"让事实说话、让数据说话"也是有问题的。第三个层面是依靠归纳法来下结论,认为大量事实成立,其结论就成立,并将其视为普遍性理论或结论。他们认为科学是水桶,人们通过积累经验事实,理论的水就会自然地流出来,不理解也不会使用否证法来进行研究,对结论的相对性认识不足。

---

① 在本书中我们一再强调"让事实说话、让数据说话,不是让研究者自己说话",其目的是针对中国社会科学目前普遍存在的第一个层面问题而言的。因为此语句通俗易懂,针对性清晰,所以才经常被使用。然而它却带来的第二个层面的问题。

6.4 社会科学的本质

如果说自然科学是研究和揭示自然世界规律的,那么社会科学则是研究人、人的行为或人与人之间互动关系的。前者的对象是物,后者的对象是人。如果从主客体二元论的角度看,无论是物还是人,对于一个研究者来说,它们都是被研究的客体,而研究者则是研究主体。针对物来进行研究的学科被称为自然科学,针对人来进行研究的学科被称为社会科学。无论是自然科学还是社会科学,它们都排斥主体的主观性结论,而接受由经验事实所表现出的客观性结论。这是两类学科的共同之处。

科学是否需要通过经验事实进行检验,取决于所研究对象是否存在客观的、稳定的、不以人的主观意志为转移的规律。如果存在,那么通过收集经验事实来揭示它们的规律,就是必要的。尽管经验事实得到的可能只是规律的表象,但通过大量的、不断的研究,人们的认识会逐渐接近真实。自然界的运动存在自身的客观规律,这是没有异议的,但人的行为或人与人之间的关系是否原本就是客观存在的,还是人类本身通过自己的主观意识所构建出来的,这方面是存在异议的。然而,正是研究对象本体的差异,导致了自然科学和社会科学在研究方法、研究结论的稳定性和可预见性上存在比较大的差异。

人们发现社会科学的研究结论或理论与自然科学比,并不是特别有效,结论的一般性、稳定性或代表性往往都会比较差,因此将这些结论应用于不同的人群,甚至对未来进行估计或预测都会存在相对较大的偏差,甚至会出现错误。

这一点是可以理解的,也是正常的。因为作为研究人的社会科学,它的变量的变异性本身要比自然科学变量要大得多。比如要检验一条河的水质,通常我们从河里舀上一小瓶水就够了,这一瓶水的量可能只占整条河水量的上亿万分之一,但对这一小瓶水的检验结果基本上就可以代表整个河水的质量。之所以很少一点水就可以代替很多的水,原因就是水的溶解性和传递性比较好,一条河中不同区域的水质差异不大。但是如果测量一批人针对某件事情的态度,那么人和人之间的差异就比较大。假定我们要测量一批人(比如10万人)对离婚的态度,那么不同年龄、不同性别、不同受教育程度甚至不同地区的人差异都会很大,此时为了反映全体人群的态度,研究者如果只调查很少的人,往往不能反映或代表全部人群,可能要调查数千人才能真正反映整体人群的态度。再比如,为了反映两个物体之间的引力大小,牛顿给出了万有引力定律公式,即引力的大小与它们质量的乘积成正比,与它们距离的平方成反比,用数学关系表达则是:

$$F = G\frac{m_1 \cdot m_2}{d^2}$$

然而,如果研究人和人之间的人际关系,这种关系就不像受自然力作用那么简单了,更多地受到人们主观意志和判断、文化习俗和传统观念等因素的影响。如果具体讲一个人与另一个人关系的好坏或密切程度,可能要受到很多因素的影响,包括年龄、性别、受教育程度、民族、职业、收入甚至包括人的性格、生活背景、价值观念等。影响因素可能是成百上千个,而且因素之间还存在着相互作用的关系。要想用一个确定性的数学模型来描述人际关系,我们一方面无法穷尽所有的影响因素、另一方面也根本不可能像万有引力定律那样给出一个确切的数学函数,最多也只能是用一个假定的数学关系式来近似地逼近或反映这种关系。

可以说,社会科学所反映的问题几乎都是非确定性问题,或者说是可能性或概率问题。确定性问题的含义是,当自变量给定后,因变量的值就唯一确定了。拿上面万有引力定律为例,如果两个物体的质量给定,两个物体的距离给定,在引力常数 G 给定的情况下,两个物体的引力大小就唯一确定了。再比如,若一斤黄瓜 2 元钱,那么黄瓜的重量与价钱之间则满足下面的关系式:

$$Y = 2X$$

那么一个人买一斤黄瓜,则需要支付 2 元钱,买 5 斤黄瓜就需要支付 10 元钱。也就是说当 X 给定以后,Y 则被唯一确定下来。这类问题都属于确定性问题。非确定性问题指的是,当 X 给定或 X 取相同的值时,Y 的结果并不是唯一的,即 X 为定数时,Y 的结果是不同的。比如,如果黄瓜是可以议价的话,两个人都是买 2 斤黄瓜,一个人支付了 4 元钱,另一个人则支付了 5 元钱,可能还有一个人支付了 8 元钱。如果拿夫妻离婚行为为例,可能两对夫妻在年龄、受教育程度、感情状况、性格、家庭环境背景等方面情况完全一致,然而结果可能是其中一对夫妻离了婚,而另一对夫妻则没有离婚。再比如一个学校高考前的模拟考试中有 10 个同学都考了 90 分,到了正式高考时他们得分不一定相等,甚至 10 个人的分数完全不同。这类问题都属于非确定性问题。

实际上,世界的本质是不确定的,绝对的确定性关系是不存在的,包括前面提到的万有引力定律。无论是社会现象还是自然现象,两个变量之间的关系多少都会受其他因素的干扰,只是不同的问题或不同变量之间非确定性关系的程度可能会不同——自然现象的确定性程度相对比较大,社会现象的确定性程度相对比较小。非确定性程度越大,则意味着变异程度越大,稳定性越差,越难以把握和描述,也难以用来对未来进行估计和预测。而社会科学也正是针对这样一些非确定性程度非常高的变量进行研究,这也正是导致社会科学结论不如自然科学那样更具普遍性或一般性的原因。

尽管如此,我们也不能否定社会科学存在客观规律,只是社会科学所描述的客观规律更为不确定或不稳定罢了。只要客观规律存在,采取经验主义的方法,从研究的具体问题出发,以客观事实为基础来检验和反映客观规律,就是一种科学的态度。

社会学科和自然科学的差异取决于两类被研究对象的差异。作为被研究者的人,首先也是一种"物"。单纯从物的角度,或从人的自然属性来研究人,则属于自然科学的范畴。由于人的行为或人与人之间的关系不仅受人的自然属性的影响,也受人的社会属性的影响,而且后者具有主导性地位,因此人本质上是一种社会属性。人的社会属性包括家庭关系、受教育程度、民族、婚姻状况、就业状况、收入状况,还包括人的观念、习俗、伦理道德等内容。而社会属性的形成离不开人的思想意识。换句话说,人的思想、意识和观念在很大程度上影响着人的社会属性,影响着人的行为,以及人与人之间的关系。这正是社会科学与自然科学不同之处。

运用波普的"三个世界"理论,可以比较好地划分自然科学、社会科学和人文学科之间的差异。波普认为人类生活于其中的客观物理世界为世界 I,这里还包括植物、动物和人,都是一种物的存在;人的精神世界为世界 II,它包括人的思维、认识、意志、判断、情感、智慧等活动;人类活动所产生的一切产品都属于世界 III,包括物质产品和精神产品,它是人类精神世界的物化,比如工具、建筑、图书、绘画等。世界 I 是既有的物质世界,这是自然科学所研究或解释的对象。作为社会科学研究对象,人的观念、动机和行为实际上是人的生理本能、人所生存的自然环境和人的精神世界(即世界 II)三者相互作用的结果。动物的行为只受前两个因素的影响,而行为的结果往往是相对稳定和一致的,因此对动物的研究仍然属于自然科学的范畴;而人的行为与动物行为的不同在于人存在着一个精神世界,而正是由于精神世界的作用,导致了不同人的同一类行为的动机和结果往往有很大的不同,从而导致人的行为的不确定性。

物质世界的运动受自然驱动力的支配,精神运动也受自然驱动力的作用,而影响人的行为动力则受自然驱动力和精神驱动力的双重作用(见图6.2所示)。

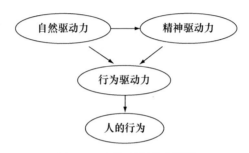

图6.2 人的行为驱动模型

既然自然力是一种客观存在,那么行为驱动力也应该是一种客观存在,不同的是它是自然力和精神力双重作用的结果。正是由于精神力在个体层面所体现的主观性才导致人的行为变异比较大,但这并不影响行为力作为一种客观存在的事实。尽管精神力具有主观性,但是由于精神力也在很大程度上受到传统观念、社会文化环境和心理作用的影响,所以也具有一定的稳定性和客观性。如果人的行为也是一种客观事实,那么社会科学依据经验事实进行判断就是合理的,从而说明社会科学同自然科学一样,也是科学。

这里需要明确的是,不确定性并不意味着没有规律可循。这种不确定性通常指的是个体行为的不确定性,而整体(即在达到一定人群规模的情况下)行为上的规律会随着群体规模的不断增大而逐渐显现出来。严格来说,针对群体判断所下的结论一般涉及两方面的内容,一个是结论本身,另一个是获得该结论的可能性。天气预报采取的正是这种形式,既要报道明天下午有雨,又要给出下雨的可能性是多大。这正是统计学做结论的方式。正是由于社会科学研究对象相对于自然科学更具不确定性或随机性,才导致社会科学各个学科普遍使用不确定性或随机方法,即统计学方法,而不是确定性方法。

世界 II 是以世界 I 为基础的,但世界 II 提供了人的主观能动性,它不仅可以认识世界 I 和世界 II,而且还可以利用它们创造出更多的"产品",从而就有了世界 III。世界 III 最终形成了两个领域:一个是与自然科学相结合,人们发明了很多"技术",并根据这些技术生产出很多有用的物质产品,这就是为什么科学和技术总是经常放到一起的原因;另一个是人们所创造出的很多人文或文化产品,包括文学、艺术、音乐、美术、戏剧等,甚至还有数学、哲学和逻辑学等领域,它们属于人文学科。

6.5 哲学演绎在社会科学研究中的作用

19 世纪后期兴起的实证主义的目的是为了要区分科学和形而上学,并且将形而上学驱除出科学的领域。形而上学是指通过理性的推理和逻辑去研究不能直接通过感知得到答案的问题,用以指研究超经验的东西(神、灵魂和意志自由等)的学问。波普不仅区别科学和形而上学,更主要是区分"科学"和"非科学"的界限。非科学不仅包括伪科学(形而上学、占星术和心理分析等),也包括数学、逻辑等不受经验检验的学科。数学、逻辑尽管不是科学,但却是真理,而不是伪科学。非科学还包括原本需要且可以接受经验事实检验,但研究者却不愿意或不通过经验事实检验,完全基于自己的主观感受、判断和认识来对经验事实进行推断和解释,我们也可以把这一过程看作是哲学的或思辨式的研究。当然,如果一位哲学家做这样的思

考和研究是没有问题的,但是作为科学家这样研究问题,就不合适了,而这恰恰是中国社会科学研究中普遍采用的方式。

实际上不仅社会科学研究人,哲学领域也涉及对人类社会的思考,特别是对人生的思考,二者研究对象和研究内容很相近。下面是一些哲学家对人生的一些思考,并得出了结论:

亚里士多德:"喜欢孤独的人不是野兽就是神灵。"

培根:"友谊的奇特作用是:如果你把快乐告诉一个朋友,你将得到两个快乐,而如果你把忧愁向一个朋友倾吐,你将被分掉一半忧愁。"

叔本华:"如若一个人的认识愈明晰,智慧愈增,他的痛苦也愈多,身为天才的人,他便有最多的苦恼。"

尼采:"现代人正遭受着个性被削弱的痛苦";"没有人会冒险裸露自己的天性,但人们会戴着面具把自己伪装成有修养的人、学者、诗人或者政治家。"

上面的这些表述并不是形而上学的东西,严格上说都是可以进行检验的,但哲学家并未证明这些结论是否是正确的,他们只是凭借个人的观察和理解指出了事情发生的可能性,而没有利用经验事实对此进行过检验。

哲学家罗素在讨论哲学价值的时候就谈到:"哲学和别的学科一样,其目的首先是要获得知识。哲学所追求的是可以提供一套统一的科学体系的知识和由于批评我们的成见、偏见和信仰的基础而得来的知识。但是我们却不能够认为它对于它的问题提供确定的答案时,会有极高度的成就。倘使你问一位数学家、一位矿物学家、一位历史学家或者任何一门的博学之士,在他那门科学里所肯定的一套真理是什么,他的答案会长得让你听得厌烦为止。但是,倘使你把这个问题拿来问一位哲学家的话,如果他的态度是坦率的,他一定会承认他的研究还没有能获得像别种科学所达到的那样肯定的结果。"他还进一步强调:"哲学虽然对于所提出的疑问,不能肯定告诉我们哪个答案对,但却能扩展我们的思想境界,使我们摆脱习俗的控制。因此,哲学虽然对于例如事物是什么这个问题减轻了我们可以肯定的感觉,但却大大增长了我们对于事物可能是什么这个问题的知识。"①

这些,恰恰是一个研究者在开始真正进入规范研究程序以前所需要的,只是研究并不是到此为止,而是要在此基础上通过经验事实做进一步的检验。科学不应该排斥哲学,而应该更多地跟哲学合作,将其引入到科学研究中来。我们反对的不是哲学,而是反对单纯用哲学来做的研究。如果哲学的价值是在于提出问题,那么科学的价值则在于回答问题。

按照波普的观点,研究的初始阶段做一些主观判断或推断是必要的,它可以作为试探性猜测或试探性解答(tentative solution),为进一步研究提供方向。因此在一项研究的初始阶段,通常要做两件事情,一个是对以往的理论进行批判性整理和回顾,从中发现自己要研究的问题,另一个是对要研究的问题构建试探性的理论框架。这两件事情都需要进行哲学式的推理和演绎,这是科学研究中的很重要一步。

哲学为科学提供了两个方面的帮助。一方面哲学用于澄清概念,利用已有的信念构建框架和关系,这些框架和关系反映的是一种可能性,或个人或理论信念中发生可能性最大的事情,此时我们可以把哲学看成是一种活动,它使模糊、杂乱的思想变得更为清晰和有条理。另一方面哲学为科学提供了发散性思维方式,让科学家的思想不受现有知识和理论的束缚,使其提出更多具有开拓性和创新性的

---

① 〔英〕罗素. 哲学问题[M]. 北京:商务印书馆,2007:128,130.

假说,为获得新知识提供更大的空间,使其成为科学发展的动力。

从前面的例子中可以发现,哲学家已经给科学家提出了很多值得研究的题目,他们提出的这些观点本身就可以成为科学家的研究假设。当社会科学家不知道自己要研究什么的时候,最好去读一读哲学家的著作,会受到很多启示,也可以随便找出几个自己感兴趣又值得研究的题目,去证明一下。遗憾的是,中国的一些社会科学家只是单纯使用哲学式的思考,大家基本上是围绕假说在进行讨论或争论,只做哲学层面上的"研究",而不使用科学的研究。他们既达不到哲学家的深邃和富有哲理,又做不到经验主义者那样可以通过经验事实对假说进行检验,从而既成不了哲学家,又成不了从事科学研究的学者。他们只能是提一些连普通老百姓都能提出的想法,甚至有些还超不出一些经历丰富、肯于思考的非专业领域的普通老百姓的观点。

哲学思考是必要的,但不应该是科学研究的全部,而应该是科学研究的前提。一个好的研究者必须有批判性和创造性思维,这种思维方式不仅仅是哲学家的专利,更应该是科学家所必备的素质。如果一个研究者既具备了哲学家这种带有批判性和创造性的思维,同时又具备了科学家所具备的理论知识和方法方面的工具,这个学者就具备了成为一个优秀学者的潜力。因此说,一个研究者能够肯于思考,而且具备一定的逻辑的和思辨分析能力,是非常必要的。

做一项科学研究就犹如制作一个书柜。第一步是要先对什么是书柜以及书柜中的其他元素(如抽屉)等进行界定;第二步进行书柜设计,给出书柜的大体结构,设计者会在纸上画一个书柜的草图;第三步要给出带有明确尺寸的书柜图纸;第四部是制作者参照这张图纸,使用合适的工具进行制作,最终做出这个书柜来。

社会科学研究同样需要遵循类似的程序。首先,要明确研究问题,以及与这一问题有关的一些概念;其次,针对要研究的问题,基于以往的理论、个人的经验和思考形成结构式框架,通常称为概念化模型;再次,将概念化模型作操作化处理,即对每个具体概念或变量给出测定标准,即明确给出变量的取值(针对分类变量)或变量值的单位(针对连续变量),如性别变量的变量值定义为男性和女性,年龄变量的取值单位为年等;最后,选取合适的分析模型,将所获得的数据代入模型进行分析。

实际上,前三个步骤都可以归为研究设计,因为它是在一个研究开始前就应该完成的。研究设计的好坏,决定了整个研究的好坏。研究设计中最重要的一环是要勾画出所要研究问题的理论框架,犹如勾画出一个图纸,这个理论框架描述了变量和变量之间具有猜测性的关系,研究人员甚至还可以基于个人的主观判断,对构建这些关系的理由进行说明,并能得出一些假设性的结论(即研究假设)。如果按照中国传统社会科学研究思路,即单纯凭借自己的感觉和判断来做结论的话,这一步也就成了一个研究的最后一步。然而,科学的研究"光有图纸"是不够的,图纸制作得再漂亮,也只是一张图纸,而不是真正的书柜。制作书柜的过程,相当于从事研究的过程。书柜能否被做出来需要具备三个条件:第一个是已经具备了设计好的图纸;第二个是要有制作书柜的原材料,比如木料、胶水、折页、钉子等;第三个就是要有制作的工具,包括锤子、钳子、木锯、刨子等。离开了哪一样东西,这个柜子都很难制作出来。在这里,图纸相当于我们的研究设计或研究所用的理论框架;原材料相当于经验研究所使用的数据,数据必须是可靠的、高质量的;工具相当于社会科学研究方法,比如卡方检验、相关分析、回归模型等。

有些中国学者只会第一步,即只会设计图纸,或把变量之间的关系描绘得很漂亮,也可以把它们之间的关系分析得头头是道,但要是让他把变量之间的真实关系检验或证明出来,就会感觉无能为力了。因为他不知道如何获得高质量的数据,更不知道用什么具体的研究方法或研究工具,从而导致研究只能局限在第一步,即获得思辨式的结论。

事实是,如果一个人不知道如何获得可靠的数据,也从来没有学习过任何研究方法,在这种情况下做研究几乎是不可能的,他也就不能被称为从事科学研究的"学者"。如果不会方法,但仍然在做研究,那只能算作是"把假设当作结论"的研究了,这种结论是不能让人接受的,从本质上说也就不能被称为"科学的研究"了。

科学研究中运用哲学思路的另一个目的是要分析陈述的意义。这不仅在研究的开始很有用,更重要的是在研究的结尾其用处更大。当一个研究证实了提出的假设以后,似乎已经解决了一个问题,或者回答了一个"yes/no"的问题,但是解决的这个问题的实际涵义是什么?在一个更大的理论体系中它填补了哪一个结构上的空白?它的重要意义有多大?这些都需要研究者给予回答。回答这些问题,需要的是理论功底和哲学思维。科学哲学家劳丹曾经讲过:"如果说问题是科学思维的焦点,那么理论①便是科学思维的最终结果。理论的重要性,它们在认识上的重要性在于并仅仅在于它们为问题提供了合适的解答。如果疑难构成了科学问题,那么理论即是对疑难的解答。理论的功能是消除含混性、化无规律为有规律以及声明事物是可以理解和可以预测的;我把理论看作问题的解答,指的正是理论的这种复合功能。"②很明显,对研究结果的解释需要有一定的理论功底和严谨的逻辑思维。

---

① 这里讲的理论不是指研究初期所提出的假设性理论,而是指经过经验数据检验后已经被确认的理论。

② 〔美〕拉瑞·劳丹. 进步及其问题[M]. 刘新民,译. 北京:华夏出版社,1999:15.

  我本人在多年的教学中有这样的体会,那些接受过社会科学培养的中国学生,由于读书期间所学绝大多数课程都是理论类课程,而方法类课程①则很少,所以在从事研究时他们会自认为自己在研究方法方面比较弱,而在理论上比较强。然而,当我们把一些社会科学研究方法教给了这些学生以后,学生们也确实学会了如何用这些定量研究方法做研究后,会发现他们不知道如何对由模型计算出来的数据结果进行解释。他们对数据结果的解释通常是非常直接的,比如:某个结果的百分比是多少;一个数比另一个数增长了百分之几;这个回归系数显著、那个回归系数不显著;或者是自变量对因变量作用的程度是多少,等等。据此所做的分析基本上把数字所表现出的含义直接用文字再重复一遍,属于"数字文字化",感觉很枯燥,而且不具备任何理论上的涵义。学生们对这样的分析自己也不满意,也很困惑,但又不知道如何能做得更好。出现这种情况恰恰证明了学生的理论功底的不足。这意味着,在一个人没有学过研究方法时,他并不真正知道自己的理论功底如何。直到真正会使用研究方法,且方法给出了一系列数据结果后,特别是他开始对这些数据结果进行分析和解释时,才会发现他是否能够给出更好的解释,才真正知道自己到底是否具备了一定的理论功底。如果一个学生确实具备了很强的理论功底,有很强的逻辑或思辨分析的能力,他所看到的数据就不是数据本身,而是数据背后所隐含着的、更为生动的内容,他对结果的解释就不会仅仅局限在数字,而是数字所隐含的实际意义的解释,甚至能够发现比数据本身更多的东西。

  从这个例子中我们会联想到,中国学生原本认为自己学了很多理论,认为自己理论功底要强于方法,然而当真正学会了使用研究方

---

① 这里不包括数学基础课程,而是指社会科学应用类研究方法。

法的时候,又发现自己理论功底不够。这说明,他们原本学到的并不是真正的、有用的理论,至少不是经过经验事实所证明和检验过并被确认的科学理论或知识,而是一些人关在房间里依靠自己的苦思冥想而杜撰出来的所谓理论。它们是一些空洞的、脱离实际的东西,根本不可能指导实际,甚至可以说是一堆学术垃圾。然而令人遗憾的是,中国学生却把自己最好的青春时光消耗在了对这些东西的学习中。

总之,一个完整的研究过程是从形成假设,到检验假设并得出结论,最后到结果分析和理论构建。在这三个环节中,第一个环节需要通过理论和逻辑演绎而得到;第二个环节使用统计方法,而不是哲学的或逻辑的方法;第三个环节仍然需要用归纳和演绎的方法来实现,需要研究者不仅有一定的理论功底,还必须有归纳和演绎的能力。很明显,在研究过程中的起点和终点,哲学是必不可少的工具。

第七章 科学研究中的不科学问题

- 科学研究的逻辑过程
- 测量中的"测不准"问题
- 样本的代表性问题
- 总体估计的稳定性问题
- 样本对总体的推断问题
- 选择对照组的问题
- 如何下结论的问题
- 数据识别问题
- 模型选择问题
- 模型使用问题
- 因果关系问题

要想做好社会科学研究,前提条件是要尊重事实,尊重数据。然而仅仅知道用事实说话、用数据说话仍然是不够的。比如说,什么样的事实才算是客观事实,什么样的数据或用什么样的方法获得数据才能准确反映客观事实,这些都必须明确。即使已经获得了能够反映客观事实的数据,这也只是科学的必要条件而不是充分条件,还需要进一步考虑用什么方法来整理和分析数据,才能让数据表现出真实的规律,而不是虚假的规律。因此,尽管我们已经有了科学的理念、有了科学的态度,并不一定能够做得比较科学,很多时候我们会自觉不自觉地犯这样或那样的错误。很多错误在日常的研究过程中、在学者们撰写的论文中,甚至在很多已经发表的论文中仍然存在。本章中我们将按照研究过程的各个环节来展示研究中可能出现的问题,并对这些问题做一定的解释。

7.1 科学研究的逻辑过程

前面讲过,一项研究做得是否科学取决于它所使用的方法。而做好一项研究需要在研究的各个环节上使用各种不同的研究方法,是否能够规范和正确地使用这些研究方法,是保证研究能否做好、证据是否可靠的前提。由于各个研究环节是环环相扣的,因此在任何一个环节上出了问题,都会导致整个研究的不科学,以及结论的不可靠。

要想最终得出科学的结论,提出合理的建议,作出科学决策,必须遵循科学的逻辑。那么科学的逻辑环节应该是什么样的呢?在上一章的最后一节,我们介绍了研究设计问题。首先研究者基于以往的理论提出研究假设,其次围绕研究假设构建出自己的理论或概念框架,最后将概念性框架做操作化处理。研究设计做好后,下一步就是要开展实质性研究了。开展实质性研究需要遵循严格的研究逻辑,图7.1给出了一个科学研究的逻辑程序图,该图的第一行方框表示的是研究的逻辑环节,第二行方框表示环节递进所使用的方法。

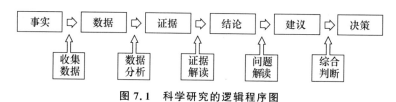

图 7.1　科学研究的逻辑程序图

这里的逻辑出发点是"事实"。不依据事实的结论、建议或决策都是不科学的。"事实"是获得科学结论的必要条件,但不是充分条件。实际上,这个逻辑链的前者都是后者的必要条件,缺少或弄错任何一个前期环节,都会导致后期结果的错误,进而导致结论、建议或决策的错误或失误。

一般的学术研究,通常到"结论"部分就截止了。如果是应用研究或政策性研究,则需要在做出结论以后,给出相应的"建议"。"建议"经过决策者的综合判断和分析,再进一步转化为"政策"。

从一般学术研究来看,将"事实"转换为"数据"、将"数据"转换为"证据"、将"证据"转换为"结论"的方法,就是广义的社会科学研究方法。实现第一个环节的转换,所使用的是收集数据的方法,比如抽样调查、社会实验、质性观察、人口普查方法等。收集数据实际上就是对"事实"进行测量,犹如自然科学中用米尺来测量桌子的长度,即将"物"的特征抽象为数据,而社会科学是将人和社会特征抽象为数据,二者不同的是人不仅有物理特征,还有社会特征、心理特征和意识特征等。如果"测量"做得不好,就可能导致数据不能反映事实,或数据出现错误,这将影响后面的"证据"和"结论"的正确性或可靠性。

获得了可靠数据以后,就需要继续实现第二个环节的转换,这一环节使用的是具体的数据分析方法。数据分析是将杂乱无章的个案数据处理成整体上有规律的并能清晰、合理地反映变量之间关系的数据结果。尽管这仍然是数据到数据的转换,但前一个数据是无规律的、繁杂的数据,而后一个数据则是能够反映规律、关系和特点的典型数据。这一环节所用的方法包括交叉表分析法、回归分析方法、多元分析方法、路径分析方法、结构方程模型等。由各种分析方法得出来的结果,给出的是"证据",尽管这里的"证据"指的也是数据,只是它不是"原始数据",而是已经能够在整体上表现出规律的抽象化的、可解读的或可以在一定程度上用来做结论的数据,比如平均数、比例、方差、标准差、回归系数、确定性系数、卡方值、p-值等。

实现第三个环节的转换需要的是理论分析方法,即基于以往的理论和研究者个人对问题的理解对证据给予合适的解读,最终获得相应的结论。有了带有证据的数据,并不一定能够得出一个好的、合适的、有意义的结论,此时研究者的理论功底、理论分析和逻辑分析能力将发挥重要作用。严格意义上说,从证据到结论并不涉及具体的技术方法,但它一方面要涉及研究者对技术方法的理解,因为不同的证据有不同的解释,比如相关系数与回归系数反映的问题是不同的,不同的解释实际上是在不同程度上、不同角度上来反映最终的结论;另一方面需要研究者具备逻辑归纳和演绎的能力,并结合相关理论,阐释出证据背后所隐含的规律,而且不仅演绎出结论,甚至演绎出结论所蕴含的意义。

科学研究者在给出结论以后,一项科学的研究就算完成了。针对上图给出的最后两个环节所做的工作,并不属于"科学"的工作,因为从结论到建议,以及从建议到决策,都不是通过事实判断,而是通过价值判断来完成的。前者主要是学者的任务,后者主要是决策者的任务。当然,决策者经常希望研究者能够给出适合决策需要的、具有可操作性的政策性建议,遗憾的是学者们给出的很多建议,看起来都对,但很多是不可操作的。

对于一个研究者来说,学会这些研究方法是非常重要的,但在真正掌握这些方法以前,我们必须首先了解什么样的研究可能是错误的、不科学的。科学研究的底线,首先不是如何做"对",而是要知道什么是"错"。作为一个初学者来说,尽管自己此时并不确切地知道怎样做或用什么方法做研究才是对的,但首先要保证自己不做错事,同时也能够看出别人做的是否是错的,这是最为重要的。告诉读者什么样的研究是错的,是本章的目的,而要想知道怎样做才是对的,则需要步入一条相对漫长的道路,那就是要系统地学习相关的社会科学研究方法。

7.2 测量中的"测不准"问题

把一个具体的客观事实转化为数据,就是测量。我们把各类问题抽象为数据,则有利于我们的处理和分析。在自然科学里大家对测量是很熟悉的。比如测量一个桌子的长度,我们通常用一个米尺进行丈量,若丈量的结果是 1.5 米,这就是我们测量的结果,它是将桌子的物理长度转换为了一个数字。这里面要经历四个步骤,一个是要明确被测量的对象,二是给定被测量的内容,三是选取测量标准,四是获得测量结果。针对这个例子被测量的对象是桌子,测量的内容是长度,测量的标准是米尺,测量的结果是 1.5 米。这是对物的测量。

对人和社会事件的测量采用同样的办法,即首先要明确测量的对象,比如我们要测量的对象是人;其次明确测量的内容,比如测量人的年龄;再次,我们需要选择一个测量尺度或标尺,人的年龄是以年为单位定义的,是指从出生时算起到测量时点所存活的整年数;最后是给出测量结果,若按照这样一个定义或标准,如果一个人是2010年2月1日出生,那么到了2015年3月1日时,他存活的确切时间是5年零1个月,按照整年计算正好是活了5个整年,所以测量的结果是5岁,从而得到了这个年龄变量的一个值。

年龄属于"计数"或自然数变量,它可以算作连续变量。但人的很多属性都不属于连续型变量,往往基于属性的不同而分成不同的类,通常被称为分类变量。比如测量一个人的性别,性别按照属性分只能分为两类,即男性或女性,即性别这个变量只能取两个值,一个值是男性,另一个值是女性,那么测量标准就是男性或者女性。如果测量某人的性别,按照前面说的四个测量步骤,首先测量对象是人,其次测量内容是性别,再次测量标准选项是男性或者女性,最后的测量结果为女性。这里给出的结果似乎不是数字,而是标识属性的字符。但是如果我们将字符进行编码,比如定义男性=1,女性=2,那么我们就将字符与数字对应起来了,这样测量的结果为2,最终还是把一个测量结果转化为了数字。

这里选择的测量内容,跟自然科学测量的内容一样,都是客观内容。再具体说测量的是人的自然属性。即使是对人的社会属性的测量,也属于客观测量,比如受教育程度、民族、语言、宗教、婚姻状况、就业状况、收入状况等。对人的测量比较困难的是主观内容或抽象问题,即通过自己主观判断给出的结果,比如一个人对某件事情的态度、观点、喜好、评价、感受、想法等。大家可能还记得,中央电视台曾经播放过记者在大街上问老百姓"你幸福吗"这样的问题。这是典型的主观判断题,你会发现直接回答这类问题并不一定能反映出真实状况,甚至会出现模糊或错误的理解,因为幸福在每个人脑袋里的标准是不一样的,而你又没有给出一个测量标准,所以即使回答了这个问题,其同一结果的涵义也是不同的。更荒唐一点的是,当时就有人回答:"我不幸福(姓富),我姓赵。"

要想把主观问题测量准确,标准的选择是最重要的,测量幸福的标准就很难确定。如果你不给定一个明确的测量标准,那么回答者就会依据个人脑袋里的标准来判断和回答这个问题,而脑袋里的标准往往取决于个人对该事情的理解和期望值高低。比如,一个穷人能够获得100元钱,就是他最大的幸福。但对于一个有钱人来说,这点钱肯定不会让他感到很幸福,他的幸福是能够有一架飞机。一个病入膏肓的人,他的幸福就是没有病;而一个健康的人则不会把没有病当作幸福。所以,当你同时问一个有钱人和一个没钱的人,你们是否感到幸福时,经常是没有钱的人会回答"幸福",有钱的人会回答"不幸福",从而得出一些非常荒唐的结论。

实际上事实也正是如此。社会科学文献出版社公布的《2005年社会蓝皮书》,发布了2004年10月对全国7个大中城市、7个小城镇及8个农村地区的调查,调查结果显示:农村居民的幸福感超过城市居民。① 另外,中国家庭金融调查与研究中心发布的《国民幸福报告2014》中显示的结果是:学历程度越高的人越不幸福,幸福指数最高的是小学毕业生,达到133.3,博士学历人群的幸福指数最低,仅为121.0。而单身博士近乎不幸福,幸福指数仅为109.4。从性别来看,男博士比女博士更加不幸福,男博士为117.1,女博士为121.6。②

测量幸福首先要搞清幸福的维度,即幸福与哪些东西有关,至少应该与经济条件、健康状况、受教育程度、家庭状况、社会地位、人际关系、工作条件等都有关系,而且与人在这些方面的期望值也有密切

---

① 参见 http://news.163.com/41216/2/17NO4G870001124T.html
② 参见华西都市报,2015年2月15日,http://edu.people.com.cn/BIG5/n/2015/0215/c1053-26569525.html。

关系。简单地说,幸福应该与所期望得到并已经得到的(如月收入)程度成正比,与期望得到的程度成反比,即,幸福＝获得值/期望值,也就是说所获得的占期望获得的比例就是幸福程度。然而人一旦某一期望实现了以后,会再为自己设定新的期望或目标,当分母提高、分子不变的情况下,幸福感会下降的,所以幸福感也是动态变化的。因此,能够把幸福测量准确是很困难的事情,特别是要做横向或纵向对比,就更困难了。

若想判断对一件事情测量得是否准确,具体应该涉及哪些内容呢？这里通常涉及两个方面的内容：一个是测量误差有多大,这被称为测量的信度；另一个是测量的结果是否反映了真实的客观事实,换句话说你通过某个测量工具所获得的结果是否反映了你要测量的东西,这被称为测量的效度。就拿上边的幸福指数测量为例,如果对同一个人连续测量两次,一次的幸福指数是120,另一次是150,这说明测量不准确,是有误差的,说明测量的信度不好。再一个就是我们所得到的幸福指数,即测量工具,是否真的测量出了我们想要测量的幸福,这是效度问题。这就要看这里的幸福指数是如何定义的,如何测量的,是否涵盖了所有幸福的维度,是否反映了期望值在其中所起的作用,是否得到专业社群的认可,等等。再比如,要测量一个人的文化素质,我们通常会选择"受教育程度"来作为文化素质的测量指标。受教育程度的分类标准通常为：从未上学、小学、初中、高中或中专、大学专科、大学本科、研究生及以上,而且我们会把受教育程度及其分类列为调查问卷中的一个问题,然后用调查问卷作为一个测量工具来对目标人群进行测量。我们面临的问题,一个是能否测量准确,即这个人如果确实是初中毕业,他如果选择了初中,那就说明没有误差,如果选择了别的选项(如高中),就说明产生了误差,反映出测量的信度有问题。另一方面就是要看受教育程度是否真的能够反映人口素质。有人可能认为人口素质不仅要看受了多少年或多高程度的教育,还要看是否懂礼貌、是否尊重其他人、是否有社会公德等内容,因为确实存在着一些"有知识、没文化、没素质"的人。如果这样看的话,用受教育程度来测量人口素质就是有问题的,说明测量的效度不高。

如果测量的信度和效度任何一个方面存在问题,则意味着测量的结果并不能很好地反映真实的客观实际,即使得出了很多数据,但这些数据也是不能用的。用这样的数据进行研究,得出的结论也不可信,甚至是错误的。国外有句经典的话,叫 garbage in, garbage out(进去的是垃圾,出来的也是垃圾),即一项研究使用的数据是垃圾,由此数据得出的结果或结论也一定是垃圾。

当然,与对物的测量相比,对人的测量更容易测不准,特别是在信度层面上。当研究者来测量一个物体时,无论是测量它的长度、高度、重量还是体积,其测量结果不会由于测量过程所改变。但对人的测量有时并不是这样,因为测量过程或测量这件事本身,对人就会有影响。这是因为人是有意识的,当一个人被测量或被调查时,调查这件事本身,就会让被调查者在意识上有所反应,会想"你干吗要问我这个问题""我回答这个问题对我是否有影响""我怎样回答会对我更有利",等等。比如,你调查一个人的年龄,当你当面问他"你今年多大了"的时候,如果被调查者是一位 60 岁的男士,他会担心让他马上退休,可能会故意回避这个年龄,而回答他是 59 岁。笔者在自己的研究中就曾发现过这类问题。① 另外,如果是问女士的年龄,往往女性更期望自己年轻一些,从而有可能将年龄报的比自己实际年龄要小。由于人有意识、会判断,而且回答的选项中有明显的好坏差

---

① 乔晓春. 第四次全国人口普查人口性别年龄结构的初步检验[J]. 中国人口科学,1992(5):34—37.

异,比如受教育程度的选项中,有文盲、半文盲的选项,也有研究生的选项,大家都知道前者名声不是很好,即使是这样也不好意思回答,而后者则是很让人羡慕的选项,这样回答者就有偏向回答好的选项的意愿或取向。因此,对人的测量会受到被调查者个人意识和喜好的影响,则更容易测不准。

由于这类问题在社会科学研究中极易发生,因此一项社会科学研究,首先要对数据质量进行评价或判断,只有在数据质量有保证的情况下,后面利用数据的研究才是有意义的。当然,对数据质量的评价更多地应该由数据收集或数据提供者来完成,而不应该是数据使用者所做的工作,因为一方面数据使用者很难在没有其他线索的情况下很好地、客观地、有充分证据地评价数据质量,另一方面数据使用者可能也不具备评价数据质量的研究技能,还有就是若所有的数据使用者都要自己来评价数据质量,那么一方面可能会喧宾夺主,另一方面其评价结果会五花八门,无法给出一致的结论。因此,比较合适的做法是,数据提供者同时要提供数据质量的分析和评价,而数据使用者在自己的研究报告中要根据数据提供者所提供的结果,对所使用的那部分数据的质量进行说明就够了。这样一方面数据使用者可以有理由在后面的研究中放心地使用数据,读者也就不再会对数据产生怀疑,而把注意力转向对数据的分析上。

7.3 样本的代表性问题

曾经在网上看到一个题为"调查:4成女生赞成婚前性行为,半数人不知道人流危害"的新闻报道。[①] 很明显,这个题目给出了两个

---

① 参见 http://www.askci.com/news/2015/03/18/15501vjtx.shtml。

定量结论:一个是"4成女生赞成婚前性行为",另一个是"半数人不知道人流危害"。这里的问题是:这两个结论是针对哪个群体下的呢?是全国所有的女性,还是某个特定的女性群体?这里需要明确的是,任何科学的结论一定要明确给定这个结论所承载的对象,永远不存在一个没有明确界定的、抽象的对象,而且这个对象一定是一个特定的总体。

报道中对调查和调查结果是这样描述的:"3月13日至15日,记者对150名未婚女性做了'科学避孕和人工流产'的性知识调查问卷,以邮件形式发送,回收147份。问卷中,女生在性认知观念上,对婚前性行为持不同态度,在'你对未婚同居并发生性行为的看法'选项中,有59名女生选择赞成,占总数的39.3%。问卷中,13名自称有过怀孕经历的女性,在怀孕结局均选择'人工流产',其中'公立医院'6名,'民营医院'4名,'地下诊所'3名,分别占了总数的46.2%、30.7%和23.1%。50%女性不知晓人流的危害以及人流手术后的注意事项。"

那么这些结论到底对哪个特定群体有效呢?从这个报道中我们发现,这个结论来自于2015年3月13日至15日对150名未婚女性做的一个问卷调查,且以邮件的形式发送的,回收了147份。报道还进一步描述是"对150名18至22岁的未婚女性做的问卷调查,这些未婚女性有的刚大学毕业,有的已经参加工作"。按照这样一种描述,似乎报道给出的两个结论是基于18—22岁未婚女性,而且这些女性中有一部分人是"刚大学毕业",也有一部分人是"已经参加工作"。因此这个结论似乎只对被调查到的147位18—22岁未婚女性有效,而且这批人中既不全是刚刚大学毕业,也不全是已经参加工作,而是部分刚大学毕业,部分已经参加工作。很明显,被调查者到底是什么样的一批人并不确切。

科学研究的原则告诉我们：永远不存在针对样本下结论的研究。换句话说，研究结论一定是针对样本所代表的总体下的。尽管结论是来自于样本，但结论针对的并不是样本，而是样本背后的总体。如果样本背后的总体不明确，那么这个结论的承载对象就不清楚，结论也就没有意义。

有人可能会说："我的结论不针对任何总体，只针对我调查的样本。"这是不对的，因为样本是一个偶然结果，而不是一个稳定的、一般的结果。换句话说，若再换一个跟前一组样本结构相同的另外一组147人的样本，其结果可能完全不同。这说明由第一个样本得到的结果不具有稳定性和一般性，从而不能作为一般结论给出。要想给出一个稳定的、一般性的结论，必须满足下面三个条件：一是存在一个明确的、具体的总体；二是样本来自这个给定的总体；三是样本对这个总体有充分的代表性。

首先看第一个条件，即存在一个明确的、具体的总体。给定的总体应该具有下面的规定性：一是规定具体时间点，二是规定空间或地域范围，三是设定具有特定属性的人群。一般来说，一个调查或人口普查都要事先规定一个调查参照时间或时点，比如中国第六次全国人口普查规定调查参照（Reference）时点为 2010 年 11 月 1 日 0 时。不管你普查登记是在什么时间，比如是在 2010 年 11 月 8 日下午 14 时，但你登记的个人状况必须是在 2010 年 11 月 1 日 0 时的状况，而不是登记 2010 年 11 月 8 日下午 14 时的状况。若一个人是 2000 年 11 月 5 日出生，到 2010 年普查时他的年龄应该是多大？很明显，如果在登记的当天，这个人的年龄应该是 10 周岁，但如果登记 2010 年 11 月 1 日 0 时的状况，这个人的年龄就应该是 9 周岁。之所以一个调查或普查要规定参照时点，就是要求所有人登记的时间要一致起来，不能不同人登记不同时间上的状况，这样的结果是不可比的。这

犹如拿照相机进行照相一样,照相机镜头外面的景象是动态的,一旦快门被按下后,照相机的照片所取下的则是瞬间静止的画面。人口调查或人口普查就是通过这个标准参照时点摄取了人口静止状态的画面,从而有利于对调查结果的处理和分析。

对总体还要有一个空间界定,即抽样调查所要反映的人口总体是全国人口,还是某个省的人口,抑或是某个县或某个乡镇的人口,都必须有个明确的规定。你不能说从北京市某中学获得的50个学生数据,可以用来反映全国13亿人口的状况,这甚至连这个学校本身学生的状况都反映不了。

第三个规定性是设定具有特定属性的人群,并将这一人群作为总体。拿上面提到的媒体报道作为例子,从报道中可以寻找到的总体规定性线索是:"150名18至22岁的未婚女性,而且有的刚大学毕业,有的已经参加工作。"这意味着这个样本数据只反映18—22岁的未婚女性,而不能反映17岁以下和23岁以上的未婚青年的情况。但这里并没有明确这些女性是农村未婚青年还是城镇未婚青年,这些人的受教育状况也不明确。另外,报道也没有表述这个调查是在哪个地区做的,在北京、上海这样的大城市进行调查和在一些三线的小城市进行调查,对同一类人群其结果也会完全不同。是在一个人员集中的生活小区进行的调查还是样本分布在城市的各个角落,得到的结果也会不同。

其次,在总体明确了以后,还要规定:样本必须来自这个给定的总体。如果样本来自别的总体,那么这个样本是不可能代表这个总体的。即使是所有样本都来自这个总体,样本也可能代表不了这个总体。比如,我们这个调查了150个未婚女性的例子,这些样本肯定都来自中国大陆,但你不可能就认为它能够代表中国大陆的所有人口,甚至不能代表中国大陆所有18—22岁的未婚女性人口,因为如果这150个人是在安徽调查的,它怎么能代表新疆人呢?当然就更不能代表北京人或广东人,也就不能代表全国人。

最后一个条件,也是最重要的条件,是样本对给定的总体要有充分的代表性。尽管第二个条件已经明确样本必须来自总体,或者说样本是总体中的一部分,但从总体中获取样本的方式会影响样本对总体的代表性。样本能够代表总体的涵义是:样本结构与总体结构完全一致。比如,定义总体为2010年11月1日0时湖北省武汉市的全市人口。那么,从第六次人口普查数据中可以获得这个人口的年龄结构、性别结构、地域分布结构、民族结构、受教育结构、婚姻和家庭结构、就业结构等,这些反映的都是总体结构,这些结构都可以用百分比来表示。获得的样本人口也能够同总体人口的各项结构一致,即样本人口各个指标的百分比分布与总体指标的百分比分布完全一致,是一件很不容易的事情。然而,统计学上通常用随机抽样的方法从总体中抽出一定规模的样本,如果随机性非常好、样本规模足够大的话,就可以保证样本结构与总体结构保持一致或基本一致,这样可以很方便地解决代表性问题。换句话说,如果不是随机选取,而是用别的办法去选取样本,比如调查者主观选取或有目的地选取,则一般很难保证二者结构一致,从而样本很难代表总体。

用随机抽样或发生随机数的方法,可以解决一些用传统方法很难解决的复杂问题。比如我们要求解下面正方形内不规则图形[图7.2(a)]的面积。正是由于这个图形是不规则的,所以没有一个现成的计算这类面积的公式。解决这个问题的办法可以靠发生随机数来实现。

我们向正方形内部发生二维的随机数,在图形中出现的则是正方形内的各个圆点。首先我们随机产生了30个点,见图7.2(b)所表示的情况。然后我们数出不规则图形内共有12个点,占了正方形图

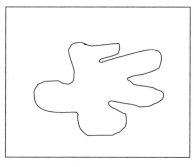

图 7.2 （a）

内 30 个点的 40%。最后，如果正方形面积是已知的或可以求出来的，比如为 16 平方厘米，那么这个不规则图形的面积应该是 6.4（=16×0.4）平方厘米。

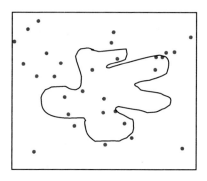

图 7.2 （b）

严格意义上说，这个结果只能是一个估计值或近似值，原因是这里提供的随机样本比较少，只有 30 个，尽管是随机发生的，但在分布上也不会很均匀，而这一结果只能看成是偶然的，是不稳定的。若想估计得更为准确，就需要发生更多的随机数——随机数越多，估计的结果就会越准确。为此，我们这次发生了 400 个随机数，犹如图形 7.2(c)。用同样的办法我们可以得到落在不规则图形中圆点的个数,并求出不规则图形中的点的个数占全部点的个数(400)的比例,最终可以估计出这个不规则图形的面积。很明显,这种估计方法比上面只有 30 个点的估计结果要更为准确,偶然性也会更小。

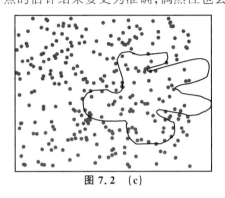

图 7.2　(c)

若假定在这个正方形图形里总共有 100 万个点,且这 100 万个点就是我们要估计的总体,而我们发生的随机数,相当于我们从这 100 万个总体中随机抽取了一定规模的样本,即第一次我们抽取了 30 个样本,第二次我们抽取了 400 个样本。正是由于进行随机抽取,我们才可以认为样本点在正方形内部的分布与总体在正方形内的分布是近似一致的,而且样本点取的越多,这种一致性就会越强,样本对总体的代表性也就越强,这样用样本结果来对总体结果的估计才会越准确。

尽管随机原则是一定要保证的,但具体的抽样方法并不仅仅只限于纯随机抽样一种方法。这种纯随机抽样也被称为简单随机抽样。这种抽样方法通常在总体分布的地域相对比较小、样本规模不是特别大的情况下使用。然而,很多调查总体所涉及的地域范围都会比较大,比如总体是某个市、某个省,甚至可能是全国,这个时候用简单随机抽样就不是一个很好的办法,因为简单随机抽样可能会导致被抽中的样本相对比较分散,会零散地散落到整个区域的各个角落,对于实地调查非常不方便,调查所花的时间和经费都会非常多。如果被调查样本能够分布得比较集中,就会更方便调查,调查的效率也会大幅度提高,因此在实际调查时很少采用简单随机抽样,而是采用能使现场调查更为方便的其他调查方法。

使用最多的调查方法还包括分层抽样,即先把总体分成不同的组,再以每个组为单位或以每个组为总体,分别针对组内的个体进行抽样。另一个方法是整群抽样,即先将总体按照某一种分类分成不同的群,然而以群为单位进行抽样。抽出群后,在被抽中的群中一方面可以对群内的所有人都进行调查,另一方面也可以对抽中的群内总体再进行抽样。还有一种特殊的整群抽样,被称为等距抽样或机械抽样,它是将总体按照某一个标志进行排队,根据样本占总体的比例求出样本间隔。如果样本占总体的比例为10%,那么意味着在总体每10个单位中抽取一个样本。先从1—10个数中随机抽取一个数,比如抽中的是3,那么从3开始每隔10个单位选一个数,比如抽中的第一个数为3,第二个数则为13(=3+10),第三个数为23(=13+10),以此类推。很多大规模的调查通常是要分多个阶段进行抽样,而且在不同阶段可能会使用不同的抽样方法,比如,首先先分层,然后在每个层内再做整群抽样,再在被抽中的群中做简单随机抽样,最终抽出所要的样本。

通常来说,代表性是用随机方法解决的,稳定性是通过增加样本规模的方法解决的。很多研究,甚至在发表的论文中,都缺少了最为关键的一个表述,即研究总体是谁。如果论文中不交代研究总体,读者就不知道你的研究结论是针对谁下的,或者说是针对哪个特定总体下的结论。记住,永远不存在针对样本的研究。一项研究永远是针对一个特定的总体,而从来没有一个抽象的总体,这个总体必须是明确的、具体的,而且在论文或研究报告中中必须明确给出这个总体。这是在任何研究中都必不可少的一个表述。

简单随机抽样通常在样本规模足够大的情况下,可以保证样本结构与总体结构相近,但如果样本规模不是很大时,也可能会导致样本结构与总体结构有一定的差距。另外,在进行分层抽样和整群抽样时,由于样本分配在各个层或各个群之间并不均匀,自然会带来样本结构与总体结构不一致甚至是严重不一致的情况。比如,某个地区城市人口所占比例为40%,农村人口所占比例为60%,但实际调查时在城市和农村各调查了500个样本,该地区合计调查了1000个样本。如果我们直接拿抽样调查结果对该地区人口状况进行分析的话,其估计结果可能会有偏。比如,由样本数据估计得到该地区人均收入为每月5000元,这一样本结果作为该地区总体结果的估计,实际上是高估了。原因是样本中城市人口和农村人口各占50%,而总体中城市人口只占40%,农村人口则占了60%。由于城市人口的月收入明显高于农村,且样本中城市人口比例高于总体中城市人口比例,自然会导致高估了整个地区的人均收入。这类情况在分层和整群抽样中是经常发生的。因此,当一个抽样调查结束后,需要对样本结构与总体结构不一致的情况进行调整,即做事后加权处理。做了加权处理的数据,才能使用,否则抽样调查得到的数据是不能直接使用的。因此,当你拿到一个抽样调查原始数据时,必须先了解数据的样本结构是否与总体结构一致或相近。如果非常不一致,那就要问该数据是否已经做过加权处理了。若确实已经做了加权处理,才可以说该样本数据对总体数据是有代表性的,此时数据才是可用的。

总之,样本对总体有代表性必须同时满足三个条件:第一,在抽样开始前,总体是明确的,总体名单的列表(抽样框)是可获得的,总体中的每个人都有被抽中的可能;第二,对总体中样本的最终抽取方式必须是随机的;第三,样本结构要与总体结构相一致或近似一致。满足第一个条件就是要在抽样开始前找到抽样框,满足第二个条件指的是抽样方法必须合适,满足第三个条件通常是要靠事后加权处理。

7.4 总体估计的稳定性问题

前面已经谈到,若要保证样本能够对总体有代表性,或样本反映的结果有一定稳定性,样本必须足够大。那么,样本多大才叫"足够大"呢? 这里的问题是:如果一个调查的信度和效度都没有问题,那么调查结果是否能反映真实的客观存在? 大家可能会认为,如果测量没有问题,那么这个结果当然是这些被调查人的真实情况,但是从统计意义上这样理解"真实"是有问题的。统计学意义上的真实是要反映一种稳定的、一般意义的、必然的结果,而不是偶然的、特定意义的、不稳定的结果。比如,某个妇产医院今天上午共出生了 5 个婴儿,其中有 4 个男孩,1 个女孩,男孩与女孩的性别比例是 4∶1,即出生男孩数是女孩数的 4 倍。能否由此认为,在这个医院出生的孩子中男孩会大大多于女孩,而且会是女孩的 4 倍呢? 进一步问:是否在中国出生的孩子中,男孩永远是女孩的 4 倍呢? 很明显,是不能下这个结论的。因为尽管在个案上这个结果是真实的,但是在总体上这个结果则是虚假的。统计追求的是总体上的真实,而不是个体真实,因为个体真实是一种偶然的结果,并不具有一般性意义,而是一种虚假的真实,是不可信的。当然这里讲的"个体"并不是指只有一个个案,而是指"小样本",即只用相对比较少的样本来做结论。

比如上面谈到的那份报道,只回收了 147 份文件,这其中有 59 人赞成婚前性行为,由此得到的比例为 39.3%。尽管这一结果相对来说应该算是比较稳定的,因为毕竟样本规模为 147 份,还不算是太小,但在 13 个回答有怀孕经历且都选择了人工流产的人中,在"公立医院""民营医院"和"地下诊所"做人工流产的分别有6名、4名和3名,而且还给出了相应的比例分别为46.2%、30.7%和23.1%,在这么小的样本下还计算出了各自的比例,很明显这一结果并不是稳定的,也反映不了人工流产在各类医院分布的一般情况。

前面报道中给出的最后一句话是:"50%女性不知晓人流的危害以及人流手术后的注意事项。"然而这里并没有说这50%是回收的147份问卷的50%还是13名有怀孕经历且做了人工流产的人的50%。尽管样本如此之少,而且获得样本的方法(如是否是随机抽样)也没有给出详细的描述,但媒体居然用"4成女生赞成婚前性行为,半数人不知道人流危害"这样一个耸人听闻的标题,会让读者感觉到全中国的未婚女性似乎就是这种情况。

那么,到底样本多大才能导致样本对总体有充分的代表性呢?实际上,在开始做调查以前,这个样本规模是可以计算出来的。尽管从理论上说样本规模越大,样本对总体的代表性也会越好,但是样本过大会带来浪费。换句话说,既然1万个样本就可以满足估计的精度,你就没有必要调查100万个样本——尽管100万个样本是1万个样本的100倍,但前者的估计精度可能只比后者的精度提高了10%,而不是提高了100倍。为此,样本规模只要能够满足研究所规定的要求,或足以把你想要证明的问题证明出来,就足够了,而没有必要再去追求"大样本"。

中国政府的很多调查样本都很大,特别是针对人口的调查,动辄几十万甚至上百万的样本,这可能是中国越来越有钱的关系。有些政府官员可能会认为,样本越大说明政府对这项工作越重视,但是有些决策者并不知道,当你用10万人的调查就可以满足数据所需精度的话,你非要做100万人的调查,这不仅不能反映政府对此项工作的重视,相反倒反映了决策者的无知。

美国比中国要有钱,但美国联邦政府规定,所有申请联邦政府经费做调查的研究项目,必须在申请报告中计算调查所需的能够满足科学规范或精度要求的最小样本规模。如果不做这个计算,你是拿不到联邦政府经费支持的。

计算样本规模有专门的方法,方法的名称叫势分析(Power Analysis)。它是在给定犯一类(α)错误和二类(β)错误可能性的情况下所计算出的样本规模。α错误反映的是如果样本确实来自并代表总体,那么样本对总体的估计值应该与总体值非常接近,该错误反映了样本值与总体值出现明显不一致的可能性有多大。比如从全校本科学生中随机抽取300人,来估计全校本科学生的平均年龄。正常情况下,如果总体平均数为20岁,若抽样没有问题的话,样本平均数应该落在20岁附近,而不是离20岁的距离特别远。如果真的出现了特别远的情况,比如样本估计值为15岁,就意味着样本对总体的估计是错误的。我们希望犯这类错误的可能性越小越好,一般来说在科学上可容许的犯这类错误的可能性要小于5%,即$\alpha=0.05$。β错误反映的是样本和总体原本就不一致,即样本平均数应该与总体平均数距离原本就比较远,比如样本来自于一个高中,总体为大学本科,然而来自那个高中的样本估计结果与大学本科的总体结果却非常接近,比如前者为19.8岁,后者为20.0岁,从而会使人们得出一种错误的判断,认为样本和总体二者是一体的,即认为样本也是来自大学本科这个总体,从而导致判断性错误。这种判断错误的可能性称为β错误。人们定义Power=$1-\beta$,其涵义是,样本和总体原本就不一致,即样本不是来自这个总体,而最终检验的结果仍然表现为二者不一致的概率,即得出的判断是正确的概率。Power越大,意味着犯错误的可能性越小。根据统计理论,样本规模越大,犯α错误和β错误的可能性越小,Power也会越大,估计的准确性也越大。

为此，为了使一个研究出错误的风险比较小，或者说检验成功的可能性比较大，美国联邦政府明确规定，一项研究必须保证 α 错误不能大于 5%，并且 Power 必须大于 80% 的时候，政府才可能提供财政资助。换句话说，就是要求每项研究在开始做调查以前，都必须保证你所调查的样本规模能够保证研究成功的可能性要大于 80%。低于这种可能，就会出现拿了钱做不出来的情况；大大高于这种可能，就会出现浪费资金的情况。

我本人在美国工作时曾有过这样的经历。一位美国教授准备向联邦政府的一个基金会申请一笔经费来做一个改善新生儿营养状况的研究。她的研究假设是，为新生儿提供一种维生素，可以明显改善新生儿的健康状况。然而，基金会事先给她提出了要求，可能是由于基金会的经费有限，明确规定她的研究样本不能超过 200 个新生儿。同时还必须保证 α 错误不能大于 5%，Power 必须大于 80%，在这种情况下她才可以拿到这个课题。她请自己带的一位统计学专业的博士后帮助她做计算，目的是要计算出在保证 α 错误小于 5% 和 Power 大于 80% 的情况下，样本规模必须小于 200。但最终计算的结果总是大于 200 个样本。一次我偶然与这位教授相遇，闲谈时她提到了这件事，并问我是否可以帮助她来做这个 Power Analysis。我认真研究了 Power Analysis 的计算公式后发现，当处理组和对照组人群的比例越接近时，Power 越大，即当二者所占比例分别为 50% 时，在 α 和 β 给定的情况下，对应的样本规模最小。后来在这位教授确认她的研究可以人为控制两个组的样本规模后，即让两组样本各占 50%，我重新对样本规模做了计算，最终求得的结果是 198 人，符合基金会的要求。最终，这位教授拿到了这个项目。

从这里可以看出，尽管美国人很有钱，但在花钱的问题上仍然是斤斤计较。中国目前还是一个发展中国家，但从政府拿的做调查的

经费,几乎没有人做过 Power Analysis。尽管有学者在调查以前根据 α 错误计算过样本规模,但是这样计算出的只是满足 α 要求的最小样本规模,它并不一定能够满足 Power 的要求。它只得到了满足要求的样本规模下限,但却无法得到样本规模的上限,即不知道多大样本就已经足够好了,从而仍然会导致人们盲目地扩大样本规模。目前中国学者在申请调查经费时,基本上是拍脑袋。反正也不知道多大样本对一个研究是合适的,所以只要有可能,项目设计的调查样本规模越大越好,能够得到的经费越多越好。殊不知,这是在浪费国家的财政经费,浪费的是纳税人的钱。

我们说,抽取的样本规模越大,样本对总体的代表性就越好。那么一个极端的情况是,如果样本规模正好等于总体规模了,是不是样本对总体的估计就没有误差了?假定我们研究的总体是一个班级,这个班有 30 名学生。如果从中抽取 10 名学生,并通过这 10 名学生的情况来推断总体 30 名学生的情况。这里肯定存在一个推断误差。如果索性我们把 30 名学生全部都调查了,我们的推断误差就为 0 了,这样是不是就不需要做误差估计了?实际上,在这种情况下,尽管代表性误差已经消失了,但样本的随机误差仍然存在。随机误差反映的是计算结果是否稳定或是否存在偶然性问题。此时,即使已经对总体全部进行了调查,但由于总体本身规模比较小,仍然存在计算结果不稳定的问题,此时的误差计算实际上估计的是稳定性,而不是代表性了。

尽管统计的代表性和稳定性是两件不同的事情,但却具有类似的性质,背后隐含的都是样本反映总体的一种必然程度。科学不承认偶然结果,只承认必然结果,只有必然的程度很高,所得出的结论才被认为是科学的。

7.5 样本对总体的推断问题

我们经常发现,中国学者在用样本数据做研究时,通常只围绕样本数据进行分析,并不对总体进行推断。拿 2000 年北京市所做的老年人口调查为例,其中得到了老年人平均月退休金(见表 7.1)。如果我们的目的是要做不同性别老年人退休金差异的比较分析,若只对样本结果进行分析的话,我们可以得出:2000 年北京市 60 岁以上离退休老年人的月平均退休金为 851 元,其中男性为 973 元,女性为 719 元,男性比女性多了 254 元,结论是女性老年人退休金收入明显低于男性老年人,在退休金方面男女存在明显的不平等。很明显,这一结论是针对样本而不是针对总体下的结论。

表 7.1 北京市老年人每月退休金(2000 年)

性别	均值	样本规模	标准误	95%置信区间	
				下限	上限
男性	973	241	23	927	1018
女性	719	223	21	679	760
男女合计	851	464	17	818	883

资料来源:2000 年北京市城乡老年人跟踪调查。

我们前面曾谈过,永远不存在一项针对样本的研究,任何研究都必须针对样本背后或样本所代表的总体。由于样本具有偶然性,针对样本所下的结论可能与针对总体所下的结论完全不同,从而可能会得出错误的结论。尽管这里所用的数据是来自样本的,但基于这个数据所下的结论则必须是针对总体的。我们要回答的问题是:全北京市老年人的月平均退休金是多少,全北京市男性和女性老年人月平均退休金分别是多少,以及全北京市的老年女性月平均退休金是否明显少于老年男性月平均退休金。

从样本数据中得到的北京市60岁以上老年人月平均退休金为851元钱,这个结果是来自于被调查的464个老年人,而实际上北京市2000年60岁以上老年人共有188万人,我们想知道这188万老年人的月退休金是多少,而不是这464个老年人的退休金。由于这464个老年人是通过随机抽样从188万个老年人中抽取出来的,所以188万老年人的平均退休金应该与464个老年人平均退休金相差不大,而且样本规模越大,二者会越接近。在统计学上把从样本中得到的平均值作为对总体平均值的"点估计",而总体平均值一定会落在样本平均值的附近,或落在样本平均值附近的一个给定区间上,这个区间被称为对总体平均值的"区间估计",也称为"置信区间"。根据统计学给出的计算公式,我们可以计算出置信区间的下限和上限,表7.1中给出的结果是818元和883元,具体的解释是:北京市188万老年人月平均退休金收入有95%的可能落在了818元至883元之间。

这里必须明确的是,通过样本数据永远得不出总体的确切数值,我们能得到的只是对总体结果的一个近似估计,这个估计用两种形式共同表示出来,一个是总体值所落入的区间,另一个是落入这个区间的可能性有多大。只有同时给出了这两种表现形式,才算最终得到了对总体值的估计。

如果看男女合计的结果,95%置信区间上下限的差值为65元,差异还不算是很大。如果单看男性或女性的情况,置信区间上下限的差异相对就比较大了,其中男性差异值为91元,女性差异值为81元,这是因为男性或女性的样本规模明显小于男女合计的样本规模。

下面再从总体上看男女退休金差异的比较。很明显,如果不考虑总体,只是单纯看样本结果,男性老年人退休金明显高于女性老年人退休金。但是从研究上看,我们并不关心样本的差异,我们关心的是北京市188万老年人中,是否男性老年人的月平均退休金一定比女性老年人的退休金多,且二者差异是显著的。解决这个问题用的是双样本差异的显著性检验方法。用该方法最终检验的结果是二者差异显著,即总体上看男性老年人月平均退休金明显高于女性老年人平均退休金。这样就在总体层面上回答了退休金性别差异的问题。最终,我们利用样本结果回答了总体的问题。回答总体的问题才是研究的目的。

下面再举一个交叉表的例子(表7.2)。同样用的是2000年北京市老年人调查数据,这是一个老年人回答的关于子女是否孝顺父母的例子。这里要检验的问题是:是否子女对父亲和对母亲孝顺的程度不一致。如果比较男性和女性孝顺程度的百分比分布,可以发现"很孝顺"和"孝顺"的比例均是女性高于男性,而"一般"和"不孝顺"的比例均是女性低于男性。若单纯从样本数据显示的结果看,似乎可以得出"子女对母亲比对父亲更孝顺",或者说"子女的孝顺程度与父母的性别有关"的结论。

表7.2 北京市子女对不同性别老年人孝顺程度分布(%)

您认为子女孝顺程度	男性	女性
很孝顺	23.1	24.6
孝顺	57.1	61.1
一般	17.4	12.6
不孝顺	2.4	1.8
合计	100	100
样本规模	247	285
检验结果	卡方值=2.799	
	显著性水平=0.424	

资料来源:2000年北京市城乡老年人跟踪调查。

同样，由于样本结果是偶然的，从样本中得到的结论并不一定也是总体的结论。我们的目的仍然是要检验在总体上是否子女的孝顺程度与父母的性别有关，或者说是否子女对父亲和母亲之间的孝顺程度存在差异。检验这个假设的方法称为卡方检验，卡方值越大，显著性水平值就越小。如果显著性水平小于 0.05，则意味着二者差异显著，否则就是未显示出二者存在显著差异。实际检验结果是显著性水平明显大于 0.05，结论是：未检验出子女对父亲和母亲之间的孝顺程度存在差异，即我们要检验的假设并没有被证明。很明显，我们针对总体得出的结论与针对样本得出的结论完全不同，这意味着如果基于样本结果来对总体下结论，我们的结论就是错误的。

社会科学研究中所使用的数据通常只有两类：一类是总体数据，这类数据通常只能从人口普查中得到；另一类是样本数据，通常通过抽样调查得到。对第一类数据的分析是不需要进行推断的，因为数据反映的已经是总体情况了。对第二类数据的分析则必须要对总体进行推断，而在研究中所使用的绝大多数数据都是第二类数据，统计学正是用来解决这类问题的。换句话说，如果一个人不学统计学，他是无法做社会科学研究的，也就算不上是一位社会科学研究者。

这里顺便提一下，除了某些特殊情况，人们通常利用统计软件做各种显著性检验，其背后都隐含着该数据来自简单随机抽样的假定。换句话说，软件中提供的对总体的各种推断和检验都是基于假定数据来自简单随机抽样。而事实却是，很少有社会科学数据是直接来自简单随机抽样，而更多的是分层抽样、整群抽样、PPS 抽样、简单随机抽样和多阶段抽样的结合，甚至还要做事后加权，这通常被称为复杂抽样。我们实际上是把由复杂抽样得到的数据看成是由简单随机抽样得到的数据，并直接代入统计软件来进行分析，所以计算出的各种估计指标和检验指标，都是存在误差的。合适的办法应该是进行复杂抽样的估计和检验,尽管很多常用统计软件已经有了复杂抽样的估计功能,虽然中国学者几乎很少用,但至少应该知道我们现在使用的方法是存在一定问题的。

7.6 选择对照组的问题

在中国,一些社会科学学者并没有受到过系统的研究方法训练,并不知道怎样做社会科学研究,往往仅凭个人的理解,想当然地做研究。2005年我在北京组织过一个有关健康寿命方面的国际研讨会,这个会议是健康寿命和残疾国际网络组织(REVES)的一次年会。这个组织是由发达国家学者们自发组织的一个学术团体,每年在不同国家召开年会,交流在健康寿命研究的成果。当时这个问题的研究在国外特别是发达国家已经很成熟,在中国则很少有人研究这个问题。所以在征集论文的时候,我非常希望能有更多的中国学者报名参加,但最终报名参加会议的中国学者还是很少。所以只要是中国学者报名的,并没有进行严格的审查就都安排在会上发言了。其中中国某大学的一名副教授提交了一篇论文,是关于中国教师健康状况的研究。他在发言时强调,这项研究是他的国家社科基金的一项课题,是专门通过实地调查来研究中国教师目前的健康状况。他的调查对象是各级学校的教师,共调查了1500名在职教师,其中:男性665名,女性835名;农村教师825名,城市教师675名。通过问卷调查获得了各类教师患各种疾病的人数,并计算出了各种疾病的现患率,其中患咽炎比例为21.5%,颈椎病比例为10.5%,高血压为9.6%,慢性胃炎为6.3%,心脏病为2.4%,糖尿病为0.85%。他发现这六种疾病是在教师中发生率最高的,根据这个数据,他的结论是:中国教师健康状况很差。到了提问阶段,很多外国学者都争相要提问。由于我是会议主持人,而且感觉他的论文存在的问题非常明显,作为中国人自己来提问会更好一些,所以我首先开始提问。我的问题是:你的调查只调查了学校教师,而且只得到了他们的患病率,但是你并没有得出一般人群这些疾病的患病率,你怎么知道教师的患病率就一定比其他人的患病率高,怎么又能得出教师健康状况差的结论呢?他的回答是,教师患咽炎的比例已经超过了20%,患颈椎病的比例已经超过了10%,患病的比例已经相当高了,所以说教师健康状况很差。实际上,他并没有回答我的问题。紧接着轮到下一个外国学者提问,他的问题是:刚才乔教授提的问题你并没有回答清楚,希望你能够重新回答一下。然后,这位发言的中国学者把刚才回答我的话,又重复了一遍。后来,也就再没有人向他提问了。会议讨论结束后,我估计这位老师可能没有听懂我的问题,所以又找他进一步交流,并强调单纯看教师的健康状况,并不能得出教师健康状况差的结论,你需要进一步调查教师以外的人群,做个补充调查,看其他人群的患病率有多高,然后将其他人群同一疾病的患病率与教师的患病率做比较,如果发现教师患病率确实比一般人群高,才能得出教师患病率高的结论。但是,他仍然不同意我的观点,认为他不需要调查其他人。他说,我这个研究是国家社科基金课题,课题规定的研究对象就是教师,没有要求我研究其他人,其他人跟我的研究无关,所以我只要调查教师就足够了。后来,无论我如何再进一步解释都无济于事,他仍然坚持他的观点。

这里存在的问题是:被研究群体和被观察群体是否一定是同一群人?很多学者简单地认为,我的研究对象是谁,我就调查谁,不是我的研究对象,就不是我的观察对象。这种理解是有问题的,因为没有比较就没有结论。结论实际上是一种判断,当你判断一件事情的好坏时,一定要有一个判断标准,或者是一个参照系。如果单纯看这件事情本身,不管当时这件事情本身的状况如何,都无法得出"好"或"坏"的判断。即使教师患咽炎的比例再高,比如可能会达到50%,如果一般老百姓患咽炎的比例比他们还高,比如为70%,那就不能得出教师健康状况(比一般人群)差的结论。这里所说的判断标准或参照系,在科学研究中称为对照组。尽管对照组并不是你的直接研究对象,但它必须是你研究中所涉及的对象。

任何一项研究,不仅要考虑相关对象,而且经常要考虑"无关"对象,否则很多问题是说不清楚的。比如研究流动人口问题,你必须要关注非流动人口,特别是户籍人口。当要测量流动人口公共服务均等化问题时,只看为流动人口本身提供的服务状况如何,是不行的,必须要与户籍人口公共服务状况做比较后,才能发现流动人口公共服务所面临的问题。

下面再讲一个例子,是关于生育政策研究的。中国1980年开始实施无论城市和农村"一对夫妇只生一个孩子"的人口政策,然而由于当时政策过严,带来了很多问题,政府不得不在1984年适当放开了农村的生育政策,当时的政策是:第一孩生的是女孩的夫妇可以再生育一个孩子,而第一孩生的是男孩的夫妇,就不允许再生育了,这被称为"一个半孩子政策"。当时,有学者提出在农村应该允许一对夫妇生育两个孩子,认为这样的政策才更合适。为此,在全国农村普遍实施"一个半孩子政策"的同时,中央也批准了一些县市做试点来执行"一对夫妇生育两个孩子"但必须拉开两个孩子的生育间隔的政策,个别地区这一政策一直执行到现在。后来,为了能够推动政府尽快实施"普遍二孩"政策,并证明在"普遍二孩"政策下生育水平也不会很高,有学者专门针对那些"普遍二孩"试点地区做了研究,共找了五个这样的县市,同时也找了五个"一个半孩子"政策的县市作为对照组,目的是想证明"两孩政策"地区的生育率并不比"一个半孩子"

政策地区的生育率高。最终的研究发现,"普遍二孩"政策地区的生育率普遍比"一个半孩子"政策地区的生育率要低,从而得出结论:国家放开"普遍二孩"政策,中国的生育率也不会很高。

由于这个项目得到了国外有关机构的资助,所以要求项目完成后要进行专家论证。在论证会上我提出了两个问题。第一,"普遍二孩"政策地区的生育率普遍比"一个半孩子"政策地区的生育率低的结论是不可信的,原因是如果选择的对照组合适的话,生育政策宽松地区的生育率一定要比生育政策严格地区的生育率要高,不可能出现相反的情况。若出现了这种情况一定是对照组没有选好。合适的对照组指的是,除了生育政策与要研究的地区不同外,对照地区的其他人口和社会经济指标、管理工作水平等都应该与研究地区相近或一致,这样来比较不同生育政策地区的生育水平的差异才有意义。换句话说,比较生育政策对生育水平带来的影响,必须排除其他对生育水平产生影响的因素,比如社会经济条件、人群的受教育水平、计划生育工作管理水平等。核对了两类地区的数据后,确实发现"一个半孩子"政策地区(对照组)的经济发展水平明显低于"二孩"政策地区的经济发展水平,这就可能会导致两地群众的生育意愿完全不同,即经济发达地区的人往往生育意愿会比较低,即使允许他们生育两个孩子,也会有很多人不想生或只生一个孩子。而经济落后地区人们生育意愿比较高,即使生育政策很严,也会有人想方设法多生孩子。此时,生育率的高低已经主要不是生育政策作用的结果,而更多是由于经济发展水平或生育意愿所决定的,从而得不出由于生育政策的差异导致了"二孩政策"地区比"一个半孩子"政策地区生育率更低的结论。如果对照组选取得比较好,最多可能得出"二孩政策"地区的生育率并不明显比"一孩半政策"地区生育率高,或二者相差不大,但不应该得出前者比后者明显偏低的结论。第二,在 20 世纪 80

年代中期政策转变时,国家实际上批准的"二孩政策"试点地区数量远远比现在的多,然而后来由于有些地方"二孩政策"执行得不好,导致生育水平相对比较高,很多试点地区被撤销,并转向执行"一个半孩子"政策。因此,能够一直保留到现在的"二孩政策"试点地区,都是工作水平比较高、政策执行效果比较好的地区,从而导致生育水平一直比较低。这意味着,项目中所选的五个"二孩政策"地区,都是由于工作比较好、生育水平比较低才一直保留到现在的。那么,拿工作做得比较好、生育率比较低的地区来证明"二孩政策"不会导致生育率很高,是不合适的,这犹如为了说明一件事情比较好,而人为地把不好的结果都删除,只保留好的结果,然后基于好的结果来证明这件事情是比较好的。很明显,这一结果存在选择性偏误。尽管我个人完全赞成中国应该尽早取消当时比较严格的计划生育政策,应该允许人们普遍生育两个或更多的孩子,但我们仍然需要尊重科学,按照科学原则来做事情,不能用不科学的办法得出我们自己喜好的结论。

上面讲的两个例子,与其说是对照组没有选好,不如说是研究设计没有做好。在研究设计阶段不仅要知道选择对照组,还必须知道如何选择合适的对照组。如果不选择对照组,或者没有选择好对照组,得出的结论都是不能让人接受的。若研究设计有问题,到了研究结束或者说经费已经全部花完以后,才发现问题,错误将无法补救。即使你用再高的技术手段,也很难弥补研究设计所带来的失误。一定要记住:一个研究永远好不过它的设计。研究设计所带来的问题,是致命的。为此,学习做好研究设计,对于一个刚刚进入研究领域的学者来说是非常重要的。

7.7 如何下结论的问题

从获得原始数据到得出结论,这中间要经历数据分析的过程,而数据分析不仅仅是通过整理出的交叉表或做模型计算就可以得出一些数据结果,并将其作为获得某些结论的证据,而且通过这些结果,研究者可以发现规律并做出结论。然而,有时表面看这些得到的结论可能是对的,但仔细分析后才会发现,这些表面上看是对的结论,其实存在很多问题。下面我们用一些具体数据来做说明。

表 7.3 给出了性别与对离婚态度的双变量交叉表。假定我们不做推断,只单纯从这张表所反映的数据来分析性别与对离婚态度的关系。我们以列(性别)为单位计算出不同性别的人对离婚的态度。对于男性来说,赞成离婚的比例为 70%,而女性赞成离婚的比例为 60%。那么,从数据结果中可以得出等价的三个结论:相对女性来说男性更倾向于赞成离婚;不同性别的人对离婚的态度是有差异的;性别与离婚态度之间存在关系。

表 7.3 按性别分的对离婚态度分布(%)

对离婚的态度	性别	
	男性	女性
赞成	70	60
反对	30	40
合计	100	100

实际上,在这个表中,我们是把性别看作自变量,把对离婚的态度看作因变量,这相当于我们定义了因果关系的方向,性别是原因,而态度是结果。目的是要看是否性别的不同引起了对离婚态度的不同。似乎表中的数据已经确认了我们所要检验的结果。下面我们利

用同样的数据并引进第二个与离婚态度有关的自变量,即受教育程度。这里将受教育程度只分为两类:高受教育程度和低受教育程度,得到表7.4。

表 7.4　按受教育程度和性别分的对离婚态度分布(%)

对离婚的态度	高受教育程度		低受教育程度	
	男性	女性	男性	女性
赞成	70	70	60	60
反对	30	30	40	40
合计	100	100	100	100

表7.4与7.3不同的是,增加了一个受教育程度的自变量。从这张三变量交叉表中我们可以看出,在高受教育程度人群中,不同性别在对离婚态度上是一致的,或者说性别与对离婚的态度之间没有关系;在低受教育程度人群中,可以得出同样的结论。此时我们的结论是,性别与对离婚的态度之间是没有关系的,这一结论与上表所得出的结论完全不同。为什么会这样?

从三变量交叉表中可以发现,真正与离婚态度有关系的不是性别,而是受教育程度,即在引进受教育程度变量以前,在双变量表中表现出的性别与离婚态度的关系,并不是真实关系,它是在受教育程度变量未被引进来时,受教育程度与离婚态度之间的关系是通过性别表现出来了。所以在这里,双变量表所表现出的关系,是由于受教育程度在背后起作用的结果,此时性别与离婚态度之间表现出的关系属于虚假关系,而不是真实关系。这意味着,如果没有引进受教育程度变量,只是单纯测量性别与离婚态度的关系,我们就会得出错误的结论。这进一步说明,如果单纯通过双变量关系来测量因果关系,所获得的结论会存在很大风险。所以说,一项研究不能单纯用双变量来分析因果关系,更不能拿双变量所获得的结果来对因果关系下结论。

上面例子中给出的两个变量都是分类变量,如果两个变量都是连续变量,比如一个变量是收入,另一个变量是年龄,通常人们习惯用计算相关系数的办法来测量两个变量关系的密切程度。假定我们得出的相关系数为0.9,很明显二者是高度相关的。这里同样要注意的是,这一相关关系表现的仍然是虚假关系。因为一旦引进第三个与此相关的变量作为控制变量,比如受教育程度或职业,那么收入与年龄的相关程度就会发生变化,甚至会得出完全不同的结论。因此利用双变量相关系数来下结论同样是有问题的。

那么,引进第三个变量就能够真正反映出性别与离婚态度的关系了吗?结论是:不能。因为尽管我们已经控制了受教育程度变量,但仍然还有很多与离婚态度有关的变量没有被引进来或控制住,从而导致虚假关系仍然存在。这些变量可能会包括年龄、城乡结构、收入、职业、宗教信仰等很多因素。理论上说,只有把所有这些相关因素特别是主要影响因素都控制住了,性别与离婚态度的关系才会更真实,所得出的结论才是有意义的。然而,这里需要注意的是,影响人的观念和行为的因素是相当多的,而且各因素之间还存在着比较复杂的关系,人们很难穷尽所有的影响因素,也很难用一个简单模型来模拟出所有变量之间真实的、复杂的关系,因此在能够考虑到或可获得变量有限的情况下,研究者可以控制的变量个数也是有限的,尽管研究者已经尽了最大的努力,仍然有很多不可控因素在背后起作用,因此结论的"科学"性只能是相对的,并不可能百分之百准确,所以科学结论的可接受性也是相对的。

我们前面用的是交叉表的方法来测量变量之间的关系,然而如果引入很多变量以后,用交叉表来表示它们之间的关系就比较困难了,甚至几乎是不可能的。要想解决多个控制变量的问题,最终用的不是交叉表方法,而是要用多元回归的方法,这是多变量分析方法的核心内容。总之,交叉表只能用于描述数据,或者可以用来分析变量之间形式上或表面上的关系,但是不能依此给出最终结论。要想下结论,至少要用多变量分析方法,通过控制相关因素来反映变量之间的关系。因此,不学习多变量分析方法,或在一项研究中不使用多变量分析方法,通常是得不出结论的。学习多变量分析方法,是能够做研究或可以下结论的必要条件。

7.8 数据识别问题

当一个研究者考虑做多变量分析的时候,就必须要学会使用统计模型。统计模型的种类很多,而且不同模型应用的数据对象不同,使用的条件也不同,只有真正了解了各类模型使用的特定对象和使用条件,才不会乱用模型,才可以选择适合手头数据的特定模型。研究者必须知道,每一种统计方法,都是针对某一类特定数据的——不存在可以针对任何类型数据的万能模型。所以,正常的步骤是,在选择使用什么模型以前,必须先搞清你用的是什么类型的数据,然后再根据这一类型的数据选择对应的分析模型。统计学正是为了满足对各种类型和结构数据进行分析的需求,不断产生出各种分析模型,并逐步形成了一个模型体系。这既是统计学发展的逻辑过程,也应该是学习统计学的逻辑过程。因此,学习如何使用统计方法的第一步是先学习识别数据类型和数据结构,第二步才是学习各类分析模型。

首先看数据类型。传统的统计数据一般分为两大类:一类为连续(Continuous)变量,另一类为分类(Categorical)变量,也可以说是非连续变量,这两类变量通常也统称为状态变量。连续变量包括粮食产量、收入、身高、体重和年龄等。在社会科学研究中使用的变量,特别是作为分析主题的因变量,多数为分类变量。分类变量通常分为二元(Dichotomous)变量、定序(Ordinal)变量、定类(Nominal)变量以及计数(Counts)变量等。二元变量指的是只有两个可供选择的结果,它既可以看成是定类变量也可以看成是定序变量或计数变量。比如,是和否,同意和不同意,健康与不健康等。如果是三分类以上的变量,就要进一步区分是定类变量还是定序变量了。那些存在天然或内在顺序的变量被称为定序变量,比如文化程度分为文盲、小学、初中、高中、大学以上,对某项政策的评价为很好、比较好、一般、不太好、很不好。[①] 如果不存在内在顺序的话,这种变量就是定类变量。比如,民族分为苗族、壮族、回族等,城市分为北京、上海、天津等。还有一类是离散的计数变量,它是由整数 1、2、3、4……所组成的,比如受教育年限、生孩子个数、结婚次数等。计数变量从本质上说应该属于连续变量,但由于取值范围比较小,它又属于连续变量中的一个特殊类型的变量,通常也被归为离散变量。[②] 对于取值范围比较小的计数变量,特别是取值在 0—10 范围之内的变量,在统计学上一般归为分类变量,而取值范围比较宽的变量则可以看作连续变量。但不管如何取值,在统计学上计数变量通常被看成单独一类变量,它可以从分类变量和连续变量中分离出来,但在社会科学领域更多地把它当作分类变量来处理。

---

① 这种类型的变量通常被称为里克特(Likert)量表,是一种特殊的测量方法。
② 社会科学领域定义的连续变量与自然科学领域定义的连续变量并不完全一样。在社会科学里连续变量通常是指那些可以直接用数值(而不是用文字)定义的变量,它可以分为两类,一类叫定距(Interval)变量,一类叫定比(Ratio)变量,二者的区别是前者的 0 点为任意的,后者的 0 点是固定的。因此,计数变量属于后者,尽管它是离散变量,但也属于连续变量。但是数学里的连续变量和离散变量正好是相对立的,前者是无间隙的,后者是有间隙的。

随着研究问题的深入,人们发现作为主要研究内容的因变量,还存在两部分特殊的数据,一是时间数据,二是空间数据。时间数据主要指从一个事件开始到事件结束或者说到另一个事件开始之间所用的时间(Time-to-Event Data)。这部分数据又分为两类,一类是以确切时间的形式存在的个体时间数据。比如,某人从初婚到第一次离婚的时间长度为1.35年。另一类是以离散形式存在的将个体分组后的时间数据。比如把结婚到离婚时间为0—1年的分为一组,2—3年的分为另一组等。另一部分数据是空间数据(Spatial Data),它是以空间距离为标识的。这是目前社会科学研究中最为热门也是最新型的数据结构和数据类型,相应的研究方法还并不完善,仍处于发展之中。

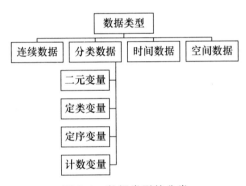

图7.3 数据类型的分类

数据的差异除了要看数据类型外,还要看数据结构。从数据的层级上看可以分为单级(Single Stage)数据和多级(Multistage)数据。在社会科学定量数据分析中,人们通常习惯于对个体数据特别是个人的状况进行分析。比如,一个人的年龄、性别、民族、受教育状况、婚姻状况等人口学变量。在这里,单一层次的个人数据被看作单级数据。在假定个体数据之间相互独立的条件下,可以用人们熟知的线性和非线性模型来研究个体变量之间的关系。然而,研究中仅仅使用单级数据是远远不够的。因为社会科学研究的不仅仅是人和人之间的关系,还要研究人和社会组织之间的关系。这样,我们有时把数据分成多个社会层级。比如,社区可以为一级社会组织,家庭可以视为社区下面的另一级社会组织,而个人则是家庭内的成员。这样的数据结构可以表示为下面的形式(图7.4):

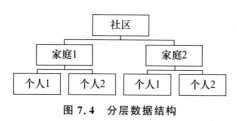

图 7.4 分层数据结构

从数据观测的时间上看又可以分为横向(Cross-sectional)数据和纵向(Longitudinal)数据两类。人们通常所做的一次性抽样调查以及各类普查,通常得到的都是横断面数据,因为收集到的数据通常是某一调查时点上的状况。然而,近年来,西方国家的社会科学学者为了研究变量之间的因果关系,以及反映变量在个体层面上的变化过程,开始对同一调查对象进行跟踪或多次观察,对于同一个体进行重复的测量,这样就得到了同一变量在不同时点上多次测量的数据。这样的数据被称为纵向数据,有时也被称为重复测量(Repeated Measurement)数据。比如,某人收入变化的数据,可以用图7.5来表示。实际上,纵向数据也可以看成是多级数据。它是把个人看成是更高一级的数据,而观察的次数则是镶嵌在个体之内的数据。该数据的特点是,每次观测到的同一个体数据的结果是相关的。

还有一类数据被称为相关或配对(Paired or Matched)数据,这是指两个相关的成对出现的数据(图7.6)。比如,丈夫和妻子,同卵双胞胎,左眼和右眼等。由于这些数据是相关的,所以传统的、一般

图 7.5 对某人收入的多次观察

的分析方法是不能直接使用的。针对这样的数据,通常会用一些针对这类数据的特殊分析方法,而不能再用独立数据假设下的分析模型来进行分析。

图 7.6 配对数据

数据类型和数据结构二者并不是并列的,而是相互独立、相互交叉的,即在同一数据类型下会有不同的数据结构,或者同一数据结构下会有不同的数据类型。当然,数据类型和数据结构不仅仅是我们上面介绍的这几种,随着科学的发展,以及社会发展对社会科学研究在深度和广度方面需求的提升,特别是大数据时代的到来,已经出现了很多新型或更为复杂的数据,这些都需要在掌握了基本数据类型和数据结构的基础上进一步学习。

7.9 模型选择问题

在搞清楚数据类型和数据结构以后,下一步就是要选择对应的分析模型。国内社会科学学者因为担心自己的数学基础比较差,可能学不懂统计模型,但是很多研究又必须使用模型,所以不得不去学一些统计方法。为此,很多高校即使开设一些有关统计分析方法特别是统计模型的课程,也只是讲授如何使用和操作统计软件,或者是照着统计软件来讲授方法,很少讲授统计学和统计模型背后的原理。这样,在课程学完后,研究者也只会照着老师讲过的步骤机械地操作统计软件,最终计算出所需要的结果。正是由于学者们只学过如何使用软件,而不了解各种统计方法或统计模型背后的原理和使用条件,甚至不管是什么类型的数据,拿来数据就往自己学过的某一模型里套,结果绝大多数模型的使用都是有问题的,甚至是错误的。

通常来说,模型的不同主要取决于因变量的不同,与自变量的关系不大。如果因变量是连续变量的话,一般使用线性回归模型。线性回归模型是最基础的回归模型,也是发展最为成熟和完善的模型,模型涉及的各类问题都已经解决。国内很多学者都曾学过这个模型,也基本上会使用这个模型,主要存在的问题是往往不注意模型的使用条件,导致使用上的错误,比如曾见过有人针对因变量是分类变量或计数变量的情况下使用线性回归模型。这类变量是不符合线性模型假定的,因此这样使用就错了。

如果是分类变量的话,则有专门的统计模型。如果因变量是二分类变量的话,通常使用逻辑斯蒂回归模型(logistic regression model),由于逻辑斯蒂模型是 logit 变换的线性函数模型,所以也被称为 logit 模型。如果是三分类以上的因变量,就要区分这个分类变量是定序变量还是定类变量。如果是定序变量,则使用的是累进(Cumulative)的 logit 模型;如果是定类变量,使用的是广义(Generalized)的 logit 模型。

如果因变量为计数变量,通常用普阿松(Poisson)回归模型。由于某年内的出生人数、死亡人数、离婚人数以及与发生某一事件次数有关的变量通常服从普阿松分布,而且人们对这类变量的关注往往不在绝对数上,而是它的相对数,即事件发生(Incidence)的频率,或者称作"率"(Rate),对出生率、死亡率、离婚率变量做回归,人们通常也使用普阿松回归。

如果因变量是时间变量,理论上说可以把它看成是连续变量,但实际上很难将其按连续变量处理。比如研究一群人从失业开始到再次就业的时间是由什么因素决定的,如果观测时间只有一年,那么到了观测时间结束后,可能只有30%的人找到了工作,而剩余的70%的人仍然没有找到工作。如果按照连续变量处理的话,只有30%的人有从失业时间到再次找到工作的时间,其他70%的人是没有这个时间值的,因此必须将70%的人从数据中删除,但若真的删除了,回归结果就会有偏。为此,为了保证回归结果无偏,且在一年内未找到工作的人的数据仍然保留在模型中,则需要一个特殊的模型。这样就产生了生存分析(Survival Analysis)模型。

生存分析方法最早应用于对死亡的研究,即对一个人死亡发生的时间或生存时间(生存函数)的研究,从而被命名为生存分析。后来发现只要是对事物某一状态持续时间的分析,都可以归为生存分析,比如研究从结婚到离婚、从离婚到再婚、从失业状态到再就业、从犯人刑满释放到再次犯罪的持续时间或者汽车从出厂到报废的时间等都受哪些因素的影响,以及各个因素的影响程度多大。目前这一分析方法已经在医学、生物学、工程学科和社会科学等领域得到广泛的应用,但它们所用的名字却有所不同。在社会学被称为事件史分析(Even-history Analysis),在工程学科被称为可靠性分析(Reliability Analysis)或发生事件分析(Failure Time Analysis),在经济学被称为持续时间分析(Duration Analysis)或转移分析(Transition Analysis)。生存分析所用的时间数据一般要通过回顾性调查(Retrospective Survey)或前瞻性调查(Prospective Survey)才能得到。

生存分析基础模型可以分为两类。一类叫有参数回归模型,它是早期经常使用的一类方法。作为因变量的生存函数分布不同,对

应有不同的回归模型,经常使用的分布模型有指数分布、威布尔分布、Gamma 分布、对数逻辑斯蒂分布以及对数正态分布模型等。英国统计学家 David Cox 于 1972 年提出了一个新的模型,通常称为比例风险模型(Proportional Hazard Modal),也称为 Cox 回归模型,它的优点是不需要事先识别生存函数是什么分布,因为它可以涵盖任何一种上面提到的参数分布,所以它也被称为半参数模型。该模型的提出使生存分析产生了革命性的飞跃,并成为目前生存分析模型中使用最为广泛的模型。由于生存数据也有很多不同的数据结构,后来科学家针对不同的数据结构又发明了很多生存分析模型,由于这些新模型绝大多数都是以 Cox 模型为基础的,也被称为广义的或拓展的 Cox 模型。

除了从数据类型角度来区分模型外,从数据结构角度也存在很多对应的模型。比如针对分层数据,就有专门的分析方法,统称为分层数据分析(Multilevel Data Analysis)方法。前面谈到的常用统计模型通常都假定每个样本观察值是相互独立的,与该类数据相对应的抽样方法,是从有限总体中以简单随机抽样来获取数据,其特点是:每个样本的选取是独立的。真实情况是,在利用抽样调查来获取数据时,人们很少使用简单随机抽样(SRS),而更多的是先分层(Stratification),然后再抽样,因为后者操作起来更容易。比如在 50 个村中各调查 20 个人,要比去 1000 个村中每个村调查 1 个人容易得多,然而问题是每个村中的 20 个人已经不可能是完全独立的,他们会有很多相同的特点和相近的习惯。此时非要假定调查对象是相互独立的并利用常用的统计方法进行分析,则是不合适的,因为它已经不符合传统模型的假设。然而,从另一方面看,分层调查又是十分有意义的。若研究学生某一门课的学习成绩是由哪些因素决定的,传统的回归方法可以解释学生的哪些特点或因素决定了学习成绩的好坏,比如认真听讲、按时完成作业等,即只能处理学生层的变量。但是不同班级学生学习成绩的好坏在很大程度上取决于他们的授课老师,比如教师认真备课、讲授清晰等,而传统的方法却无法研究老师层面变量对学生成绩的作用,更不能回答学生本人的作用和老师的作用哪个更大一些。为了解决这类问题,分层分析提供了一个非常有效的工具。目前,针对这一特定结构的数据,不管因变量数据类型如何,包括连续变量、分类变量和时间变量等,都已经有对应的分析方法来解决各类问题。跟分层数据类似,针对前面提到的纵向数据,目前也有相应的纵向数据分析(Longitudinal Data Analysis)方法。

在社会科学领域有一类比较特殊的变量,它本身是有含义的,但又很难给出明确的操作性界定,从而导致它不能直接被测量,但它的子变量是可以被测量出来的,这类变量叫潜变量(Latent Variable)。一般来说,某些宏观变量或某些抽象变量,都可以归为潜变量,比如经济状况、健康状况、人口素质、心理状况、幸福感、抑郁状况等。在单独研究或测量这些变量时,通常会将这些潜变量当作一个综合指标来处理,先确定指标的测量维度,再设计相应的测量量表,然后再基于量表里给出的一系列指标进行测量,最终通过某种变换,将多个指标转化为一个综合指标,从而使原本的潜变量转化为真实变量,并可以求出潜变量的值。针对这类变量的分析方法也有很多,最典型的方法包括因子分析——如确定性因子分析(Confirmatory Factor Analysis)和探索性因子分析(Exploratory Factor Analysis)——路径分析(Path Analysis)和结构方程模型(Structural Equation Model)等。

结构方程模型是目前西方社会科学研究中最为热门的模型之一。该模型之所以得到社会科学学者的青睐,最重要的是它可以描绘复杂的因果关系，同时可以处理潜变量，这对于研究错综复杂的社会关系非常合适。传统的统计分析模型通常把变量分为自变量和因变量两部分，人们希望用自变量来解释因变量。这类模型的背后通常假定自变量是原因，而因变量是由这些原因导致的结果。事实上，社会变量之间的关系要远比这复杂。比如，各自变量之间可能存在因果关系，因变量也可能是某个或某几个自变量的原因，各变量之间的关系有直接的也有间接的关系，等等。传统的回归模型无法描述这样复杂的关系。初期描述这种关系通常用的是路径分析方法，后来由心理学和计量心理学产生了因子分析方法，并将其与计量经济学中常用的联立方程模型（Simultaneous Equation Model）结合，最终形成了结构方程模型。

总之，现代社会科学研究中能够使用的方法很多，但任何一种方法都是针对一类特定数据的，因此在选择分析方法的时候一定要注意方法所适用的数据对象，并在搞清楚数据类型和数据结构以后，再去选择对应的研究方法，方法是不能乱用的。然而，即使选对了研究方法，但是当将方法应用到具体数据的时候，仍然会出现很多问题。

7.10 模型使用问题

国内社会科学有关院系开设的研究方法课，有时直接就叫 SPSS 统计分析方法。SPSS 实际上是一款统计软件，它本身并不是分析方法，它只是承载统计方法的软件，照着 SPSS 软件是讲不了方法的。而照着软件来讲，通常会遵循这样一种程序：先介绍软件基本操作功能，然后再介绍软件里面的各种方法是如何操作和使用的，最后拿一个实际数据代入软件，按照讲过的操作过程做一遍，课程就算讲完了。这种学习方法很不好，因为它违背了学习方法的基本逻辑，即应该是先学原理,再学方法,最后是软件的使用,而不应该直接学习如何使用软件,特别是对照着软件来讲方法,不仅学生搞不清为什么要用某个方法,而且还会使学习变得机械、枯燥和无聊,甚至使学生失去做研究的兴趣。

这种学习方法通常会告诉学生三件事:一是如何将数据代入软件,二是如何操作软件,三是如何解释软件输出的结果。这里的第一件事是让学生了解软件的入口,即输入的是什么数据;第三件事是了解软件的出口,即出来的是什么东西。如果是运算一个模型,尽管学生知道了模型的入口和模型的出口,但软件本身却成了一个"黑洞",大家并不知道模型是如何计算出来的,甚至不知道为什么要选择这个模型,而不是别的什么模型。

实际上,学习模型的原理是非常重要的,因为系统地了解了模型的使用条件和使用原理,你就知道在什么情况下应该选用什么模型,知道各个模型的特点,包括它的优点和不足,而且也有助于对软件的学习和使用。因为从逻辑关系上看,是先有模型,后有软件的,即软件是照着模型编写出来的,软件只是一种工具,除此之外并没有更新的东西。这样,当你学会了软件里的所有方法以及它们的原理,即使你没有专门学习过软件的操作,只要你一打开软件,看到软件中所列出的各种名称和相应的功能,你就知道每个方法以及它们的功能都是做什么用的。因为你了解原理,你也知道各个功能的差异,以及在什么条件下应该使用哪种方法、哪个功能,换句话说,当你了解了方法的原理,即使你没有专门学过某类统计软件,你也会很快地知道如何使用这个软件。相反,如果你只学过软件的使用,你就变成了一个机械的软件使用者,不知其然,更不知其所以然,即使方法使用错了,自己也不知道。实际上这种情况是经常发生的。

中国学者知道最多的应该算是线性回归模型了。多元线性回归模型可以用下面的形式表示出来：

$$Y = \beta_0 + \beta_1 X_1 + \beta_2 X_2 + \ldots\ldots + \beta_{p-1} X_{p-1} + \varepsilon$$

这里的 Y 为因变量，X 为 $p-1$ 个自变量，β 为回归系数，ε 为误差项。

习惯的做法是，先将自变量和因变量的数据准备好，然后代入这个模型进行求解，最后解出各个回归系数。如果使用软件的话，就是将数据引入统计软件，然后选择线性回归方法，并选定因变量和自变量，最后运行软件，由软件输出相应的结果，特别是回归系数的结果。

如果一个研究人员是这样来运行模型的话，就显得太"业余"了。实际上，在使用模型以前，首先是要回答：你所选择的模型是否可用。这里的"可用"包含两个意思，一个是针对你的数据类型和结构，你选择的模型是否是对的，是应该用线性回归模型还是用逻辑斯蒂回归模型？还是应该用其他什么模型？另一个是你的数据是否满足模型的假设。

实际上，绝大多数回归模型的假设都是十分苛刻的，换句话说几乎很少有直接拿来就可以满足模型要求的数据，一般来说数据都需要经过一定的变换或调整，才能接近符合模型所要求的条件。比如，符合线性回归模型的数据必须满足以下一些条件。

1. 自变量与因变量之间的关系是线性的。这种线性关系还不是每个自变量 X 与 Y 是独立的线性关系，而是在其他自变量给定的情况下，某个 X 与 Y 之间的关系是否是线性的。一般来说，如果研究人的行为或行为结果并将其作为因变量的话，人的年龄与因变量的关系通常就不是线性的。

2. 不同样本的因变量值之间是独立的。这意味着每个被研究的个体都必须是独立的，至少是没有明确的相关性。比如有些以家庭为单位的调查，经常是把家庭所有成员都列为被调查对象，包括中国的人口普查获得的就是这样的结果，那么家庭成员之间就是不独立的。如果在做回归时，所使用的数据中有同一家庭中的多个成员，这是不满足模型所规定的条件的。除非你在每个家庭中只随机抽取一个人，并将这一个人纳入模型，这是模型所允许的。这也是为什么很多抽样调查都规定在一个家庭里只允许调查一个人的原因。当然如果一个家庭有多个成员，也可以用分层模型来解决不独立问题。

3. 因变量的变异要一致。它是指因变量在给定自变量上的方差是相等的。比如因变量是收入，自变量是年龄，是否在不同年龄上，收入的方差或变异或离散程度是一致的呢？拿同一个专业同时毕业的一批本科学生为例，刚毕业时大家的年龄基本上是一致的，每个人刚工作时的收入差异也不会很大，但是到了二十年以后，大家的收入差异就会非常大，这意味着不同年龄上的收入变异或差异是完全不同的。实际上我们获得的数据，绝大多数数据的方差都是不等的。那么，如果方差不等，则意味着数据是不满足模型假设的，这个模型是不允许使用的。

4. 因变量必须满足正态分布。通常来说，连续变量可以近似看成是正态分布，而分类变量则不符合正态分布。这样只有因变量是连续变量时才允许使用线性回归模型，如果因变量是分类变量，即使是人为地把属性变量用数字进行编码，其数值分布也不是正态分布，所以是不能用线性回归来做的。

5. 自变量之间是否有多重共线性。尽管回归模型允许自变量之间具有一定的相关性，但相关性不能太强。若自变量之间相关性太强，就会出现方程无法求解，或者求解误差很大或不稳定的情况，此时模型会拒绝继续运行，因为它不满足模型的假定。

综上所述，在使用线性回归模型以前，必须先对数据是否满足模型所要求的条件进行检验,只有满足了上面给出的所有条件,线性回归模型才是可用的。然而,实际情况经常是数据不满足模型所要求的条件,接下来要做的是对数据进行调整或变换,使之满足条件。若数据经过调整后仍然不能满足条件,或者数据无法进行调整,此时就从调整模型入手,或者选择其他模型,让模型来适合数据。比如,如果因变量不是正态分布,就要选择非线性回归模型;如果因变量不独立,就要选择分层模型;如果因变量方差不等,可能就要选择加权最小二乘方法;如果共线性问题无法解决,就只能选择岭回归模型来解决,等等。然而,这里讲的各种处理办法,靠单纯学习软件操作是学不到的。

总之,作为一个"专业"研究人员,首先做的不是将数据直接带入模型,而是要对模型条件进行检验,然后还有很多其他工作要做。因此,在学习如何操作软件以前,必须先学会模型的原理,学习模型检验的方法,包括残差分析,还要知道模型与模型之间的联系,这样才能合理地使用分析模型。否则,只会计算结果,那只能属于"业余"的研究人员。

7.11　因果关系问题

科学研究不是仅仅解决"是什么"的问题,最终要回答"为什么"的问题。前者属于描述性研究,后者才属于解释性研究。然而,能够比较好地回答"为什么"并不是一件容易的事情。

回答"为什么"的问题,转换成学术语言就是测量因果关系问题。然而,我们常用的统计学模型绝大多数描述的只是数量关系,而不是因果关系。因果关系至少要涉及三个因素,一是要有方向性,二是要有时间滞后性,三是要有实际的因果涵义。科学研究就是要把变量之间客观的、真实的联系用数学模型模拟、反映或揭示出来。如果研究者选定的模型与真实关系相接近,或者说模型的选择是正确的,模型通常就会通过数据检验,并获得满意的结果。另外,也存在着真实关系非常复杂,而研究者用了一个相对简单的模型来描述一个复杂关系,其结果是,模型检验被通过,也获得了可接受的结果,但模型所描述的关系并不能真正反映背后的复杂关系,只是将复杂关系简单化后的结果。实际上,目前中国学术界所用的分析模型,绝大多数还都属于这类简单模型。

拿线性回归模型为例,当给定了模型的自变量和因变量以后,就意味着我们已经人为地设定了"因"和"果",而且也设定了它们的方向,即自变量是因变量的原因,因变量是自变量的结果。假定有三个自变量和一个因变量,模型为:

$$Y = \beta_0 + \beta_1 X_1 + \beta_2 X_2 + \beta_3 X_3 + \varepsilon$$

按照这样一种设定,实际上等于我们给定了下面的关系,即三个自变量 X 同时都是因变量 Y 的决定因素(见图 7.7)。这种关系是研究者自己设想出来的关系,是否与真实关系比较接近,研究者本人也不清楚。

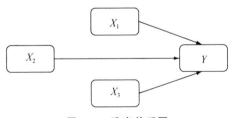

图 7.7 设定关系图

实际上,社会科学各变量之间的关系要比线性模型表现出的关系要复杂得多,假定上面给出的四个变量之间的真实关系如图 7.8 所示:

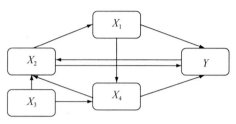

图 7.8 真实关系图

如果比较真实模型和设定模型之间的差异,我们会发现:X_1 和 Y 之间属于直接的因果联系;X_2 和 Y 之间属于互为因果关系,而且 X_2 还会通过 X_1 对 Y 起影响作用;X_3 和 Y 之间并不是直接的因果关系,X_3 是通过 X_4 和 X_2 对 Y 起作用的,X_3 还通过 X_2 再通过 X_1 对 Y 起作用。一个变量与另一个变量发生的真实作用关系,可以是直接因果关系,或间接因果关系,或互为因果关系,或者只是数据关系而没有必然的因果关系,但这些都可能导致设定的直接因果关系被检验通过,然而我们会误以为二者就是直接的因果关系或就是我们设定的关系,从而对设定模型的解释上存在偏误。

之所以没有能够设定出一个更为接近真实关系的模型,可能有两个原因。一个原因是研究者的理论水平不够,或者说研究者对所研究的问题了解和掌握不够,所以无法在理论层面上把握或描述出变量之间相对真实的关系。另一个原因是尽管在理论上研究者可能能够描述出这种关系,但由于掌握的方法有限,或者研究者只会用反映单项、单一关系的回归模型,从而不得不把复杂关系用简单的模型来处理。然而,尽管如此,研究者也有可能在数据上得出一个相对比较满意的结果,但这一结果仍然与真实关系有相当大的距离。

实际上,不仅研究者通过模型设定的关系与真实关系会有很大的差距,甚至会出现错误,研究者普遍使用的数据本身也存在很多问题。中国学者使用最多的数据是一次性的抽样调查数据,即在某个特定时间上进行定量调查,并获得特定时间上、某一特定人群的各类特征或变量数据,在学术上这类数据属于截面数据(Cross-sectional Data)。比如要研究老年人参加体育活动对老年人健康状况的影响,如果我们在2015年7月1日完成了一个有关老年人的抽样调查并获取了相关数据,这些数据包括在调查时老年人参加体育活动的状况,也可以得到老年人当时的健康状况,当然还可以得到跟老年人健康状况有关的其他变量数据。假设我们建立了一个以老年人参加体育活动时间作为自变量、老年人身体健康状况作为因变量、其他有关变量作为控制变量的回归方程,并计算出了相应的结果,再通过这个结果得出了结论:老年人参加体育活动越多,健康状况越好。这个结论表面上看似乎没有问题的,但仔细一想还是会发现它的问题。问题是,我们对模型结果的解释实际上是一种"因果原因"的解释,但自变量和因变量之间实际上并不存在因果关系,因为二者都是在同一时间上的结果,而不具备时间上的滞后性。因果关系存在的其中一个条件是自变量应该发生在因变量之前,而不是同时发生或自变量发生在因变量之后。但由于我们所用数据属于截面数据,自变量和因变量是同时发生的,因此二者并不反映因果关系,充其量也只是数据关系。然而,我们的结论则是按照因果关系的形式进行表述的。目前中国学者做研究所使用的数据绝大多数都是这类数据,都用这类数据在做回归或做变量之间关系的分析,并将其解释为因果关系。严格意义上说,一次性抽样调查数据,是不能用来做因果关系研究的,更不能拿这类数据来描述或解释变量之间的因果联系。换句话说,尽管社会科学研究的最终目的是为了解释因果关系,但我们所用的数据是根本实现不了这一目的的。

在社会科学研究中,不仅经常会出现这类问题,还有一类问题也是经常会出现的。有一次我参加一位博士研究生的答辩,他研究的问题是:为老年人提供照料对老年人健康状况改善的作用。他在正式介绍论文以前,讲了一段完成这篇论文的经历和感受。他首先按照传统的方式设置了因变量和自变量,即老年人健康状况作为因变量,提供照料状况作为自变量,并设置了有关的控制变量。回归做完以后,数据结果非常好,解释变量(重点关注的自变量,在这里是提供照料状况)的回归系数在统计上也是显著的,只是结论有一点奇怪,就是对老年人提供照料,并没有使老年人健康状况变好,反而变差了,此时的回归系数是负值。当时他也并没有给出一个合理的解释,然后还把这篇论文投给了一个著名的学术刊物,而且该文很快就发表了。文章发表以后,他仍然感觉这篇文章的结论好像不对,经过认真思考后,他最终发现是模型的设置有问题。尽管他是想检验对老年人提供照料是否会对老年人健康状态有所改善,而且也认为应该会有所改善,并将提供照料状况设置为自变量,老年人健康状况设为因变量,即设定了作用方向,但是也有可能老年人健康状况的好坏会影响子女对老年人提供照料的状况,即存在着反向因果关系。换句话说,老年人健康状况越差,子女越是要为老年人提供照料服务;而健康状况好的老年人通常并不需要被照料,而这一关系恰好解释了前面提到的为什么回归系数是负值的问题。这说明这两个变量之间存在着互为因果关系的情况。也就是说回归结果实际上反映的是反向因果联系,而没有反映出正向因果联系,或者说正向因果联系被掩盖了。为了解决这个问题,这名学生后来用了一个由两个方程组成的联立方程模型,即一个是原来的方程,另一个是将原来方程的自变量作为因变量,原来方程的因变量作为自变量,最后求解出的结果和实际涵义相吻合,并将其纳入博士论文。

这个故事提示我们,在研究一个变量对另一个变量的影响时,一定要注意互为因果关系的问题,而且在社会因素中这种互为因果关系的情形是大量存在的,上面讲到的老年人参加体育活动对健康状况的影响,也存在这个问题。但是这里需要说明的是,这种互为因果关系的情况实际上只存在于横截面数据的使用中,正是因为横截面数据并没有控制事件发生的时间顺序,而是两变量同时发生或是在同一时间上的状况,才会导致正向关系和反向关系同时隐含在了两个变量的关系中,而且二者相关系数的正负取值反映了正向关系和反向关系之间的净效果。拿为老年人提供照料和老年人健康状况关系这一例子来说,如果原始方程的回归系数是负值,则意味着"健康状况越差老年人越需要照料"的关系程度要大于"为老年人提供照料会改善老年人健康状况"的关系程度,即反向因果关系居主导地位。因此,作为一名研究人员,当我们看到对一个回归系数的解释有悖于常理的话,我们就需要考虑这里是否存在反向因果关系问题。

那么,如何来克服这种互为因果关系的矛盾,从而排除一方面的因果关系而只研究另一方向的因果关系呢?解决这类问题尽管可以在模型上做些处理,但最根本的还是要通过数据的收集方式来解决,即控制原因和结果的发生时间,让二者在时间上相互错开。这就是做跟踪调查,或纵向调查(Longitudinal Survey)。纵向调查是跟踪特定调查对象做多次观测,并获得同一对象在不同时间上的数据。如果把自变量取至前一个调查时间,因变量取至后一个调查时间,这样就只存在自变量对因变量的作用,而不存在因变量对自变量的反向作用,从而克服了互为因果关系的问题。正是为了更好地反映因果关系,西方发达国家很早就开始做跟踪调查,并获得了大量的甚至是国家范围的跟踪调查数据,遗憾的是在中国社会科学领域所做的跟踪调查则很少,只是近年来开始意识到这个问题,个别科研机构开始进行跟踪调查,在中国也开始有了纵向数据。

上面共讲了社会科学研究可能存在的十一个方面的问题。这些问题是环环相扣的,也就是说只要有一方面出了问题,你的研究就不能说是科学的研究,换句话说你这十一个方面都不出现错误,才会使你的研究更为接近科学,但并不一定就是科学的。由于这十一个问题只是一项研究是否科学的必要条件,并不是充分条件,所以要想做好一项科学研究,必须克服很多困难,解决很多问题。在这里读者可以知道"什么是错",但并没有详细介绍如何做才是"对"的。要想把一个研究做好,就需要学习跟科学研究有关的各个环节和各种类型的研究方法。掌握了这些研究方法,相当于掌握了各类研究工具,你就可以利用这些工具做你想要做的事情,而且会做得更好、更科学。这正如一个工匠一样,他掌握的工具越多,能做的事情就越多,也会做得更好。

第八章　中国社会科学的差距在哪里？

- 研究规范和方法使用方面的差距
- 科研体制方面的差距
- 科学态度和敬业精神方面的差距
- 人员引进和考核方面的差距
- 科研保障和服务方面的差距
- 科研资助方式和经费保障方面的差距
- 研究生培养方面的差距

中国的社会科学在名义上被称为科学,但在内容上目前还很难称其为"科学"。为了能够回答本书开篇所提到的那个问题——"中国的社会科学与美国比能差多少年?",我们必须看看中国社会科学研究内容、研究体制、研究态度、科研保障、研究生培养等各个方面与美国比到底有多大的差异。

小时候我们就学过,一个数要想与另一个数进行比较,二者必须是同名数。如果拿中国社会科学与美国社会科学在距离上进行比较,前提是二者必须在同一条路上,或二者应该同在"科学"的道路上。但现在的情况是,人家走的是"科学"之路,而中国主流社会科学走的则是"思辨"之路,中国社会科学学者仍然主要依据主观判断,基于研究者个人的经历和感受来做研究、下结论。这说明,中国的社会科学还没有"上路",与国外社会科学还不具有可比性。目前,中国社会科学的当务之急是要先上路。当中国社会科学走上正轨之时,才是我们真正可以讨论"差距"之日。如若中国社会科学继续沿着目前的路子走下去,我们会越走越远。相反,如果有一天那些不用数据、不用方法来做研究的人在中国的社会科学界不再有市场,不再成为学术权威,甚至可以被绝大多数学者排除在学术殿堂之外的时候,我们才可以真正去讨论中国的社会科学与美国的社会科学会差多少年。

每每想到这里,就会让人感到很沮丧。改革开放以来,中国经济的快速发展让国内外华人都感到无比自豪:经济总量成为世界第二,高铁在里程和速度上居世界第一,航天技术居世界前列,中国学者也开始获得了诺贝尔奖,科学技术整体上在赶超世界先进水平。但是,社会科学居然还处在这样落后的地位,实在让人感到很无奈。那么谁该为此负责?是历史,还是现实?是教育部、科技部,还是社会科学研究者?如果把我们的落后归咎于历史,那么再不去尽快改变这种落后状态,就一定是现实的责任。

尽管我们说社会科学在主流上还没有"上路",但是近年来情况已经大有好转,做"科学"研究的人越来越多,发表的文章也越来越规范,所以从趋势上看,中国社会科学真正"上路"已经指日可待。但是,如果单拿已经"上了路"的学者所做的研究与国外特别是发达国家的社会科学研究相比,仍然有相当大的距离。这方面的距离可能是来自知识方面、认识方面、制度方面以及科学态度方面的差距。

8.1 研究规范和方法使用方面的差距

即使我们依据经验事实来做科学的研究,我们与国际上仍然有十分巨大的差距,这种差距是我在美国工作期间切实感受到的。去美国以前,我对美国的情况并不是十分了解。都说国外的学术研究做得很好,但到底怎么好,国内学者并不是十分清楚,因此对国外的研究多少还有点不服气的感觉。国内学者所知道的是,中国人很聪明,学习也很努力,很多国际数学竞赛、计算机竞赛中国人都拿第一,所以感觉在学术研究方面中国人也不会太差,而且我自认为在人口研究方面自己做得还不错。我正是带着这样的认识去的美国,甚至有想和美国人比试比试、看到底谁的水平更高的欲望。

到了美国后才发现这种想法十分荒唐和幼稚。回想起来,感觉就犹如一个中国人和一个美国人打架一样。中国人武功高强,认为我们有中国功夫,怎么可能惧怕洋人,想当初李小龙也是打遍世界无敌手。当两个人见面时,中国人才惊奇地发现,美国人是带着枪来的。大家想想,面对一个全副武装且带着枪的美国人,一个只会武功的中国人,会是什么感觉呢?他会发现彼此的差异悬殊,力量完全不对等,这种情况下跟人家打架,简直就是在"找死"。这里讲的"武功"

指的是中国学者凭个人感受的、哲学式的、思辨式的研究方式,"武器"指的是规范的研究工具或研究方法。中国人不缺少"武功",缺少的是"武器"。

中国社会科学学者用自己的感受和判断来做结论,但却证明不出自己的结论,因为我们缺少证据。一个没有证据的结论,有什么意义呢?这有点像建一幢房子,中国学者很像一个设计师,会设计非常漂亮的房子,而且会把这个设计画在图纸上。但是由于缺乏建造房子的材料和工具,我们只能是望图纸兴叹,却永远建造不出来这幢漂亮的房子。中国的社会科学研究同样如此,我们可以把一个问题描述得、解释得很漂亮,但是由于没有数据,也没有方法,我们拿不出证据、得不出结论。中国的社会科学领域里这些"图纸"随处可见,但很少能够见到建造起来的"房子"——我们发表的文章很多,但有证据的结论却很少。

在美国的社会科学里,几乎所有的研究都需要用数据、用方法。没有数据的研究,在学者眼里被称为"data free"(不用数据)式的研究,会被其他学者所嘲笑。然而,这种"不用数据"式的研究,在中国的社会科学界则比比皆是,成为学术研究领域的"大众"。尽管"用数据""用方法"的研究在这个圈子里没有被嘲笑和讽刺,但是使用数据,特别是使用微观数据做研究的学者,仍然属于"小众",而且是没有市场的。

这里讲的"市场"指的是资源配置和利益分配两方面的调节机制。实际上影响中国社会科学研究走向的并不完全取决于哪个群体是"大众"、哪个群体是"小众",更重要的是决定各领域资源配置和利益分配的那些有话语权的人,这些人不完全是行政领导,更多的是社会科学各个领域的知名或"权威"学者。他们掌握着研究选题、课题评审、期刊论文审核和研究成果评奖等决定权。他们个人的知识背景、研究方式以及对研究问题的喜好,决定着应该研究什么题目、谁可以拿到课题、谁的论文可以发表、谁的研究可以获奖。他们用他们自己已经习惯的方式和标准、依据个人的价值判断来评价别人的研究成果,因为在中国社会科学领域,从来就不存在测量一项研究是否科学的客观标准,而这些主观标准则存在于各位前辈的脑袋里,甚至继续影响着后辈的研究取向和研究方式。

目前社会科学领域的权威学者基本上都是"文革"期间上中小学、中学毕业后下乡插队和进厂当工人、恢复高考以后上大学的一批人。这批学者由于受"文革"的影响或冲击,文化课基础往往并不是很扎实,再加上中学时开始文理分科,高考也同样分为文理科,导致选学文科的学生往往数学基础较差。在1977和1978年高考时,尽管文科数学考试题非常简单,但是仍然有些人数学只考了十几分就进了大学。那个时代中国学生从中学到大学,甚至到研究生阶段一直把哲学当作社会科学唯一的研究方法,特别强调辩证唯物主义和历史唯物主义的学习。除此之外,政治经济学作为政治课也一直伴随着整个学习过程。而这两门课,都是教导学生用思辨的方式思考问题和分析问题,而经验的、实证的研究思路和内容却很少,更不使用任何定量分析方法,从而使中国学生特别是文科学生养成了一种固定的思辨式思维,并把这种思维方式渗透到整个社会科学研究过程中,形成了中国社会科学特有的思考问题和研究问题的模式,从而成为当下社会科学权威学者所具有的特定知识背景。

在这种知识背景的指导下,这些学术权威所做的研究,绝大多数都是思辨式或所谓理论式的研究,他们更关注问题的意义和价值,他们不需要用数据,也不需要用方法,只依靠自己的思考、归纳、判断和感知能力来下结论,形成了特有的研究方式。尽管也有个别人走马观花似地下到基层去了解情况,召开座谈会,最终仍然依据个人的感受,将一些"个别真实"的结果推广到"一般真实",并依此来作结论。

他们对研究问题的喜好也是独特的。我们通常说社会科学学者是研究社会问题的。那么社会问题具体包括哪几类问题呢?一般来说应该包括三类问题:一是政府关注的经济、社会或公共政策问题,或者说是决策性问题;二是老百姓面临的具体问题;三是在理论上应该给予解决的或学者感兴趣的问题。前两个问题目的很明确,都属于应用性的,就是要解决实际问题。最后一个属于理论性问题,与解决现实问题无关,但会回答很多基础性的、根本性的或潜在性的问题。在三类问题中,中国学者最为关注、研究最多的是政策性问题。国家社科基金、国家自然科学基金、科技部、教育部以及其他部委和各级政府所立的研究选题或公布的课题指南中,绝大多数都属于这类问题。当然这也是合理的,因为毕竟这类课题是由政府组织的,研究经费也由政府提供,自然要求学者做政府关注问题的研究。然而令人遗憾的是,中国缺乏民间资金对研究的资助,也不存在老百姓直接提供的研究经费,这样也就不存在直接为解决老百姓的现实问题所专门设立的研究课题。这里需要说明的是,不是政府不关心老百姓,不考虑老百姓的疾苦,而是说从政府决策的角度所立的题目,往往都是基于解决宏观问题而设立的,尽管这些政策最终也是为了解决老百姓所面临的问题,但毕竟不属于微观性问题,并不是直接从老百姓的现实问题入手来进行研究的。实际上政策研究应该存在两个路径,一个是自上而下的路径,即提出政府感兴趣的政策选题,然后由学者来研究这项政策应该如何制定,政策的内容、结构、操作方式等。另一个是自下而上的路径,即从老百姓面临的问题和需求出发,从具体问题中提出解决问题的办法,并提出制定相应政策的思路和建议。遗憾的是,中国的政策研究绝大多数都属于第一种路径,而在国外更多的政策性研究属于第二种路径。

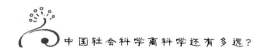

第三类问题尽管是理论性的,但并不是指单纯通过理论思考就可以回答的问题,而同样需要实证数据才能回答,只是它并不直接针对解决现实问题。针对第三类问题的研究在中国就更少了。一方面,中国的社会科学研究者更倾向于"为国家服务",政府相关部门和各类院校在评职称和考核中也把为国家政策服务①、为政府撰写研究报告,特别是所提出的建议能够被领导批示或被政府采纳,作为最重要的考核指标,其重要程度相当于甚至超过在顶级刊物上公开发表的学术论文。另一方面,做个人感兴趣的研究通常是找不到资助经费的,因为这类选题很少会出现在各类课题指南中。尽管近些年自然科学基金管理学科中可以申报自选题目,但毕竟社会科学绝大多数领域所研究的内容并不适合申请自然科学基金特别是管理类学科的课题,所以选择范围仍然十分有限。中国社会科学基金课题指南中尽管也提出,可以围绕指南中所列方向来自行选择研究题目,但毕竟研究方向已经被定死,在很大程度上限制了学者的自由选择。

可以说,中国社会科学学者绝大多数在政府指挥棒的引领下,更关注国家政策问题。而政策问题一般也是宏观问题,比如2014年国家社科基金重大项目选题几乎都是宏观政策性题目,像"网络社会治理研究""城乡基层社会治理机制研究""政府购买公共服务研究"等选题,这类题目太大、太宏观,既不知道具体要回答什么问题,也很难用确切的实证数据去证明什么。既然证明不出来,那就只能是"想"出来。研究者就只能靠"思考",构建逻辑分析框架,并依据个人判断来给出一系列结论。

正是由于这类重大课题都是国家设立的,而且通常都是由权威

---

① 这里包括提交给政府的政策建议报告、为政府起草的有关政策性报告,而且通常还要配有政府相关部门是否采纳的正式反馈或领导人的批语等。

学者来完成的，也就自然导致学者们会认为，只有这类宏观政策性研究才是最重要的、最有意义的，而那些可以用实证数据来证明的研究，则显得题目过小、价值不大，解决不了国家级问题，所以不值得进行研究。实际上宏观的、复杂的关系在科学研究中是很难把握的，而科学研究针对某些微观的、具体的问题则可以给出明确的回答。而研究这些具体问题，在很多学术权威看来，都是不重要的、意义不大的，所以他们不喜欢这类研究。这样，科学的研究在社会科学领域会被排挤掉，而非科学的、宏观的政策研究则被列为重点研究对象，可以获得丰厚的研究经费。这类研究成果还可以在权威刊物上作为重点文章发表，甚至可以获得国家级的学术大奖。

在这里我们并不是说政策研究没有意义。从国家制定政策的角度看，很多宏观题目确实是值得研究的，但这并不意味着这类研究都是科学的或者说是可以做得很科学。正是由于这类研究结论更多地来自研究者的主观判断，不同的研究者针对同一个研究题目，就有可能得到完全不同的甚至是相互矛盾的结论，而且各自都能够自圆其说，给人的感觉是两个研究结论都对，甚至很难判断出哪个研究更好。这是不科学的研究必然会出现的结果。

实际上，为宏观政策研究提供支持的不应该只是思辨式的思考，而应该是大量的、依据经验事实的科学研究或微观研究。正是我们在微观研究上的不充分，导致宏观政策研究变成了"空中楼阁"，看起来很漂亮，但却不能"落地"，不能很好地解决实际问题，老百姓并不能真正受益。当然也有些依据个人思考得出的研究结论，看起来就很荒唐，甚至成为老百姓的笑柄，有损于社会科学研究的声望，这些权威学者被老百姓戏称为"叫兽"。

8.2　科研体制方面的差距

中国是世界第一人口大国,中国的人口问题是世界上最严重的,人口问题也是国家最重视的问题之一。这样人们自然会推断出,中国人口研究的课题会很多,人口研究人员的规模也会很大。去美国以前,我也是这样想的。然而,到了美国才发现,事实跟我想象的正好相反。当时中国人口学会每4年召开一次全国性的学术讨论会,同时也是一次换届的会议,每次会议的参加者一般在100—120人左右,而且差不多有一半人是从事计划生育工作的行政干部。而美国人口学会每年都召开一次全国性的学术讨论会,每次参加会议的学者基本上是在2000人以上,而且都是学者,很少有政府工作人员。

我在美国时,曾经跟我所在的人口中心的一位从事妇幼卫生领域的知名教授聊起美国人口学会年会的情况。她说,每年她都要参加美国人口学会的年会,因为这个会议的学术水平很高,每次参加这个年会都会学到很多新东西。学者们甚至会感到,如果有一年没有去参加这个会议,就会立即感觉自己落后了,所以很少有人会放弃参加这个会议的机会。她还说,尽管她所在的妇幼卫生领域每年也有年会,但明显感觉参会代表的水平不如人口学会,能够学到的东西也不多,所以她有时会放弃本学科的学术会议。

那么,是什么原因导致美国人口学会的研究水平比较高呢?我后来发现,从事人口学研究的学者都是来自社会科学不同学科的学者,包括经济学、社会学、人类学、心理学、公共卫生等,甚至有些是自然科学领域的学者,包括医学、生物学、统计学、数学等领域。这些学者实际上都以研究"人"或"人群"为对象,尽管来自不同的领域,但都是在研究人的行为,因为他们研究的是人群,尽管他们已经是各自所在领域的专家,但仍然会自称自己是人口学家。与他们所在领域其他学者不同的是,他们中的绝大多数都是从定量的角度来研究人。而在美国,定量方法做得好的,往往也是其所在学科的"大家",这些人聚在一起讨论问题,一方面涉及的问题会很有深度,另一方面不同学科的人相互交流,各自看问题的视角会有所不同,相互之间会得到很多启发,所以大家的收获也会很大。

然而,在中国则不然,中国的人口学家只在人口学领域活动,不会去其他学科进行交流。其他学科的学者不会参与人口学的学术活动,各个学科基本上是相互封闭的、隔离的。在人口学科里本来人就不多,大家彼此之间都比较熟悉。甚至经常会感到,某个人还没有说话,其他人就知道他要说什么。这样的讨论和交流,意义就不是特别大,没有太多的启发,更学不到新的东西。

还有一件事令我感到很困惑。我在美国有一次要做一个人口预测,但手头没有现成的预测软件,我就找到人口中心负责软件技术服务的人员,询问人口中心是否有国际上通用的人口预测软件。这个技术人员想了一下后说,使用这个软件的人应该是人口学家,但我们中心好像没有人口学家。最后他又多方询问,看是否有人用人口预测软件,然后给我的答复是,中心确实没有人口学家,也没有人做人口预测,所以没有这方面的软件。我当时感到不解的是,我所在的卡罗来纳人口中心是美国最大的人口中心,而且是在美国人口学界多年都排名第一的人口研究机构,怎么可能没有人口学家!

然而,这确实是事实。人口中心实力最强的团队是从事营养研究的。这在中国简直是不可想象,没有人认为研究营养属于人口学的范畴。这个团队最有影响的调查之一就是"中国健康与营养调查"①,这是一个纵向跟踪调查,从 1989 年开始,后来分别在 1991 年、1993 年、1997 年、2000 年、2004 年、2006 年进行跟踪,调查涵盖中国的 9 个省、4400 户家庭、19000 人。这一数据在国际上影响很大,国外和国内的学者使用这一数据来研究中国的人口、社会、经济和健康问题。

实际上,人口学在美国并不是一个专业,人口研究机构也不属于教学单位,所以很少有独立的以人口研究命名的院系,而研究人口问题的学者绝大多数都来自相关学科。卡罗来纳人口中心②全部 74 名研究人员分别来自北卡罗来纳大学教堂山分校的不同院系或不同专业,包括经济学、社会学、人类学、心理学、公共卫生、流行病学、营养学、生物统计、地理学、城市规划、管理学、公共政策、历史、大众传媒等。他们的研究课题涵盖内容十分广泛③,其中包括:

- 基于生命周期的吸烟行为的跨国类型和估计
- 南非年轻妇女的现金转移和社区流动效果
- 年轻成年人慢性病风险出现的差异性
- 中国的环境变化与炎症:年龄、队列和家庭户作用差异
- 美国 4 城市跨越 25 年的环境变化与产出结果
- 对美国儿童食品购置和钙吸收的评估来测量食品产业对预防儿童肥胖的作用
- 先天和后天遗传标记、社会情境、生命历程和健康风险行为
- 针对耦合的自然和人类系统所提供的生态系统服务投入的作用
- 疫苗接种中的空间和社会网络分析整合

---

① 参见 http://www.cpc.unc.edu/projects/china.
② 参见 http://www.cpc.unc.edu.
③ 参见 http://www.cpc.unc.edu/research/projects.

- 世界文化遗产的人口和环境作用关系建模:针对复杂系统的统计和代理模型方法的比较
- 从食物环境因素看肥胖和新陈代谢风险差异
- 撒哈拉以南非洲生物质燃料使用对人口、土地利用和健康动态的影响
- 癌症结果的种族差异:量化可调节机制
- 脑储蓄:出生后1000天贫困风险因素对认知发展和人力资源的经济学作用
- 食物采购和饮食摄入量的社会经济和种族差异
- 乌干达农村的土壤退化和家庭幸福

很明显,以上研究选题与中国人口学研究的计划生育政策、生育率、死亡率、人口流动和迁移、老龄化和社会保障等宏观政策内容差异巨大。美国的研究更加具体,很多课题直接与老百姓的问题相关,比如吸烟行为、现金转移、炎症、年轻人慢性病、儿童肥胖、疫苗接种、癌症、贫困、家庭幸福等。

从以上分析可以看出,这些在名称上冠以"人口研究所"的机构,实际上已经不是在研究人口,而是在研究人,且更多的是从定量的角度研究人的行为和行为的结果。上面所提到的吸烟行为、现金转移和家庭幸福等因素都属于人的行为或行为结果。从研究方法的角度看,如果研究人的行为或导致行为结果,这些变量通常应该是模型的因变量,而影响这些因变量的因素则被设为自变量。下面我们来分析自变量的构成。

以研究犯罪行为为例,如果因变量是测量是否犯罪的变量,那么可能影响犯罪的因素会非常多,从大类上看至少应该包括人口因素、经济因素、社会因素、心理因素,可能还应该包括生理因素等。当然这些因素类似于潜变量(Latent Variable),它本身并没有具体的测量

值,而它所涵盖的真实变量都会有具体的测量值,比如人口因素会包括年龄、性别、婚姻状况、受教育程度、就业状况等。这个潜变量模型可以写成下式:

犯罪因素＝人口因素＋经济因素＋社会因素＋…＋心理因素＋生理因素＋误差项

这个模型有这样一个特点,那就是影响犯罪行为的因素是跨学科、跨领域的,而不是单一因素或单一学科可以研究的。这个模型不仅跨越了社会科学的几乎所有学科,甚至还跨越了自然科学,比如在生理因素这类变量中包括了基因变量,从而在控制了其他人口、社会、经济、教育、心理、生理等因素以后,可以检验基因对犯罪的影响,可以分离出先天因素和后天因素对犯罪的贡献分别有多大。如果把这个模型的因变量改为"才智",可以检验一个人的才智有多大程度是先天因素,有多大程度是后天因素,以及哪个因素影响更大。这些结果传统研究方式是得不出来的。

传统的研究方式是以单一学科为单位,从单一学科角度来进行研究的。比如,人口学研究犯罪(或其他行为),经济学也研究犯罪,社会学、心理学甚至医学或生物学也研究犯罪。如果单一学科研究犯罪,通常会只考虑本学科变量对犯罪的影响,而会忽略或不考虑其他学科因素的影响,这样在未控制其他相关因素影响的时候,所得到的结果往往是不可信的,比如独立地研究基因对犯罪的影响,是得不出可信结论的。做得规范一点的话,若仍然按照不同学科来研究犯罪,构建的模型通常都会先引进人口学变量,因为如果研究对象是人,人口学变量则属于基础变量,是一定要放到模型中去的。换句话说,不管是哪个学科,只要是研究人的行为,就必须涉及人口学变量,这也是为什么在很多西方国家,特别是在美国,从定量角度来研究人的行为的学者,不管是经济学家、社会学家、心理学家还是生物学家,通常都自称为自己是人口学家的原因。除了人口学变量外,研究者唯一考虑的则是本学科变量,这样从本学科角度构建的模型通常会有下式:

人口学模型:犯罪因素＝人口因素＋年龄＋性别＋婚姻状况＋受教育程度＋就业状况＋误差项

经济学模型:犯罪因素＝人口因素＋经济因素＋误差项

社会学模型:犯罪因素＝人口因素＋社会因素＋误差项

心理学模型:犯罪因素＝人口因素＋心理因素＋误差项

生物学模型:犯罪因素＝人口因素＋生物因素＋误差项

……

如果每个学科都从自己学科的角度或只考虑本学科变量对犯罪行为的影响,而不考虑其他对犯罪行为有影响的因素,自然对犯罪行为的解释程度就会比较小,即回归模型的确定性系数 R^2（自变量方差对因变量方差所解释的比例）会比较小。这是在社会科学研究中经常出现的现象,其中一个原因就是研究者考虑的影响因素太少,或选择的影响因素仅限于自己所在的学科,或只选取自己相对比较熟悉的变量作为自变量。

实际上,人的行为或行为结果的影响因素通常都是跨领域的,这决定了对人的行为或行为结果的研究应该是跨学科的,而不应该仅限于某一单一学科。令人遗憾的是,中国社会科学研究仍然是各个学科在独立进行,甚至彼此不相往来,互相之间很少合作,也很少交流。实际上,哪怕是研究人的经济行为,其影响因素也不仅仅只是经济因素,同样有人口因素、社会因素、心理因素或生理因素等。

在中国的大学中,社会科学的研究单位与教学单位通常都是一体的,即研究人员或研究所通常只属于某一个系或学院,学者们既从事本领域的教学也从事本领域的研究。如果单纯从教学或培养专业人才的角度看,以院系为单位开展教学工作是合理的,但是从研究角度看,特别是针对人的行为的研究,以院系为单位来进行就有问题了,因为这些学者不仅只关心本学科内容的研究,而且只考虑本学科的影响因素,很少去考虑其他领域的影响因素对本学科内容的影响。因此,在体制设置上,研究单位应该与教学单位分离,这是研究"人"的问题或社会问题的客观要求,而中国目前的体制是违背这一客观要求的。这一体制不改,中国社会科学研究就很难有所突破,而且很难进入国际一流。

在中国,很多高校一直在强调要开展跨学科研究,甚至还成立了一些跨学科研究基地或平台,但是人们经常会发现,在这个平台上某个领域的一位学者所研究的问题,其他领域的学者根本搞不懂,而且也没有任何兴趣。这种跨学科研究完全是在"拉郎配",而不是其他学科的学者共同感兴趣的问题。

实际上,对人的行为的影响,一定不是单一领域因素可以解释的,而必须通过多学科影响因素来解释,对此类问题的研究就一定是跨学科的。以研究人的行为为导向,或围绕人的行为进行研究,必须构建一个跨学科的综合研究团队,或成立一个跨学科研究机构,形成跨学科研究平台。正像水和油不能相容,水和酒精可以相容一样,社会科学各个领域,有些可以融合,有些是不可以融合的。不对此做出区分,盲目地、随意地去搞多学科或跨学科研究,是不会有好效果的。

在这方面,西方国家已经远远走在了我们前面。前面介绍的卡罗来纳人口中心就是一个典型的例子。除此之外,我们可以再介绍两个案例,一个是法国国立人口研究所,另一个是南加州戴维斯(Davis)老年研究院。

法国国立人口研究所①（法文简称为 Inedible，英文名称为 France National Institute of Demographic Studies）始建于 1945 年，1986 年开始成为法国 9 个国立科学和技术研究所之一，是一所直接受国家研究与社会事务部领导的国家级研究机构。它是一个开放的、多学科交叉的研究部门，涉及的学科包括经济学、历史学、地理学、社会学、人类学、生物学和流行病学等，现有 11 个研究部门和 240 名研究人员。同样，这些研究人员并不都是人口学家，而是来自不同的学科的学者，他们研究的对象是人，但研究的内容会涉及人的方方面面，而不仅仅是人的出生、死亡问题。

美国南加州大学戴维斯老年学研究院（USC Davis School of Gerontology）成立于 1975 年，也是一个跨学科的研究机构。针对老年人的研究不会仅仅涉及某一个独立学科，而是涉及多个学科，老年人的行为或结果会跨越人口学、经济学、社会学、心理学、社会工作、政治学、市场学、流行病学、生物学和医学，甚至还会包括建筑学、城市规划、法学等领域，几乎跨越社会科学和自然科学的所有领域。这个机构甚至很难定义是属于社会科学还是自然科学，它既要研究老年人的社会行为，同时也通过实验室来研究老年人生理老化过程，更有意义的是这两方面并不是独立地在做研究，而是整合在一起的，即针对一批老年人进行测量时，既要跟踪并连续测量老年人的经济、社会、心理、生活自理能力等指标，同时也测量老年人各类生物标本，以及老年人各类慢性病指标，并把这些社会指标和生理指标整合到一个模型里进行分析，甚至可以分离出社会因素、环境因素和生理因素各自对老年人的影响有多大，以及分离出先天因素和后天因素对人的老化作用的差异。很明显，如果单纯从某一个特定学科来研究老

---

① 参见 http://www.ined.fr/en/.

年人问题,肯定是不完整、不全面,也是研究不好的。而戴维斯老年学研究院恰好提供了这样一个交叉学科或跨学科的研究平台。

跟中国不同的是,以上所讲的这些机构并没有在名称上叫"跨学科"研究院,而是针对特定人群来设定研究机构。当针对一般人群(如人口)或某一特定人群(如老年人、儿童、妇女、残疾人等)定义了某一机构的研究对象,那么跟这个人群关联的各类与人有关的问题就一定是跨越多个学科、多个领域的,这种跨学科研究就是水到渠成的事情。

社会科学研究对象是"人",或研究与人的行为有关的问题,因此从研究的角度看,社会科学,特别是应用研究领域,应该是问题导向,或围绕问题展开研究,而不应该是学科导向,或围绕学科进行研究。因为问题本身是跨学科的,是不分专业的,所以社会科学研究应该以问题为导向来设置研究机构,换句话说,社会科学研究机构本身都应该是跨学科研究机构,而不应该归属于某一个特定学科。这一点与教学单位是完全不同的,教学单位通常是以学科为单位进行划分和开展教学的,因为学生特别是研究生是以专业进行划分的。

然而,中国目前社会科学研究机构的设置并不存在这样一个思路和理念,更不存在类似的研究机构。相反,我们仍然在社会科学研究中坚守学科的专业分工,坚持以专业设置研究单位,各个专业仍然在独自地、封闭地进行各自的研究。而研究思路落后,必然导致研究方式落后,最终则是研究成果一定也是落后的。

8.3 科学态度和敬业精神方面的差距

在大学或科研机构从事研究的学者,都应该具备探索的精神,对自己所从事的某一领域的研究抱有极大的兴趣。他们不应该把研究作为赚钱或获得利益的主要手段,或想通过研究来发家致富。他们在决定从事研究事业以前,就应该下决心把毕生精力投入到学术研究中去,甚至应该把学术研究作为自己毕生的事业。

实际上,真正的科学研究是一件十分伟大的事业。你可能是出于对某件事情的好奇或兴趣,想把它真正搞清楚,或是想找出导致某一结果的原因,比如:"是否经历坎坷的人会取得更大的成就?""失败是否真的是成功之母?""是否父母离异子女婚后也更容易离异?""性格是否会影响健康?""勤奋和聪明,谁是成功的最主要原因?""妇女地位低,是制度原因还是妇女本身的原因?""受教育越多的人是否会越快乐?"当你通过认真、细致和规范的研究证实了或否定了某个判断,则意味着你发现了一个规律,它的意义犹如物理学发现了某个定律一样重大。无论你的发现只是基于你的兴趣或好奇,还是基于解决问题的目的,你的发现都可以让他人受益,让他人过上更为幸福和美好的生活。可以说,社会科学研究与自然科学研究一样,是一项严谨和伟大的事业。如果说自然科学的发展增加的是社会硬实力,那么社会科学的发展增加的是社会软实力;如果说自然科学提升的是物质文明,社会科学提升更多的是精神文明;如果说自然科学为人们提供了更多的物质财富,社会科学则为人和社会的全面发展提供了更好的条件。

然而,要想证明这些社会规律,并不是一件容易的事情。研究者必须具备做好科学研究的能力和条件,那就是他必须掌握相关的理论,获得相应的数据,并掌握合适的研究工具;需要用理论、数据和方法来证明他的结论,而不是单纯凭借自己个人的感受、思考和判断来给出结论。此外,他必须有研究问题的热情和一丝不苟地研究问题的态度,态度比能力更重要。

一个人是把科学研究作为一生的追求,还是为了完成规定的任

247

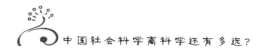

务、满足考核的要求或作为谋生的手段,决定了他对待研究的态度。当他把研究作为一种追求,投入极大的热情时,他会对研究一丝不苟,精益求精,犹如自己在创作一幅精美的作品,会精雕细刻,不允许作品有任何瑕疵。如果只是为了完成一项任务,比如参与某个研究项目并完成其中一篇论文或报告,往往它的目的就是"完成",只要写出来了,就叫"完成"了,就可以交差了,这样写出来的文章可能是错字、病句百出,图表不规范,逻辑不清晰,数据使用错误,或从网上粘贴别人的成果。

  对科学研究的态度,可以表现在做研究和教学的行动上。很多经典的学术论文是用几年甚至几十年才完成的,而不像中国的有些所谓学术论文,用一个晚上就可以写成,还能够发表。

  我在美国做博士后时,我的一位学生当时也在同一学校的社会学系读博士,她给我讲了她上某一门课的经历。在一次讨论课上,教授要求每个学生做一个课堂演讲(presentation),而教授只是坐在后面一边听一边记,时而给出一些简单的评论。令她感到惊讶的是二十多个学生演讲结束后,教授给每个人都写了一个 2—3 页纸的评论,分别指出了每个学生演讲的特点以及存在的问题,并用邮件分别发给了每个学生。这让她感到十分震惊,她没有想到美国教授不仅认真聆听每个学生的演讲,而且事后还花那么多时间系统地整理出这些评论,这种敬业精神实在是令人感动。尽管中国教授也能够做到这一点,但是对教学的态度以及敬业程度则远远不够。

  在网上也曾看到过,一位中国学者在国外请教某些著名教授,经常会得到教授的热情接待和帮助,他的评价是:"一个外国教授,时间非常宝贵,毫无利己的结果,却毫不吝啬地与一个普通的中国访客耐心地讨论问题,这是一种怎样的敬业精神? 在美国期间,我多次写信向国外著名大学的教授请教问题。基本上外国教授都会热心回复,

248

其中几个人还与我见面讨论,而在美国的中国教授全都没有回复。我在学生时代时,也曾给中外教授写信,回信的基本上也是外国人,不是中国人。"①

我在美国写英文论文时,所在的研究单位专门提供论文文字修改和润色服务,这种服务是免费的,而且是从事文字的专业人员所提供的服务。当时我的英文不好,知道自己写出的论文在文字上肯定有很多毛病和问题,所以预料到修改的工作量会很大。拿到原稿后,负责修改的专家会主动问我,我是要修改完成后的电子版稿件,还是想要带有修改细节的纸质版稿件。如果要最终修改结果,她就可以直接在电子版原稿上进行修改;如果我要的是修改细节,她就要直接在纸质版的原稿上用笔来进行修改。我为了能够知道我的错误在哪里,并从中提高英文写作水平,当然是建议能够了解修改细节。这样,每次拿到纸质版的修改稿,我都会发现文字的修改量特别大,几乎每一行都会有多处的修改。这让我多少感觉有些内疚,总觉得给人家添了很多麻烦,并经常打电话表示抱歉。然而,她们的回答总是"这没什么","很正常",而且还安慰我说,在这个研究单位,每个美国教授的论文都是由她们来修改的,美国教授的文字也有很多问题,也都是主动请求帮助修改的。这种文字编辑不仅工作量很大,而且会涉及很多专业词汇,她们会经常打电话过来,针对论文中的某个专业词汇是如何定义、如何理解来跟我讨论,这样会使修改后的句子更为达意。不仅如此,在每次把修改过的稿子交给我时,可能是由于第一稿改动量太大,她们还会主动提出,我把纸质版的修改稿整理完后,再帮助我做第二次修改,直到对修改满意了为止。文字编辑这样认真的态度,让我有些不能理解。似乎她对论文质量的重视程度比我

---

① http://doctornie.blog.sohu.com/157532360.html.

还高,她对论文的态度比我还认真——感觉论文不是我的,好像是她的。

时间长了,我逐渐发现所有的科研服务人员,几乎都是这样敬业。资料收集者会一遍一遍地帮助你查询到你从网上得不到的论文;板报制作者会千方百计地为你设计出与你的论文题目、论文所涉及国家最为贴近和最为精美的图案和结构;当你使用某种软件处理不出你要的数据时,计算机辅助人员会帮助你进行软件编程或进行数据处理,而且还会把他们的程序给你,让你知道数据是如何做出来的。在这里敬业已经不是什么令人感动的事情了,而是一种工作态度,一种精神。

除了工作态度和敬业精神以外,国外学者们积极参与学术交流的行为也值得我们去学习。作为一名研究者来说,对待学术研究的态度决定了他的研究行为。他不仅会对自己的研究精益求精,一丝不苟,还会千方百计地参与各种学术交流活动,因为学术交流可以达到"双赢"的目的。当发言者把他的研究展示给同行时,同行们不仅贪婪地学习和吸收他的思想、观点和创新,同时也会以挑剔和批判的眼光、用规范和科学的标准来审视他研究过程的每一个细节,并毫无顾忌、直截了当地提出问题或指出错误。一个讨论过后,发言者的收获是发现了自己发现不了的问题和错误,他获得的是学术同行对他个人研究所做的集体贡献,最终会使他的研究更加完善,成果更容易被发表或被同行所接受。观众的收获是发言者的选题、思想、思路、研究设计和所采用的研究方法,以及他所得到的结论会启发或激发在场同行们的研究思路,同行们会从他那里学到一些新的东西。

人们参与学术讨论会还可以激发研究的兴趣。你可以见到你所崇拜的教授和学者,也可以结识与你具有相同研究领域和兴趣的同行,你还可以体会到学术讨论的那种平等交流的气氛。你既可以看到年轻学者那种初生牛犊不怕虎的发言和学术展示,也可以看到某些大牌学者受到同行的批评和质疑。一个高效且有价值的学术交流,会让参与交流的学者犹如在炎炎夏日中感到一丝丝凉爽,又犹如饥饿时饱食了一顿美味大餐。

我曾在国外的学术讨论会上多次碰到过这种情形:某个发言者由于偶然的情况没有来到会议现场,此时由于发言人空缺,会有好几位学者抢着跟主持人报名请求安排发言,来展示自己的研究成果,最终,被同意安排发言者会兴高采烈,未被安排发言的人会闷闷不乐。当然,人们争着发言并不是为了出名,他们最期望的是,听众能够给自己的研究提出足够多的问题,问题提的越多,意味着观众对他研究的贡献越大,他就会越高兴。如果展示完自己的研究成果以后,没有人指出他研究中存在的问题,则意味着观众可能从他的研究中获得收益,而他本人却没有获得任何收益,这是发言者很不愿意看到的情形。

然而,与此形成鲜明对照的是,国内学者在参加学术讨论会时,往往存在两种非常极端的情况。一种是某些知名学者,把在学术会上发言看成是展示、炫耀和宣传自己的一种机会,他们认为在公众场合发言或出头露面的次数越多,意味着自己的名声越大。为此,他们把发言本身作为目的,经常是讲完了就走,紧接着到另一个场地再去讲。他既不关心别人对他的研究提出了什么问题,也不关心别人都做了哪些研究、他们的发言都讲了什么。另一种是一些年轻的学者,尽管自己在会议前也提交了研究论文,而且论文也被会议接受并安排做发言,但由于对自己的研究没有自信,担心被别人提问题会使自己下不来台,从而害怕在会议上展示自己的研究成果,甚至到了会场后也尽量逃避发言。我最近参加过的两个国内学术讨论会就碰到过这样的情形:一个讨论组安排了4个发言人,到现场发言的只来了一

个人;在另一个会议上安排半天时间进行讨论的一个讨论组,共列出了14位发言人,但现场只来了4位发言人,其他人均没有到场。这样一种冷冷清清的学术氛围,怎能让研究者对研究报以热情,让学术交流真正起到应有的效果?

我经常会去美国参加美国人口学会年会。尽管名义上这个会议是美国人口学者的会议,但全世界很多国家的人口学研究者几乎都要去参加这个会议,大家共同的感觉是,收获很大,不虚此行。这一方面表明,那里的学术研究发展得很快,每年都会有很多新东西出来,同时也说明会议的学术水平很高。另一方面也表明,参与者对学术研究的态度是认真的、严肃的,每个人都有自己的学术追求。然而,在中国的社会科学领域,这种不可错过的、能让学者有巨大收获的学术会议好像并不多,更不会有哪个会议,会由于自己没有参加而感到遗憾,甚至由于错失了一次机会,而感到自己已经落后了。

8.4 人员引进和考核方面的差距

对于一个大学或研究院来说,首要的任务就是能够确认在此从事教学或科研的人员是一批有强烈研究兴趣和热情且有足够能力的人。如果一个人是把从事科学研究作为获取经济和政治利益的手段,通常是做不好研究的。只有那些将科学研究作为一生追求的人,才适合从事科学研究,人们通过学术研究将自己变成亿万富翁几乎是不可能的。当然,这里不排除一些有成就的科学家会有相对好一些的生活条件,但绝大多数从事科学研究的学者,一生只能过普通人的生活。

"按劳取酬"的原则通常并不适合从事科学研究的学者。特别是在中国,科研人员通常是不坐班的,即没有8小时工作时间的限制。

学者每天的工作时间基本上是由自己决定的,他/她可以每天工作5小时,也可以工作8小时,甚至可能要工作12小时或更长的时间。这样,对于那些对研究抱有极大兴趣和热情的人来说,每天超出8小时工作时间是很正常的事情,而那些对研究兴趣不大的人,每天工作5个小时就算不错了。实际上在一个研究单位,每天平均工作12个小时和每天平均工作5个小时的人,他们的差距主要体现在获得相应学术职称的早晚。如果职称评定比较规范的话,勤奋的人获得高级职称的时间可能会更早一些,而那些不够勤奋的人由于年龄和资历的原因最终也会获得同样的职称,只是在获得相应职称的时间会晚一些,但并不影响他作为一个研究人员继续在本单位从事研究工作。

实际上,真正对学术研究有兴趣的学者,他的工作时间一定比"8小时"工作时间要长。这里并不是说要鼓励研究人员每天要超时工作,而是一种"自觉"和"自愿"。特别是一个研究者所花费的研究精力和时间,包括他所取得的成绩已经与某种功利(如职称、收入和名誉等)目的无关时,仍然能够坚持不懈、废寝忘食地工作,这才可以证明他是一个真心喜欢从事科学研究的学者。

对于一个科研单位来说,如何能够引进合格的从事科学研究的人员,是一件非常重要的事情。这里面需要检验两方面的内容:一个是对研究的兴趣和热情,即是否愿意将科学研究作为一生的追求;另一个是科研水平和能力,即考核这个人是否具备了从事科学研究的基本素养和潜力。为了检验这两方面的内容,需要把好两道关,一个是"入口关",另一个是"考查关"。前者决定是否可以"进来",后者决定是否可以继续"留任"或"离开"。在中国,"入口关"把得还是比较严的,但能否通过"入口关"主要决定于这个人研究生阶段的学习经历和学习成绩,也会考察发表论文的情况,甚至也会要求进行面试或

"试讲"。但这种考核方式并不能百分之百地了解一个人是否真正对学术研究有热情,以及是否有足够的能力来从事科学研究。然而,一旦在录用后的一段时间里,发现这个人并不真正适合从事学术研究(包括教学)工作,往往又没有一个合适的淘汰机制使他离开研究队伍。

在这方面,美国的 Tenure Track(通往终身岗位的路径)制度值得中国的大学和有关研究机构借鉴,它是最终决定一个人是否具备从事教学、科研的能力和条件的一种考核制度。

首先,当一个人向大学或研究单位提交就职申请时,意味着他自愿从事这个职业。一方面,从申请者本人提交的申请书中所表述的研究目的、计划等方面,可以考察这个人是否对学术研究有兴趣、有热情,以及一些基本的条件和能力。另一方面,从这个人以往的研究生学习情况,以及发表论文的数量和质量来初步判断他是否有从事科学研究的能力。如果这两方面均得到了招聘委员会的认可,就可以初步决定这个人被录用了。

其次,尽管根据一个人以往的学习和研究经历可以初步判断你具备了在大学工作的条件,但还需要通过一定的实习期来做进一步的考察。在美国,实习考察期一般要5—8年。也就是说在一个人进入大学开始工作后的5—8年时间里,他所发表的论文数量的多少、质量的高低,所从事的教学工作效果的好坏,已经足够证明他是否有能力终身从事教学和科研工作。为此,学校或研究单位会组织同一领域的专家形成一个考核委员会,对他这一期间的教学和科研工作做一次性考核。一旦考核通过后,这个人将成为这个学校的终身教员和研究人员;若考核没有通过,他将离开学校重新去寻找其他工作。这一制度相当残酷,也相当有效。

一旦学校真正确认了这个学者愿意从事教学和研究事业,且具备了足够的研究能力,这所大学或研究机构就要对他有充分的信任,并给他充分的自由去做他喜欢做且能够做的事情。此时,除了学校或研究单位规定的基本工作量的要求以外,单位不应该再用行政手段去要求他、管理他、安排他、监督他。此时的管理,不仅不会激发他的研究积极性,不会促使他作出更好的研究,反而是在限制、约束、干扰和阻碍学术研究。

  然而,中国的大学对教师和研究人员的"管理"就显得十分繁琐和严格。中国的大学一般是在入职时做一次考察,来决定是否被大学所录用。入职以后则进入一年为一个周期的、无休止的各类考核之中。尽管每位老师都有了教授、副教授或讲师的职称,但这似乎是给外人看的,在很多学校内部仍然每年都要来一次重新聘岗,教授可能被聘为副教授岗,副教授被聘为教授岗,不同岗位拿的岗位津贴是不一样的,岗位津贴与实际职称已经没有任何关系。不仅每年聘一次岗,另一个行政部门又提出,对教师每年还要进行一次考核,因为考核和聘岗是两个不同行政部门分别提出的要求,二者还不能合二为一,两件事情都要做,而且必须独立完成。为了应付这些考核和聘岗,教师们不得不忙于填写各种报表,如专项岗位业绩表、岗位目标责任书等。在聘岗时除了规定每学年一个教师要上几门课、完成多少课时以外,一些高校还规定一个人一年必须发表几篇学术论文、写多少字的教案、带几名研究生、新获得几个研究课题、获得了多少研究经费、参加了几次学术会议等。学者犹如工厂里的工人,需要通过"计件"来进行管理。当工作"量"的要求得到满足以后,人们失去的则是工作的"质"和工作的效率。更为严重的是,一些学校还要求每隔几年与在岗教师重新签订一次聘任合同,若某次学校拒绝与你签合同,则意味着你就被学校解聘了。由于教师们有被随时解聘的风险,他们不得不提心吊胆地工作,不敢乱说乱动,并努力完成学校规定的各项任务,否则你可能连饭碗都丢了,甚至有些教授到了要退休的年龄仍然要不断地与学校签署续聘合同。这种管理办法似乎是出于对高校教师的不信任，抑或是为了显示行政部门的权威。在很多高校，行政部门并不是为科研和教学提供服务的部门，而是针对教师所设立的管理部门。

大学对科研成果的考核以年为单位，也是非常不合适的。因为一个科学研究项目，并不是以一年为周期的，绝大多数研究项目都需要几年以后才能完成或见成效，从而可能会导致某些学者在某一年或某几年内并没有成果发表，而可能在某个时间段内集中发表大量的研究成果。也有些研究项目，尽管研究者花了很多工夫，但仍然可能会"失败"，即可能拿不出可以发表的研究成果，这些都是正常现象。

很明显，这种年度考核实际上是行政制度主导下的考核，是违背科学研究规律的。这种考核方式，会引导研究人员去做那些"短平快"的、急功近利的研究。学者们为了迎合这种考核，不得不按照考核的节奏去做研究和写论文。无论研究做得如何，不管研究什么内容以及研究内容是否有足够的意义，在某一年里发表一定数量的论文成为学者研究的目的。实际上一项规范、科学的研究并不是很容易做出来的，研究者事先需要阅读几百篇甚至上千篇的论文、数十部专著，要做研究设计，要做现场调查或收集一定规模的数据，要对获得的数据进行清理和汇总，要做数据处理，运行和调试相关的分析模型，最后得出结果并写出研究论文。这说明，完成一篇学术论文，是有一系列规定动作要求完成，这需要一个相当漫长的过程，有时甚至需要几年的时间。如果要求学者们都要在一两个月或两三个月就要完成一篇论文的话，那就需要省略掉很多研究程序，比如不去阅读以往发表的相关研究成果，不做任何研究设计，不做现场调查或收集数据，不做数据处理，不使用任何分析模型，那也就只好用思辨的、哲学的方式,或靠自己的感受来分析问题,而完成这类文章只需要"思考"和"文字撰写"两个程序就可以了,自然完成一篇"论文"所花费的时间不会很多,人们可以在短期内完成甚至发表多篇论文。只是这类论文没有文献回顾,没有参考文献,没有数据或证据,有的只是作者"认为"和"感觉"出来的结论。

人们可能会问,是这种考核制度导致了中国式的"不用数据"或"没有证据"式的研究?还是由于这种"不用数据"、思辨式的研究不需要花费太多时间就可以做出来,才导致了这样一种考核制度?我想后者可能是更主要的原因,而前者又对这种不规范、不科学的研究起到了推波助澜的作用。然而,有一点一定是事实,那就是违背科学规律的某些规定一定阻碍和影响科学事业的发展。实际上,这不仅是对研究人员和教师的不信任,更是对大学和研究单位选人、用人制度的不信任。

实际上,在中国,教学和科研单位的行政权力不仅体现在对科研和教学工作的考核,甚至还包括是否完成单位安排,有些甚至是研究人员自己不愿参与的或自己不擅长的行政性工作、研究工作、各种会议、撰写报告、论文评审等,这些都是对研究人员自由开展研究的权利的侵犯,必然会影响到他们的学术研究。

8.5　科研保障和服务方面的差距

尽管本书主要讲的是中国社会科学研究思路、理念和方法的问题,但是真正解决这个问题并不是靠搞几次研究方法培训就可以从根本上解决的。研究方式和方法的培训可以解决如何做科学研究的认识问题,也可以在一定程度上推动学者们用规范和科学的方法来从事社会科学研究,但是中国社会科学真正赶超国际先进水平,需要

解决的是体制和机制问题。这就是要使一所大学或一个研究单位能够更有利于学者从事科学研究，并使其研究成果更丰富、更有效。有了好的研究人员，还需要有保障这些研究人员多出成果、快出成果和出好成果的环境和条件，这些条件不仅是硬件方面的，更重要的是软件方面的条件。

一个好的学术研究环境或研究机构应该是不为研究者规定任何研究任务和职责，而只为研究者提供他们所需要的研究条件，保障在此从事研究的人能够最大限度地发挥作用、释放潜能。大学研究机构的行政职能应该是为了提供这样的保障而设立，行政职能本质上应该是服务，而不是管理——如果说一定要有管理功能的话，那也只是针对服务所进行的管理。

我从1999年11月到2003年6月在美国北卡罗来纳大学卡罗来纳人口中心做了三年半的博士后研究。这个人口研究中心在美国各大学的人口研究机构里算是规模最大的，当时的研究人员有五十多人，分别来自北卡罗来纳大学的15个院系，他们有各自的研究专业和研究领域，这些研究人员在人口中心都属于兼职，各自在所在院系和人口中心各有一个办公室，上课的时候一般回到院系，做研究通常都在人口中心。中心的行政人员，包括服务人员和技术人员也有五十人左右。中心对研究人员没有规定具体的上班时间，基本上是由个人来决定，但行政人员是有具体坐班时间的。

在那里工作的三年半时间里，我确实体会到了美国的学术研究机构与中国学术研究机构在管理和服务上的差异。首先，在三年多的时间里我没有参加过任何行政方面的或被要求参加的会议和活动，所有时间百分之百由自己来支配。如果有活动的话，几乎都属于学术活动，比如每个星期五中午，人口中心都会安排一个学术报告会，报告内容和报告人会事先公布出来，大家都是自愿参加。尽管如此,几乎每次报告,报告厅里都是挤满了人,甚至有人是站着或坐在地上听的。另外,研究中心有很多研究团队,这些团队都是围绕某个研究课题而自发组织起来的,各个研究团队经常会在一起开会,讨论课题有关的事项。除此之外,研究人员没有任何需要参加的行政性会议或与研究无关的活动。

  令我印象更为深刻的是那里为研究人员所提供的服务,可以说是应有尽有,几乎贯穿科学研究的每一个环节。比如,在申请课题阶段,中心有专门的申请课题的方式和技巧培训;一旦你写出了课题申请书草稿,中心会提供有经验的课题申请专家帮助你来修改和完善课题申请书;中心的会计和办公室主任会跟你一起讨论课题预算,并帮助你做出预算。在一项研究开始的初期,研究人员往往需要检索和查阅大量的学术文献,这项工作也是有人帮助你做的。你只要提供要查阅论文的目录,并把这个目录交给人口中心资料室,几天以后就有人将一大捆复印好的论文送到你的办公室。特别是有的文章并不是在公开出版的学术刊物上发表的,而是在某个会议上或某个机构的内部报告,个人有时很难找得到,但这些专业人员却可以帮助你找到这些报告或论文。研究中心还专门设有计算机技术服务人员,他们定期为中心的学者和学生开展各类统计软件使用的培训,而且为研究者提供软件的咨询服务,甚至可以帮助研究者写程序或处理数据。中心还有专门的研究方法咨询团队,这个团队主要由在研究方法上比较强的教授组成,回答研究人员提出的问题或帮助研究人员解决使用方法方面存在的困惑或问题。论文写完以后,人口中心还免费提供专门从事文字编辑的专业人员帮助你对论文进行文字修改和润色,以提高论文被学术会议和学术刊物录用的概率。当你的研究需要采购书籍、软件或设备时,也是有人口中心办公室的专门人员去帮助你选择或订购,你自己不需要做任何事情。很多教授还有

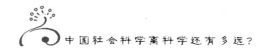

专门的研究助理,帮助他们处理日常事务,从而大大减少了教授们处理日常事务的时间。当你参加一个学术会议,事先需要做学术展示海报时,你只要把海报的内容提供出来,中心会有专门的美工人员帮助你设计出漂亮的版面,并用专门的机器打印出来,装到海报筒里,甚至还为你准备好钉海报的钉子。正是由于有这样无微不至的服务,学者的潜力才能最大限度地得到发挥,工作效率会大幅度提高,学术成果会源源不断地产生出来。

　　我起初对人家提供这么好的服务,服务人员能够这样尽心尽力,还是有些不能理解。每次请人家"帮忙"的时候,我总是要不断地表示感谢。人家的回应是"这是我应该做的",感觉有点像中国"学雷锋"时代经常用的语言。然后他们会进一步解释说,你用不着感谢,一方面这是他的工作职责,另一方面找他的人越多,说明他的作用越大,这样他的工作就会越稳定,否则他就会失去这份工作。研究中心服务人员的工资并不是来自于政府或大学的拨款,或者说并不像中国那样的"大锅饭",而是完全来自于中心研究人员所获得的课题经费。研究做得越好,中心所获得的课题经费也越多,从课题经费中提取的管理和服务费用也越多,供养的服务人员也会越多,服务人员的工作也会越稳定。正是由于这种机制,而且行政人员和服务人员了解这样一种机制,才导致行政人员和服务人员能够自觉地、高兴地、认真地甚至是主动地为研究人员提供满意而周到的服务。

　　相比之下,中国大学或研究院就不存在这样一个机制。在中国,研究单位的行政人员和服务人员工资来自于国家财政拨款,与本单位研究工作做得好坏无关,即行政人员和服务人员是独立于本单位的研究人员、独立于本单位的学术研究而存在的。行政人员会认为自己是属于大学或研究机构的管理者,从而不断地寻求、努力地行使管理的权力,想方设法构建出多层次(包括学校、学院、系所)、全方位、全过程的管理制度,用来管理、监督和考核学校的教师和研究人员。在一些高校,行政管理者不仅权力大,而且地位也高,所获得的利益也高于本校的教师和研究人员。同样,作为高校的服务人员,尽管也有相应的工作职责,但是服务人员并没有热情也没有积极性和主动性去为研究人员做更多、更好的服务,因为他们提供服务的多少和好坏,与他们的个人利益没有太多的联系,完全是凭借服务人员个人的责任心在工作。研究人员与行政人员或服务人员打交道时,永远感觉是在"求人"办事,是在请别人帮自己的忙,所以很多研究人员宁可自己去解决问题,也不去麻烦别人。当然,一个大学或研究单位的行政人员的职责是为单位工作,而不是为研究者个人的研究提供服务,所以为个人提供服务并不是行政人员的义务。这样,中国的研究人员不仅要做研究,同时还要做很多研究的辅助性工作,有些辅助性工作的工作量甚至要超过研究本身,这也就导致中国学者的研究效率远远不如国外学者。这样,在研究过程上,我们就已经失去了国际竞争力。

实际上,对于大学或一个研究单位来说,当有了一批真正有能力的、对学术研究有兴趣且将毕生精力放在学术研究上的学者,大学或研究单位就不应该再干预他们的研究工作,他们应该想做什么就做什么,想什么时候做就什么时候做,想和谁合作就和谁合作,想和谁交流就和谁交流。在这些方面他们应该是自由的,他们个人在研究内容、方式和时间上的决定权是至高无上的,要充分得到单位行政管理人员、服务人员和其他研究人员的尊重。

大学或研究单位要"有所为、有所不为","所为"的应该是服务,"所不为"的应该是行政管理。北京大学季羡林老先生回顾他初来北大时的感受,曾谈到:"我1946年来北大任教。那时候北大确实是精兵简政。只有一个校长胡适之先生,并不设什么副校长。胡先生人概有一半时间不在北京,当时还叫北平。他下面有一个教务长,总管全校的科研和教学。还有一个秘书长,总管全校的行政后勤。再就是六个学院的院长。全校领导仅有九人。绝不像现在的校长一走廊、处长一礼堂、科长一操场这样伟大堂皇的场面。"[①]当时的北大"六大学院,上万名学生,几千个教员",尽管当时的学生人数比现在少一些,而教师人数并不比现在少。当时的大学并没有像现在这样设置那么多的行政管理部门,也没有那么多的行政管理人员。主要原因是当时的大学并不做那么多的管理工作,特别是针对教员和研究人员的管理。从1946年北大的体制中也可以映射出之前西南联大的学校体制,在这样的体制下中国才涌现出了一大批学术大师。

从这样一个思路看,一个研究单位的领导者必须是学者,因为他本人知道一个真正的研究者对单位的需求是什么,知道什么样的行政体制和服务才能保证一个学者在此最大限度地发挥他的作用。除了这位领导者以外,还要为他配备一个助理,或一个单位副职,他必须是一个好的行政管理者。这里,管理的涵义指的是服务或者是服务管理,而不是对研究人员的管理。

一个研究单位不能强制性地为研究人员确定研究方向或研究重点。一个有思想、有想法的研究人员永远做不好别人强加给他的研究题目和工作,而且这种强加是对他个人研究能力和研究效率的损害。如果确实由于某种原因,一个单位需要制定一些研究重点的话,那也只能是参考性的,研究人员是否选择这个方向上的研究,是否愿意加入某一个研究团队,则是自己的自由——他需要考虑到自己的研究兴趣、背景和能力来做决定。强加给一个研究者的外力,一定是对他内力的损害。研究单位应该保证的是个人研究效率的最大化,

---

[①] 季羡林.季羡林说北大那些人[M].北京:金城出版社,2014:51.

而不是研究单位效率的最大化——没有个人效率的最大化,永远不会有单位效率的最大化。对于一个研究环境来说,通过人为的或强制性的安排永远不可能使一个研究单位或研究团队的效率最大化,它不仅会损害团队的研究效率,更加损害个人的研究效率,甚至会损坏研究人员的研究能力,浪费掉研究人员的宝贵时光。

行政管理犹如一条绳索,把研究人员的手和脚甚至是人的脑袋都捆起来或束缚起来了。研究人员在被捆绑的条件下被要求往前走,其行进速度自然大受影响。相比之下,美国的学术研究不仅没有这条束缚科研人员的绳索,而且还为他们能"跑"得更快提供充分的保障和服务性支持,研究人员犹如踩着滑板在飞快地前行。这犹如两个运动员在进行赛跑,被绳索捆住手脚的一方,即使是再有天赋、再努力,也一定会输掉比赛。

总之,从学术研究角度看,一个大学真正需要做的只是两件事:一是在管理上的"不"作为,二是在服务上的"有"作为。两件事情中最为重要的是第一件事,即"无为而治",无为才能无不为;第二件事是保证学术研究能够高效和成功的条件。然而,中国的情况正好相反,即管理上有为,而服务上无为。

国家1993年开始的"211工程"是为了在21世纪建立100所世界一流大学,1998年又提出了"985工程",2011年又搞了一个"2011计划",目的都是重点支持某些重点大学的发展,被列入计划的大学要么是给了好的名声,要么是得到了一些经费资助,但并没有给更好的政策和制度,至少被列入这些工程和计划的大学里的教师并未感到跟以前有什么不同。经费支持更多是为了提供更好的硬件条件,这对于一个大学来说并不是最重要的。最重要的是能够让研究人员发挥最大效率的体制、机制和制度。中国的大学到了需要向20世纪80年代初农村联产承包责任制改革和1990年代中期深圳经济体制改革那样，进行一次天翻地覆的改革的时候了。大学的体制不改革，中国的教育和研究就上不去，就很难出现世界一流大学。

实际上无论是农业体制改革还是城市经济体制改革，最核心的目标就是把人从过去旧体制的压抑中解放出来，并充分发挥人的积极性。教育和科研体制的改革同样是这个道理，就是摘掉捆绑在研究人员身上的枷锁，让研究人员的积极性从旧体制的压抑和内耗中解放出来，使他们的潜力能够得到充分的释放，他们的作用能够得到充分的发挥。

充分发挥研究人员潜力的办法就是让政府行政管理与大学本身的管理脱钩，大学有独立的决策权，教师和研究人员有独立决定自己研究什么、怎样研究以及支配个人研究时间的权利，这些权利不容受到大学行政管理人员和其他人员或不相干事务的干涉。政府的责任是为这些公立大学提供足够的办学经费，但这并不意味着给钱者一定要有干预和控制拿钱者的权利。相反，通过不干预，政府和国家可以从大学培养更好的人才和做更好的研究中受益。这是大学的办学理念，也是国际惯例。

8.6　科研资助方式和经费保障方面的差距

改革开放以前，中国比较穷的时候，绝大多数社会科学学者做研究并没有科研经费的支持。他们往往根据国家当时的需要以及个人的兴趣来做研究，研究什么问题、如何来做研究都是由研究者个人决定的。之所以没有研究经费也可以做研究，主要原因是绝大多数社会科学研究都不需要花钱，既不需要购买设备，也不需要收集数据，更不需要到基层做调研，特别是很多研究都是思辨式的，只要了解某一领域的知识，肯于思考，一支笔和几张纸就可以研究问题了。

与自然科学相比,当时的社会科学确实不需要花钱也是可以做研究的。首先,社会科学不像自然科学那样需要从实验中获取结果,从而不需要购买很多实验设备、实验材料等物质;其次,尽管有些社会科学研究需要一些统计数据,但是当时所有的统计数据都来自官方,包括各级统计部门公布的人口普查数据、统计年鉴公布的社会经济统计数据等,这些数据通常也不需要个人购买,往往单位图书馆都有;最后,尽管大多数研究都是理论性或思辨性的,但是也有些研究需要到基层做实地调研,而这类研究往往都是与官方合作,或由官方进行统一安排并提供调研经费。

改革开放后,国家级、部委级以及各省市自治区都先后成立了人文社会科学课题资助机构,比如从1991年开始设立了国家社会科学基金(简称国家社科基金),由全国哲学社会科学规划办公室负责管理,全国各省(自治区、直辖市)和新疆生产建设兵团也均设有哲学社会科学规划领导小组和哲学社会科学规划办公室。此后,社会科学学者也可以获得一定的经费资助来做研究。很多年纪大一点的学者对此非常不适应。因为这些学者往往名气很大,各大学往往鼓励他们来申请课题,这些知名教授也很容易拿到当时的课题。然而,很多学者拿到经费后不知道如何去花,反倒成了负担。我就曾遇到过这样的教授,拿到课题后,自己经常会抱怨:"我们做研究根本不需要钱,为什么国家要给这么多钱?"甚至有些教授课题已经结项了,但课题经费却一分钱没有花。

确实,如果按照过去"思辨"的思路做研究的话,是不需要花钱的。而课题经费除了支付一些资料费、打印费、复印费和印刷费外,基本上不需要花别的钱,绝大多数课题经费都花在支付课题组成员特别是学生的劳务费上了。后来,各个项目单位开始对课题经费支出进行规范,将劳务费限制在一定的范围内,并规定了一些可以报销的内容,比如不可以买硬件设备如计算机等,但可以购买图书资料、调研和开会差旅费、办公用品、打车和餐费等。后来,一些课题成员为了从中获得更多的经济收入,虚开发票在课题中报销,导致课题经费使用十分混乱。课题成为学者获取更多收入的来源。

  这种情况往往会导致人们在申请课题时,尽可能地把课题设计得复杂一些,目的是增加课题工作内容,而每项内容所做的经费预算也尽可能地多一些,目的是要获得更多的经费资助。然而,一旦课题被批下来了,课题经费也到位了,研究者则开始将研究内容和程序进行简化,能不做的事情就不做,能少做的就少做,目的是尽可能地少花钱。因为一旦课题完成后,剩余经费则全部由课题负责人自己来支配,甚至成了个人的私有资金,何乐而不为呢?

  如果学者都是按照这样的思路来做课题,那么就不可能按照原有的设计程序去完成课题,并会存在大量的"偷工减料"的情况。由于对课题最终成果评审不严格,绝大多数课题最终都可以交差,但课题最终成果会与课题初始设计、与期望获得的成果有很大差距,也很难保证能够做出好的研究。这种机制不仅会导致科研质量和水平无法提升,也会给国家财政造成巨大的浪费。

  近年来,国家开始加强科研经费的管理,对各类报销事宜做了非常详细的规定,设置了极为繁琐的报销程序,从而使科研经费的管理从一个极端走向另一个极端,普遍出现科研经费花不出去、学者缺乏申请课题积极性的情况。出现这种问题的根本原因有两个:一个是做课题与自身所获得的经济收益无关,工作量增加了很多,但并没有获得相应的报酬;另一个是即使是合理的花费,也要经过严格和繁琐的审核,甚至一些课题工作花费不允许报销,课题组成员不得不自己出钱来做课题。这样既存在课题经费花不出去同时又存在研究者为做课题自己贴钱的情况。除此之外,课题负责人还要应付很多财务检查、提交各种材料和报告,花费了大量与做课题无关的精力和时间,大大影响了研究和工作的效率。这就出现了过去人们常常说的"不管就乱,一管就死"的情况。

在这方面,国外科研经费管理的办法值得我们去学习和借鉴。在美国,基金会通常更为关注课题申请时学者们所提交的课题计划和各项预算,并认真核查预算的合理性和规范性,往往在制定课题预算时不是单纯靠申请者自己来做预算,而是与单位的会计或经费管理者一同来制定课题预算。这一方面是因为很多行政管理、财务、课题经费管理方面的规定,研究者个人是不清楚的;另一方面,一旦课题获批后,经费必须严格按照经费预算来使用,因为本单位的财务人员事先参与了预算的制定,这样就更有利于财务人员协助课题负责人做好财务管理和经费使用。

国外的研究课题通常是不允许发劳务费的,所以在项目预算中是不能列支劳务费内容的。但课题经费却可以明确包括课题负责人和课题参与者不足部分的工资。这是由于美国大学教授每年正式上课时间为9个月,因此完成教学任务的教授通常只发9个月的工资,而剩余3个月的工资需要自己去"找"。通常这3个月的工资就被列入自己的研究课题中。换句话说,如果没有研究课题或没有其他收入来源,往往这3个月的工资也就没有了。美国教授也可以在课题中为一些辅助研究者设置工资,很多教授利用这部分经费招收博士后、研究助理或其他辅助人员,这些人员的工资或部分工资则全部由课题经费来支付。课题负责人本人除了拿到足额的工资收入外,再不允许在课题中获得其他多余的收入。我本人在美国工作时,曾经在麦克阿瑟基金会(MacArthur Foundation)申请到一个一年半的课题,因为我当时并没有其他工资来源,所以在设计这个课题时,就把工资全部列入课题中,后来拿到课题后,课题中绝大多数经费都用在

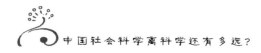

了我个人的工资上,而真正花费在课题上的经费所占的比例并不大。当然,如果我当时有其他工作,若已经获得了12个月的满额工资,那就不允许在这个课题中拿任何钱了。这种设计实际上是合理的,因为每个人一年的足额工作时间是12个月,从课题中所拿工资月数的多少,决定了你在一年中能够花在课题上的时间是多少。从课题中拿12个月的工资,意味着在这12个月里你并没有去做别的工作,而是把全部精力放在唯一的一个课题上。而那些在课题中只拿3个月工资的教授,则意味着他真正能够花到这个课题的时间也只有3个月,其他9个月是在做别的工作,所以从中获得3个月的工资是合理的,是课题应该支付的人工费用。如果某个教授拿到了多个课题,这意味着他必须增加自己的工作量,即要做超额的工作,比如一年要做13个月的工作,但他却不能拿超额的工资。这意味着,在美国并不鼓励一个教授拿很多科研课题,因为在有限的时间内,一个人不可能做那么多事情。若这个教授真的完成了那么多课题,意味着这些课题也不是他认真做出来的,而是没有花太多的时间和精力应付出来的。当然,也有一个教授拿到好几个课题,并且课题也完成得很好,这是因为这个教授把自己一年的工作量分配给各个课题,在总工作量不变的情况下,平均每个课题的工作量就减少了,但是由于很多课题是由团队成员共同完成的,所以课题组其他成员可能付出的时间会更多。

有人可能会问,如果课题申请者不能从课题中获得更多的利益,他怎么能对申请课题有积极性呢?实际上,一个对学术研究感兴趣的学者,真正的追求并不应该是经济利益,而是对知识和真理的追求,对发现新知识的渴望。那些把获取经济利益作为唯一目的或者把从事科学研究作为获取更多个人收益的人,是很难真正做好研究的。

尽管获得收益并不应该成为学者个人唯一的或主要的追求,但一个社会仍然需要构建一种机制,使那些优秀的学者能够获得与其成就相适应的经济收益。在美国,那些能够获得更多课题资助、发表更多学术论文或学术贡献比较大的学者,所在院系会通过给予更高职称和提高个人工资额度的办法,来体现"多劳多得"。若院系做不到这一点,一些教授就会申请调离,到那些能够承认他本人价值的学校去工作。正是这样一种自我调节机制,通常不会导致优秀人才在一个单位受到压制或得到不公正的待遇。在这样一种机制下,优秀的学者会获得与之贡献相匹配的待遇,让每个人的潜能得到充分的发挥,从而实现一种良性循环。

与此相比,中国的问题则在于,当严格限制学者在课题中获得更多经济利益的同时,这些能够拿到更多课题的学者并没有在工资或补贴待遇上获得与其贡献和本人所付出劳动相应的待遇。这样自然会挫伤学者们申请课题和从事更多学术研究的积极性。为此,政府应该制定更多和更好的鼓励学术研究的政策,真正体现出"多劳多得",让学术研究做得好、贡献更大的学者,能够得到更多的收益,而不是通过制定规章制度,把学者置于不被信任的境地,打击学者研究的积极性。

一个好的机制应该是让那些学术贡献大、获得研究经费比较多的学者,通过一些制度性规定,使其在课题以外或者在课题之内获得相应的报酬。如果没有这类制度性规定,课题负责人会觉得自己的劳动与收益不对等,从而就会想方设法自行在课题之内来获取利益。而学校的行政管理部门与学者之间就开始玩起了"猫抓老鼠"的游戏,彼此成了一种相互对立的关系。我们相信,如果能够在制度上让获得课题更多、在研究上付出更多的人能获得与此相应的报酬,他们就不会再去寻求从课题内部获取利益,也就不需要再用比较严厉和繁琐的手段来管理课题经费。倘若真有个别学者仍然我行我素，可以采取更为严厉的措施进行处罚，使其付出更大的代价。实际上，西方的很多管理都遵循这样一种思路，就是对人要充分信任，不去过多监督和追究细节，然而一旦出现违规，则会实施极为严厉的处罚，甚至承担巨大代价，有些代价甚至会影响一个人的一生。这一思路会让人摆脱很多繁琐的监督和检查，避免把很多精力和时间花在应付复杂的程序和细节上，人和人之间、人和部门之间有一种相互信任感。而犯错误的代价巨大，会让人们逐渐且主动培养一种遵守规则制度的自觉性。人们不遵守制度，一种原因是制度不合理或不完善，另一种原因是代价不够大。在中国目前主要还是第一种原因。

另一个比较奇怪的现象是，中国社会科学课题往往会规定等级，并相应规定资助经费额度。拿2015—2016年国家社会科学基金课题为例，资助等级最高的为"国家社科基金重大项目"，通常资助力度为80万人民币；其次是"国家社科基金重点项目"，资助额度为35万；最后是国家社科基金一般项目和青年项目，资助力度为20万。那么，课题被列为重大、重点和一般项目的依据是什么呢？资助力度的大小，往往跟课题的"重要"程度有直接关系，而重要性跟政府当前的关注点有直接关系，与实际到底需要花多少钱似乎关系不大。

比如，2015年底公布的"研究阐释党的十八届五中全会精神国家社科基金重大项目招标课题研究方向"目录中共列出了32个题目，很明显这些题目都是国家非常关注并作为重要选题列出来的。然而，这里有些题目并不需要做实证或经验研究，也不需要采集微观数据，只做一些思辨式的研究，比如课题指南中3—9选题（其他绝大多数选题也都类似）：

3. "十三五"时期我国发展的指导思想、基本原则和目标任务研究

4. "十三五"时期我国经济社会发展"五大理念"提出的时代背景及其内涵和要求研究

5. 坚持创新发展研究

6. 坚持协调发展研究

7. 坚持绿色发展研究

8. 坚持开放发展研究

9. 坚持共享发展研究

对这些选题的研究最多使用一些统计年鉴公布的宏观数据就够了,所以根本不需要花80万人民币来做研究。如果严格规定非课题研究使用的经费不许支出的话,估计这些钱是花不出去的。

然而,这里的第27号选题为:全面实施一对夫妇可生育两个孩子政策的实施效应及跟踪评估研究。要想完成这个题目必须要收集"两孩政策"执行过程中未来几年的妇女生育数据,而且至少要对已经生育了一个孩子的夫妇进行跟踪调查。如果没有实际数据是不可能做政策实施效应及评估研究的,而且为了能够保证统计上的有效性,调查样本必须比较大。由于全国东中西部差异比较大,调查样本还需要涵盖东中西部的情况。若为了反映新的"两孩政策"与旧政策的差异,可能调查样本还需要涵盖其他政策的人群。如果考虑这些因素,这项研究至少要涉及5万个左右的调查样本,如果按照目前最低的成本价格算,一个样本的平均成本为100元的话,光收集数据这一项就要花费500万元。而这个课题只能给60—80万元,按照这样的经费额度,这个课题是做不出来的。然而,事实却是,不管给多少钱,以往这类课题都做出来了,也都通过了课题验收。

尽管将课题按其重要性来划分是无可非议的,但根据重要性来

确定课题资助额度就显得十分荒唐,除非资助经费的多少具有"奖励"的性质,即做重大课题给研究者的奖励多一些,做一般课题奖励的少一些。而事实是,做重大课题的人也并不允许将课题经费据为己有,所以也起不到奖励的作用。因此,课题的重要与否不应该与资助额度挂钩,资助额度的多少还是要取决于课题所需花费的多少。

在社会科学研究中,研究不同的课题,所需花费额度会有相当大的不同,花费的差异主要取决于是否使用数据以及如何获取数据上。首先,花费最多的是需要收集定量数据的研究,因为为了保证统计上的有效性和对总体的代表性,往往样本涵盖的范围比较广,样本规模比较大,最少也要几千个样本。其次,做质性调查也需要花费一定的经费。尽管质性研究所需调查样本并不是很大,但由于现场距离比较远、现场调研的时间比较长,往往也需要一定的经费保证。再次,是利用现有数据做研究的课题。这些数据包括微观数据(第一手数据)和宏观数据(第二手数据),这类数据有些可以免费得到,有些需要花钱购买。最后,是那些根本不需要数据或只需要几个简单数据的研究。研究者只需要在家里构思,通过思辨性研究和提供价值判断,就可以完成数万字或数十万字的报告。这类研究花费的并不是物质成本,而是人力成本,若能从课题中支付一部分人力成本也是应该的,遗憾的是人工费支出在课题中是受到严格限制的。

8.7　研究生培养方面的差距

如果说在社会科学研究方面,我们与国外特别是与发达国家有比较大的差距的话,那么导致这种差距的最主要原因则表现在人才培养上。人才培养上的差距从本科教育开始就已经出现了,到了研究生教育阶段,差距进一步拉大。

首先,看硕士研究生和博士研究生所上的课程。我们拿北京大学社会学系与美国北卡罗来纳大学教堂山分校社会学专业所开设的课程进行比较。

北京大学社会学系社会学专业硕士生要求在校期间要完成总分40学分的课程,其中必修课20学分,限选课10学分,任选课10学分,毕业论文不计入学分。学制3年。具体课程和学分如表8.1所示。

表8.1 北京大学社会学专业课程和学分

硕士课程名称	学分
1. 全校必修课:6学分	
科学社会主义理论与实践	2学分
一外	4学分
2. 社会学专业必修课:14学分	
社会学理论	3学分
社会研究方法论	2学分
高级社会学	4学分
马列主义原著选读	3学分
国外社会学学说研究	2学分
3. 社会学专业限制性选修课:10学分(选择10学分)	
人口问题	3学分
劳动问题	4学分
社会心理学专题研究	3学分
经济社会学研究	2学分
组织研究	2学分
城市社会学研究	3学分
4. 社会学专业任选修课:10学分(社会学系开设的其他课程或本校其他院系开设的研究生课程)	
社会工作理论与实践	3学分
比较社会福利制度	3学分
社会保障与社会政策研究	3学分
高级社会统计学	4学分

(续表)

硕士课程名称	学分
社会福利哲学	2学分
福利经济学研究	2学分
劳动问题	4学分
马克思主义人类学原著选读	3学分
人类学原著选读	2学分
人类理论和方法	2学分
文化研究	2学分
亲属制度研究	2学分
宗教人类学	2学分
民族志方法	2学分
人类学田野调查	3学分
符号人类学	2学分
政治人类学	2学分
性别与发展	2学分
女性发展史	2学分
性别研究前沿	2学分
女性学研究	2学分
女性学原著选读	3学分
社会心理学研究	3学分
社会心理学研究	3学分
马克思主义社会学原著选读	3学分
劳动问题	4学分
女权主义方法论	2学分

资料来源：http://school.freekaoyan.com/beijing/pku/dongtai/20130601/1370071095150791.shtml。

北京大学社会学系对于博士生的要求是：社会学博士学制4年，硕博连读5年。博士期间要求完成18学分课程，必修课7学分，包括：第一外语(英语)4学分，博士生政治理论课"马克思主义与当代社会思潮"3学分；任选课11学分，其中为第二外语3学分，原则上必须选修，其他专业任选课需要在导师指导下在社会学系和本校其他院系开设的研究生课程中选修。论文不计分。

美国北卡罗来纳大学要求社会学系的所有学生要学习社会学理论、研究方法和统计学以及实质性学科的知识,并强调平衡训练,以及理论、方法和实质性知识的结合。社会学系硕士学位学生至少要完成 30 个学分的课程,其中的一门课必须包括硕士论文写作。对硕士学位有三个主要要求:完成方法类课程,理论课程,以及研究论文并参加答辩。同时要求至少两个完整学期在学校上课。对于攻读博士学位的学生来说,对硕士的所有要求可以作为博士第一阶段的要求内容。攻读博士学位的研究生最少要求完成 36 学时的课程学分,这其中包括硕士阶段的 30 个学分,以及 4 门系列方法类课程,6 个学分的博士论文研究课程,涵盖两个领域的综合笔试,博士论文开题答辩,博士论文最后的口头答辩。从其他院系获得的研究生课程学分最多可以有两门课转为本系所要求完成的学分。该系所列出的课程如表 8.2 所示。

表 8.2 北卡罗来纳大学教堂山分校研究生学位课程及学分

课程名称(中文)	课程名称(英文)	学分
研究生和高级本科生课程(编号 400—600)		
正规组织和官僚机构	Formal Organizations and Bureaucracy	3
社会运动和集体行为	Social Movements and Collective Behavior	3
社会分层	Social Stratification	3
社会运动和集体行为——体验教学	Social Movements and Collective Behavior-Experiential Education	3
城市和城市化	The City and Urbanization	3
经济和社会	Economy and Society	3
比较视角下的当代国际迁移和社会成员	Comparative Perspectives on Contemporary International Migration and Social Membership	3—4

(续表)

课程名称(中文)	课程名称(英文)	学分
城市和城市化,体验教学	The City and Urbanization, Experiential Education	3
当代中国社会	Contemporary Chinese Society	3
伊斯兰世界社会学	Sociology of the Islamic World	3
政治社会学	Political Sociology	3
健康和精神疾病社会学	Sociology of Health and Mental Illness	3
教育社会学,体验教学	Sociology of Education, Experiential Education	3
法律和社会	Law and Society	3
家庭和社会,初级/高级部分	Family and Society, Junior/Senior Section	3
教育社会学	Sociology of Education	3
劳动力	The Labor Force	3
艺术社会学	Sociology of Art	3
宗教和社会	Religion and Society	3
老龄化	Aging	3
当代美洲外来移民	Immigration in Contemporary America	3
冲突和协商	Conflict and Bargaining	3
种族、阶级和性别	Race, Class, and Gender	3
情感社会学	Sociology of Emotions	3
发展中社会的理论和问题	Theory and Problems of Developing Societies	3
拉丁美洲的社会变化	Social Change in Latin America	3
当代社会理论	Contemporary Social Theory	3
美国的贫困和公共政策	United States Poverty and Public Policy	3
健康和社会	Health and Society	3
人权	Human Rights	3
管控国际冲突	Managing International Conflict	3

(续表)

课程名称(中文)	课程名称(英文)	学分
社会和流行病研究中的老龄化和队列分析：模型、方法和创新	Aging and Cohort Analysis in Social and Epidemiologic Research: Models, Methods, and Innovations	3
社会、人类行为和基因组	Society, Human Behavior, and Genomics	3
研究生课程(编号 700-900)		
社会思潮的历史	History of Social Thought	3
测量和数据收集	Measurement and Data Collection	4
社会学家应用统计学	Statistics for Sociologists	4
线性回归模型	Linear Regression Models	4
分类数据分析	Analysis of Categorical Data	3
社会网络讨论班	Seminar on Social Networks	3
带潜变量的结构方程	Structural Equations with Latent Variables	3
纵向和分层数据分析	Longitudinal and Multilevel Data Analysis	3
参与式观察和深度访谈	Participant Observation and In-Depth Interviewing	3
社会学实验设计	Experimental Design in Sociology	3
抽样调查	Survey Sampling	4
数据收集方法	Data Collection Methods	3
问卷设计	Questionnaire Design	3
调查中的个案研究	Case Studies in Surveys	3
调查计算	Survey Computing	1
社会理论中的现实问题	Current Issues in Social Theory	3
进化理论	Evolutionary Theory	3
社会心理理论	Social Psychological Theory	3
人类生态	Human Ecology	3
马克思和马克思主义	Marx and Marxism	2
理论化原理	Principles of Theorizing	3
重要社会学理论	Major Sociological Theories	0.5—21
宏观社会学理论	Macrosociological Theory	3
社会运动	Social Movements	3

(续表)

课程名称(中文)	课程名称(英文)	学分
政治社会学讨论班	Seminar in Political Sociology	3
公民社会	Civil Society	1—3
比较福利社会	Comparative Welfare States	3
比较与历史分析探索	Comparative and Historical Analysis Exploration	3
民主的影响作用	Influential Works in Democracy	3
种族和民族	Race and Ethnicity	3
婚姻和家庭讨论班	Seminar in Marriage and the Family	3
生命历程	The Life Course	3
老龄化和成年人生命历程的社会学理论	Sociological Theories of Aging and the Adult Life Course	3
老龄化和健康	Aging and Health	3
从青少年到成年的健康和发展轨迹	Health and Developmental Trajectories from Adolescence into Adulthood	3
人口学1:理论,实质和技术	Demography: Theory, Substance, Techniques, Part I	3
人口学2:理论,实质和技术	Demography: Theory, Substance, Techniques, Part II	3
迁移与人口分布	Migration and Population Distribution	3
生育的社会经济因素	Socioeconomic Factors in Fertility	3
死亡:社会人口学视角	Mortality: Social Demographic Perspectives	3
社会老年学	Social Gerontology	3
社会态度	Social Attitudes	3
社会结构和人格	Social Structure and Personality	3
社会化和组织过程讨论班	Seminar in Socialization and Group Process	3
社会控制和越轨行为讨论班	Seminar in Social Control and Deviance	3
社会分层	Social Stratification	3
性别社会学	Sociology of Gender	3

(续表)

课程名称(中文)	课程名称(英文)	学分
民族、种族和教育	Ethnicity, Race and Education	1—21
公正与不公平:有选择的主题	Justice and Inequality: Selected Topics	1—21
城市社会学讨论班	Seminar in Urban Sociology	3
美洲的贫困	Poverty in America	3
组织社会学	Sociology of Organizations	3
职业和工作	Occupations and Work	3
健康组织和职业	Health Organizations and Occupations	3
健康、疾病和康复社会学	Sociology of Health, Illness, and Healing	3
文化社会学	Sociology of Culture	3
宗教社会学	Sociology of Religion	3
科学社会学:作为社会文化活动的科学	The Sociology of Science: Science as a Social and Cultural Activity	3
田野研究	Field Research	3
调查实践	Survey Practicum	1
有选择的主题讨论班	Seminar in Selected Topics	1—6
培训项目讨论班	Training Program Seminars	1
阅读和研究	Reading and Research	1—6
高级阅读	Advanced Reading	3
方法的阅读与研究	Reading and Research in Methodology	3
社会学的出版	Publishing in Sociology	3
社会学教学讨论班	Seminar on the Teaching of Sociology	3
硕士研究和论文	Master's Research and Thesis	3
博士研究和论文	Doctoral Research and Dissertation	3

资料来源:http://www.unc.edu/gradrecord/programs/sociol.html。

如果比较两个学校所要求的学分数来看,无论是硕士还是博士,二者相差不大,而且中国的学分数还略多一些。然而从课程内容上看,除了美国学校所选课程门数大大多于中国外,其他方面差异也是比较大的。首先,中国学生在硕士阶段要完成6个学分(两门课)、博士阶段要完成7个学分(两门课)的公共或全校必修课。硕士阶段的两门课分别为科学社会主义理论与实践(2学分)和第一外语(4学分);博士阶段的两门课分别为政治理论课"马克思主义与当代社会思潮"(3学分)和第一外语(英语)(4学分)。这些课程在美国是没有的。如果再刨去必须选修的第二外语(3学分),中国学生所修的学分数就明显少于美国学生了。其次,在课程内容学习上美国学校要求理论课程、方法类课程和实质性知识的平衡和整合,而中国学校的课程安排上方法类课程非常少,只有一门"社会研究方法论",也只有2学分。在专业必修课中,除了这门方法论课以外,基本上都属于社会学理论课,而在专业选修课中基本上都是实质性知识课。尽管在10学分的专业任选课中学生也可以选学一些方法类的课程,但从整体所提供的课程来看,方法类的课程并不多,只有"高级社会统计学""人类学田野调查"两门课,从研究方法角度看,这些课程都不够精细。而美国在方法类课程中提供了很多更为精细的课程,其中包括:测量和数据收集、社会学家应用统计学、线性回归模型、分类数据分析、带潜变量的结构方程、纵向和分层数据分析、参与式观察和深度访谈、社会学实验设计、抽样调查、数据收集方法、问卷设计、调查中的个案研究、调查计算等课程。再次,中国的课程教学往往形式单一,而美国的课程中有体验式教育和讨论班等形式,通过使用不同的授课方式和思路,让学生能够更好地理解所需知识。最后,美国的课程中有专门的论文写作课,而中国的课程中没有专门的论文写作课,中国学生没有专门受过系统、规范的科学研究和论文写作的训练,从而导致学生论文结构五花八门,标题、图表、资料来源、注释、参考文献等的表述很不规范。

实际上,上面所讲的这些差异只是表面上的或者形式上的,而真正的差异则是同一门课具体内容和知识量的差异。在美国,尽管每一门课课堂授课时间并不多,但课后阅读和作业量却非常大。教授通常会在第一堂课上发给学生一个课程介绍(Syllabus),这上面会列出一长串本门课需要阅读的著作和论文,有些课差不多每星期要读完一本书,阅读十几篇论文,甚至在下一周时学生要写出读书笔记,还要求学生介绍上一周读过的材料,而且还要对此进行讨论。这样,针对一门课所涉及的领域,课程结束后学生们要阅读十几本专著,上百篇甚至是数百篇论文。一门课下来学生们可以基本上掌握该领域的主要内容或阅读了部分最经典文献。然而,尽管如此,教授们会告诉学生:这只能算作"刚刚入门",要想真正涉足这一领域,还需要有更多的东西要学。

然而,相比较看,中国同样一门课程,即使是教授对这个领域的内容已经足够熟悉,而且也花了足够多的时间去备课,也未必能够给出很多经典的、值得认真阅读的、丰富的文献。这里可能有下述几方面的原因。一是中国社会科学的很多研究原本就不是科学的研究,而是靠研究者的思考并通过哲学演绎得出的一系列关系和结论,这些结论由于不是经验的、客观的,很难让人信服和接受,所以要想找到一些科学的、经典的研究文献确实很难。二是中国社会科学的积累性不够,因为绝大多数社会科学学科都是改革开放后才走上正轨,到目前为止步入正轨的时间不是很长,另外从那个时候开始,很多学科都偏重于实用性,往往紧跟形势的需要而做,从而导致一些好的研究和一些新发现具有非常强的时效性,而不具有一般性。而事实上,很少有人做基础性和理论性研究,而且学科建设做得也不够好,导致经典研究也很少。三是我们很难把国外的经典研究引入到中国的教学中去。由于语言的关系,中国的社会科学与国际社会科学长期处于隔离状态,中国本土培养的教授几乎没有可能系统地、全面地掌握国外同一学科的知识,从而很难把国外最经典的、最重要的成果系统地引入到中国的教学中来。由于国际上社会科学知识的积累主要是通过英语环境进行的，英语把全世界各国的社会科学家联系到了一起，形成了一个英文环境下的学术共同体，他们之间的学术信息是相通的，而中国的社会科学家是游离之外的，或者说中国的社会科学家是通过中文环境联系在一起的，属于另一个独立的学术共同体。我们有自己的学术积累，自己的研究思路和方法，自己的学科体系和概念体系，甚至很多东西与国际学术共同体差异巨大，我们这个共同体积累的科学知识也远远少于国际共同体。尽管在国际上科学知识的宝库经历数百年甚至上千年的积累已经有了丰富的知识，特别是近年来的发展又非常迅速，但这些知识特别是一些新知识并没有真正或全部进入到中文环境中，我们不知道这个宝库中有多少知识，我们甚至还在研究和讨论人家百年前已经研究过的、已经有定论的东西。我们甚至还在用非科学的思路在做研究，导致社会科学沉淀下来的知识很多是不科学或伪科学的，而且我们的学生还在学习和接受这些"知识"，并继续在中文语境中的学术共同体中传播。相对于英文环境下的国际学术共同体，中文环境下的国内学术共同体在真正科学知识的积累方面，就显得很单薄、很落后。

2000年我在美国北卡罗来纳大学社会学系旁听了一门非常好也是我最喜欢的课，它是由 Glen H. Elder 教授[①]开设的"生命历程讨论班(SEMINAR ON THE LIFE COURSE)"，当时的课程编号是

---

① Glen H. Elder 教授是目前健在的生命历程研究领域最著名也是贡献最大的教授，我们目前还经常保持联系。上课期间我就曾向他表示过我特别喜欢这门课的内容，希望以后能够从事这方面的研究和教学工作，因为这一研究领域对中国来说实在是太重要了。生命历程主要是研究社会事件对人的发展的影响。Glen 写的最重要的一本书是《大萧条时期的孩子们》，该书利用从1931年开始跟踪一批美国1920—1921年出生的孩子，一直跟踪到1964年为止的数据，重点研究了美国大萧条时期和第二次世界大战对这些人成长的影响。

Sociology 270。上课时发的 Syllabus 共涵盖 8 大部分内容,涉及 18 本书和 160 篇论文。该门课每星期上一次,每次课 3 学时。每次课的前半部分由教授讲课,后半部分是大家讨论。每次课结束后给出本周的阅读作业,并将这些阅读材料分小组或个人进行重点阅读,在下次课做引导性发言,发言结束后其他学生围绕该篇文章进行讨论。由于我当时不是正式选课的学生,只是旁听,不需要拿学分,再加上当时英文不够好,所以绝大多数材料都没有读完。当时正式选课的学生确实把所有的材料都阅读了。当课程结束时,Glen 教授就说,对于生命历程这门课来说,大家只是刚刚入门。

课程结束后,我开始思考这样一个问题:一个生活在中国、由中国培养出来的学者若想做生命历程研究,或成为生命历程研究的专家,是否有可能?我的答案是:几乎不可能。首先,中国的大学没有系统开设过这门课,所以在中国是学不到这方面的理论和方法的。其次,如果中国学者没有在国外受过训练,就不可能在国外听过这门课。再次,如果他英文很好,想自学这方面的知识,由于这个领域曾经发表过成千上万篇论文、数百部著作,而且他本人也无法识别哪些是这个领域最重要的、最经典的论文或著作,即使识别出来也未必都能够找到,找到后还要自己全部读一遍甚至要读几遍,而且还必须真正能够理解其中的理论、方法和有关内容,特别是这些理论会涵盖很多其他学科的知识,或者是以其他学科理论为基础的,如心理学、历史学、社会学、人口学、公共政策等知识。这样看来,中国学者要想系统地了解和掌握这方面的知识,几乎是不可能的。实际上,不仅对生命历程这门学科是这样,对在国外大学中正在讲授的其他课程或其他学科也同样如此。

在国外,如果你想在某个领域发表论文,前提条件是你必须读过与所研究内容有关的、前人曾经研究过且已经发表过的数篇、数十篇

甚至可能是数百篇重要论文,否则即使你研究做得再好,你也是没有资格从事这个领域研究的。"资格"是从事某一领域研究的重要条件,"资格"就是你是否充分掌握了这一领域最核心、最经典的知识。除非你从事的是一个全新的研究领域,否则你必须受过这个领域的专业训练,必须阅读这个领域的成百上千篇论文,不然你就没有资格做这方面的研究,更不可能成为这个领域的专家。

那么,获得某个领域的经典阅读材料对于中国学者来说应该是非常宝贵的,简直就可以称作"宝藏"。所以,当时尽管我没有足够的时间把与生命历程有关的文章全部读完,但还是都保留了下来,希望今后有一天能够找时间重新把这些东西再读一遍,并开始从事这方面的研究,甚至把这些东西传授给中国的学生。在我回国后将近十年的时间后,即在 2013 年春季学期,我第一次在北京大学,也算是在国内第一次开设了"生命历程理论与方法"的课程,算是圆了我十多年前的梦。"生命历程"重点关注的是社会历史事件对人一生发展的影响,这一研究范式对于研究中国社会的发展具有特别重要的意义。我曾跟 Glen 教授开玩笑说,尽管您用生命历程的理论和方法写了《大萧条时期的孩子们》这本书,但在历史上美国是经历社会事件最少的国家之一,"一战"和"二战"都没有发生在美国,美国在近一百年几乎没有发生过任何大的社会动荡,在美国来研究生命历程意义不大。如果能将生命历程的理论和方法应用到中国社会的研究,那就截然不一样了。因为近一百年,特别是近五十年中国人经历的社会动荡实在是太多了,从"反右"运动,到"大跃进""三年自然灾害",再到"文革"、知识青年上山下乡、计划生育政策、恢复高考、改革开放、城市职工下岗、农民进城打工等,这些历史事件犹如大浪淘沙般地把中国人折腾来、折腾去,这些事件或运动成为很多中国人生命的转折点,有人因此而辉煌,有人因此而沉沦,甚至有人从此消失。

另外，我在美国还旁听过一门"人口老龄化（aging）"的课，老师上课的第一句话就说："不研究生命历程就不叫研究老龄化。"因为老年人目前的状况——健康或不健康，富裕与贫困，快乐与痛苦——都是由他们过去的经历造成的。目前的状况只是结果，而不是原因。不了解产生问题的原因，就提不出解决问题的办法。正是因为生命历程视角把人的发展结果与人们以往走过的社会历史过程紧密结合在一起，才真正反映了发展原因与发展结果之间的内在联系。比如，人们都说经历过"文革"的一批年轻人，是中国历史上非常特殊的一代人，那么这批人现在已经陆续进入老年，他们到了老年以后的生活状况如何，他们在养老方面存在什么问题，这些问题应该如何解决，这都需要通过测量他们的生命历程来进行解释。2014年我本人曾试图通过申请自然科学基金课题，用生命历程范式来研究"文革"一代人的养老问题，还专门利用 Power Analysis 的方法计算了需要收集样本的规模，并选取了经历过"文革"阶段的三个人口队列和全国东、中、西部三个城市。遗憾的是课题评审专家认为"这个研究不重要""研究思路不清晰、过于笼统""没有将收入、储蓄、社会保障制度纳入研究框架"等原因，申请报告最终被拒绝了。我失去了一次用生命历程视角、通过实证调查和分析来研究这一代特殊人群的经历以及后果的机会。我相信，如果能够在中国做这样一个研究，一定会在理论和方法上都大大超越 Glen 教授在上世纪70年代所做的研究。

从前面的分析可以看出，要想从研究生培养方面赶上美国的社会科学，我们需要在研究方法、社会理论和实质性学科三个方面同时都要赶上。赶上的必要条件是中国的学者和研究生要能够流利地阅读英文资料，能够读懂英文文献，而不是要依赖翻译文献，因为翻译不仅不能完全符合原意，而且也不可能赶上国外社会科学飞速发展的进程。在这三个方面中，最容易赶上的应该是研究方法方面，因为

一方面中国学生的数学基础比较好,另一方面学习研究方法对英语的要求不高。最不容易赶上的是社会理论和实质性学科,这不仅是由于对英语的要求很高,而且还由于这方面长期积累的知识很多,很难在短期内全部掌握,特别是有些理论和知识与西方社会文化背景关系密切,中国学者理解起来更不容易。

从这里我们可以发现,中国学者能够融入国际学术共同体的前提条件就是能够熟练地掌握和使用英语,然而遗憾的是中国学生从小学3年级就开始学习英语,甚至到了硕士、博士阶段仍然在课堂上学习英语,占用了大量的课程学习时间,但仍然不能熟练地阅读英文文献,不能熟练地用英文交流和写作。这里的问题就出在,我们长期认为英文是"学"出来的,所以就永远地在学。根据我个人的经验和理解,我认为英文是"用"出来的,不是"学"出来的。

大家都会觉得印度人英文很好,但实际上印度人并不这样认为。印度人在上大学以前基本上都不用英文,都是用当地的地方语言来学习,只是学过一些基础英文课程。然而进了大学以后,由于印度没有统一的国家语言,来自不同地区的学生之间由于语言不通而无法交流,大学授课也无法使用某一地区的语言,所以就不得不将英语作为统一的语言来使用。所以绝大多数印度学生都是在进入大学以后才正式开始使用英文的。由于课堂授课、阅读教材和日常生活大家必须共同使用英文,尽管开始时有些人英文并不好,但在这样一个强制性英文环境中学习和生活,自然每个人使用英文的能力都会有非常大的提高,也很容易做到运用自如。据印度人讲,他们并不是喜欢用英文,历史上印度政府也曾试图用某一地区的语言来统一全国语言,但由于出现其他地区的强烈抗议而未能实现全国语言的统一。巴基斯坦、孟加拉也曾出现过类似的情况,甚至导致政治动荡,最后都没有统一语言,而不得不在受高等教育的人群中统一使用英语。

正是由于中国有统一的全国语言,所以无论是在哪一个受教育层级,大家都可以使用"普通话"来交流,而不需要用其他语言来替代。然而,为了使中国的科学界能够尽快赶上西方发达国家,尽快融入国际学术共同体,我们是否可以在大学或者在一些重点大学强制性地使用英文进行教学?甚至包括师生之间、学生之间在日常生活和交流中也都使用英文,这样我们学生和学者的英文水平就会有大幅度的提高,我们与国际学术界的距离会快速缩小。由于中国学生很早就开始学习英文,到了高中毕业英文基础已经足够扎实,到了大学直接使用英文完全没有问题,只是开始的时候会不太熟练,习惯一段时间后就不成问题了。而进入大学以后,就不再需要开设任何英文课程了,也避免占用更多的课堂学习时间。

第九章 中国社会科学应该
   如何走上正轨？

◆ 营造社会科学发展的大环境
◆ 大力普及科学的研究方法
◆ 如何学习研究方法？

中国社会科学离科学的距离到底有多远呢？目前我们还不足以回答"多远"这个问题，因为中国的社会科学长期徘徊在不科学的路上，而并未真正步入科学的正轨。在歧途上行走的人，无论走得有多辛苦、有多远，他仍然是在歧途上。在歧途上走得越远、持续的时间越长，回到正路上的步伐会越艰难。但我们别无选择，必须让它回来。

9.1　营造社会科学发展的大环境

要想尽快将中国社会科学引入正轨，主要取决于三个方面因素：一是提升高校的社会科学基础研究水平，二是加强社会科学研究生的"科学"研究训练，三是改变学术研究领域的不科学环境。

高校的三个基本职能是：人才培养、学术研究和社会服务。人才培养和社会服务做得好坏往往取决于学术研究做得如何。这三个职能中，人才培养和学术研究是最重要的，而社会服务并不是大学的重点。

在国外，学术研究包括基础研究、应用研究和评估研究三个方面，在中国还包括了政策研究，而政策研究主要是为政府服务、为国家制定政策服务，这一点具有非常明显的中国特色。之所以说具有中国特色，是因为在国外的高校中很少有学者去做政策研究，因为政策研究通常不属于学术或科学研究范畴。而国外大学所提供的社会服务，主要并不是为政府服务，更多的是为老百姓和社会服务。

中国很多著名高校的社会科学学者均把研究政策、为政府服务作为研究工作重点，特别是近年来政府正在积极推动智库建设，各高校也纷纷响应并行动起来，组织各式各样的智库，制定鼓励政策，引导学者研究国家政策问题，甚至把研究结果是否被政府采纳、是否获

得某些高级领导的批示,作为评价学者学术研究好坏的标准。当然,政府经费投入导向也从另一方面在推动和鼓励高校学者从事政策研究。实际上,中国即使不搞智库建设,中国社会科学学者中研究政府政策的比例也一定比任何国家都多。中国也不缺少有组织的智库机构,因为除了大学以外,中央政府各部门几乎都下辖很多研究机构,中国真正缺少的是有影响的智库研究机构和真正有水平的政策研究人员。

这种片面追求社会服务的做法,会导致高校教师把大部分精力和时间都投入政策研究,这不仅挤占了从事学科基础研究的时间,影响基础研究的发展,同时也会影响高校教师从事教学的积极性。而基础研究搞不上去,整体学术水平就会下降,人才培养水平同时也会下降,培养出来的学生质量也会下降。

提高中国社会科学的研究水平,不仅要改变老师,更要改变学生。而改变学生必须从高校内部开始做起。北京大学社会科学研究方法暑期班自2006年开始已经开办了10年,培养了一大批社会科学领域的中青年学者和研究生,但单靠个别学校的努力很难在短期内改变这种不科学的状况。尽快地推动科学方法的普及,最需要的是培养一大批能够从事方法教学的高校教师,若每个高校都能有一批能够系统开设社会科学研究方法课程的教师,我们就可以首先从学生阶段开始改变。学生是中国的未来,通过现在对他们的改变,来改变中国的未来。所以只能寄期望于年轻人,在他们进入学术研究领域并成长起来以后,中国的社会科学研究不科学的局面就可以得到彻底的改变。

那么,谁应该承担起培养这样一大批能够从事科学研究方法教学的高校教师的责任呢?不是哪一所高校,也不是北京大学,而应该是教育部。笔者曾经在2012年专门给教育部长写了一封信,建议由教育部负责组织,尽快改变中国社会科学不科学的局面,具体建议包括:1)教育部发布专门文件来推动社会科学研究的规范性和科学性;2)成立推动社会科学科学性的办公室和专家组;3)安排专项资金支持社会科学研究方法的培训、推广和普及,特别是师资培训;4)制定推广和普及科学研究方法的五年规划;5)组织最优秀的教师,编写社会科学研究方法系列教材。遗憾的是,这些建议没有得到教育部的反馈和采纳。

2015年国务院推出了《统筹推进世界一流大学和一流学科建设总体方案》。《方案》的目的是为了尽快创建世界一流,使"尖子"更"尖"。然而,如果中国的社会科学的"顶尖"学者,以及他们培养出来的学生,连什么是"科学"都搞不清楚,也做不出国际公认的、科学的研究,那么我们如何在科学领域创建"世界一流"?难道我们单纯依靠从国外引进几个优秀人才来创建世界一流吗?世界一流一定是"整体"的一流,而不是"个别"的一流,拿钱堆出来的几个"一流",只能作为"花瓶",并不能让中国成为世界一流。我们要改变的不是几个人、几个学校,要改变的是整个中国的学术队伍,这是当前最需要做的事情。而改变这支队伍的关键,首先是尽快将整个队伍引入科学的轨道,其次是让入轨后的列车加速前行,从整体上赶超先进国家,实现世界一流。

除了从源头上解决科学研究"不科学"的问题以外,还需要从机制和制度上来改变不科学的学术环境。不科学的学术环境是指目前普遍存在的导致学术研究不规范、不科学的各个环节、因素和氛围,包括毕业论文、学术会议、学术杂志、科研课题、科研评审、权威学者等。

目前社会科学领域学生的毕业论文可以说是五花八门,并没有科学的规范和要求。换句话说,什么样的论文才是规范的、科学的,

是可以被称为学术论文的,并没有统一的、客观的标准。目前的标准只存在于论文评审者的脑袋里,如果所有论文评审者都长了一个"思辨"的脑袋,或这些评审者本身就没有受过规范的科学研究的训练,那么评出的论文也一定是不规范、不科学的。他们还很可能给规范和科学的论文一个"差评",甚至会要求作者按照他们的思路去修改和完成论文,这样不仅不能起到积极的作用,而且会起反作用。

2014年1月29日,国务院学位委员会、教育部以学位〔2014〕5号印发《博士硕士学位论文抽检办法》,规定学位论文抽检每年进行一次,抽检范围为上一学年度授予博士、硕士学位的论文,博士学位论文的抽检比例为10%左右,硕士学位论文的抽检比例为5%左右。每篇抽检的学位论文送3位同行专家进行评议,专家按照不同学位类型的要求对论文提出评议意见。3位专家中有2位以上(含2位)专家评议意见为"不合格"的学位论文,将认定为"存在问题的学位论文"。尽管这种评审是必要的,但是这里并不存在客观的、符合学术和科学规范的评审标准,仍然带有很强的主观性和偶然性。主观性表现在这三位评审专家均根据自己的标准给出论文的评价,而且很可能专家的标准相差巨大。若偶然抽到的某个或某几个专家并不具备规范和科学标准,那么评出来的论文仍然会有问题,仍然不够客观。偶然性表现在3个人中有2位以上专家认为合格就算是合格。由于有些专家脑袋里的标准较高,也有的专家标准很低,由于抽取的专家数量过少,抽到的评审专家又纯属偶然,若抽到的都是标准较高的专家(或者都是标准较低的专家),就会导致评价结果出现偶然性偏差。实际上解决这一问题的办法不是要抽取更多数量的专家来进行评审,而是应该构建一套客观的标准。但这里仍然存在一个问题,就是即使有了一套标准,不同学者对"科学"的理解和掌握程度的不同,对这套标准的理解也未必一致。只有所有的评审专家都受过规范的训练,都能够很好地做规范和科学的研究,才真正有资格来评价别人的研究是否是规范和科学的。

现在学术界存在一种怪象,那就是在很多课题评审、论文评审、获奖评审,甚至在学术毕业论文或课题评审答辩时,所谓的评审专家或答辩专家根本看不懂学术论文、研究报告或课题申请报告,他们不知道规范的研究应该是什么样的,不知道何种来源的数据才是可用的,更看不懂论文或报告中所使用的研究方法,特别是定量研究方法,但他们却能够以学术权威自居,对论文和报告品头论足、指指点点。他们握有生杀大权,因为在名义上他们是知名教授,甚至是某些领域的"权威"。

我本人曾参加过这样的匿名评审和博士生论文答辩,有时也很无奈。有一次评审一篇博士毕业论文,从论文的结构上看还算不错,也还算比较规范,既有研究假设,也有数据和模型分析,只是所使用的数据并不是来自概率抽样,也没有任何抽样设计,而是来自于"方便抽样",即"碰到谁就调查谁",这样的数据不反映任何总体,完全是"偶然"结果,用这样的数据不仅不能做统计分析和推断,也得不出任何有意义的结论。由于基础数据就是错的,整个研究就是站不住脚的。所以我给出了"不合格"的结论。过后一想,产生这一问题不应该是学生的责任,而应该是指导老师的责任,导师的责任应该更大。学生的水平实际上体现了老师的水平,有什么样的老师就会培养出什么样的学生。这是因为导师不知道这样做是错误的,学生才会这样做。一个学生犯错误,是由于这个学生有问题;如果一个导师犯错误,则意味着一批学生会同时犯错误。

还有一次参加一个博士生的博士论文答辩,其论文使用了很多复杂的定量研究方法,所以从表面上看,这个学生的定量研究方法很强,甚至答辩决议初稿已经对这篇论文给出非常高的评价,甚至建议

申报优秀博士论文。但我仔细阅读下来才发现,论文中所使用的方法绝大多数都用错了,甚至包括某一个变量的分布比例,加总后都不等于100%,相差了20%还多;回归模型的使用是错误的;给出的回归系数也是错误的,等等。这类错误有15处之多。当我把这些问题向学生提出来时,他几乎完全回答不出来,甚至不知道为什么是错误的。我当时就在想,为什么这些错误能够带到最后的答辩上,而不是在答辩前就解决?这能够完全归罪于学生本人吗?

我们能否在学生撰写学术论文之前、学者在向学术会议或学术期刊投稿以前、在撰写课题申请之前、在权威专家成为权威以前,就能够知道什么样的研究是规范的、什么样的研究是科学的?如果能做到这一点,人们在学术圈子内就有了可以对话、讨论问题和学术评审的客观标准,那些依靠"拍脑袋"、无证据、不用数据式的研究和讨论在学术圈子内就没有了市场。做到这一点,就意味着中国社会科学不科学的大环境得到了彻底的改变,中国社会科学从此开始走上了正轨。

9.2 大力普及科学的研究方法

前面讲过,科学本质上指的是思路和方法。能否做好科学研究,取决于是否使用了正确的、合适的方法。要想了解某一个特定方法,或只是为了能够使用该方法,掌握起来并不是一件难事。但要系统地从原理上掌握这些方法,就要一个方法、一个方法,一门课、一门课地去学,这需要一个过程。

学习社会科学研究方法,不仅仅是为了学习某些分析"技术",更重要的是学会一种科学的世界观和思维方式,一种思考和分析问题的思路,学会了这种思维方式,即使不从事学术研究,也会终身受益。

在这里,我们不可能把所有的方法或所开设的方法类课程都做详细论述,只是初步介绍一下与做好社会科学研究应该具备的原理、研究程序、收集数据以及分析数据所使用的一些方法。

我们可以把社会科学研究方法分为三个层次:方法论、一般方法和特定方法。三者是密切联系在一起的,即后者是以前者为基础的。方法论可以告诉你,是什么东西使社会科学研究成为了科学,即社会科学是什么样的,应该怎么做才是科学的;一般方法指的是适用于各门或多门社会科学的各种技术方法;而特定方法是指在一般方法基础上进一步发展出来的、只与特定学科有关的技术方法。

人们普遍承认自然科学是科学的,这样会很自然地想到用自然科学的方法来研究社会科学。后来人们又进一步发现社会科学研究的对象是人,而自然科学研究的对象是物,二者有本质的区别。这样,用研究"物"的方法来研究"人"有时是有问题的,也是不够的。以实证研究方法为基础的自然科学研究,往往会把物质世界及其运动抽象为数;同样,当针对人的研究也遵循实证研究方法时,也自然会把人的特征、行为转化或抽象为数。然而,人有思想、会思考、能判断、有主观能动性,人还具备很多不可侵犯的权利,这些权利必须被尊重。若单纯把人看成数,而不是看成活生生的人,会忽略"人性"特征,会用对待"物"的办法来对待"人",甚至会出现对人的权利的侵犯。另外,将人抽象为数,还会出现过分强调人的行为的一般性,而忽略人和人的差异及个体的特殊性,从而导致对人的行为的认识出现偏误。人的这些特征,决定了对这样一个特殊研究对象的观测和研究,需要一些独特的思路和方法,这些都是自然科学研究所不具备的,而且会远远超出自然科学的视野。

社会科学研究的方法论会告诉我们社会现象的本质是什么,社会科学的研究方式和方法与自然科学有什么不同。方法论不仅表述科学哲学对科学的认识，同时将科学哲学中所表述的科学原理与具体的研究方法建立联系。而具体方法的有效性和可靠性恰恰建立在方法论给出的思路基础上，换句话说，如果我们理解了科学研究的逻辑、思路和一般原理，就会更好地理解具体的研究方法。方法论表述了一个好的、规范的社会科学研究应该是什么样的，应该遵循什么思路、程序和原则，还会进一步告诉我们什么样的问题属于科学问题、什么样的问题属于非科学问题，告诉我们什么是社会现象，如何测量和反映社会现象，以及如何分析这些现象并从中发现规律。方法论还会表述社会科学研究中价值判断与客观判断的联系，告诉我们怎样做研究才符合科学伦理，等等。

社会科学研究的一般方法可以分为两大类，一类称为定量或量化研究方法，另一类称为定性或质性研究方法。尽管两类方法都承认存在的客观性，而且都属于经验研究，但对于客观世界的认识方式还是有很大不同的。

如果将上述不同层次、不同类型的研究方法分解为不同课程或内容的话，那么社会科学研究方法中的第一门课应该涉及方法论以及科学研究中所普遍涉及的原理、过程和方法，我们把这门课称为"社会科学研究方法"，或"社会科学研究设计和研究方法"。这门课程主要介绍社会科学研究的思路、范式、原则、研究方式，以及如何做研究设计，如何对研究变量做概念化和操作化处理，如何对研究对象的状态、行为和认知进行测量，如何进行观察和收集数据，数据分析的一般原理，定性和定量分析方法的分类，如何做文献研究，以及如何撰写研究论文等一般性内容。

在学习了第一门课以后，就可以进一步把要学的研究方法分为量化(定量)研究方法和质性(定性①)研究方法两大类。量化方法也被称为"实证社会科学"(Positivist Social Science)②研究方法,它沿袭了自然科学的研究思路和方法,强调的是发现因果规律,做细致的经验观察,并要求研究者针对研究内容要保持价值中立。这类研究通常是通过实验、调查方法来获得数据,通过统计学方法来分析数据。量化方法所获得的结论往往具有较强的描述性、代表性和可推断性。质性方法被认为是"解释社会科学"(Interpretive Social Science)所使用的研究方法,其目的是要了解由于个体原因和动机所形成的个人内在感受,并决定人们以特定方式采取行动。这一方法侧重寻求发现有意义的社会行为、社会建构的意义和价值相对主义。③这一方法追求对原因和意义的深入剖析,属于"解剖麻雀"式的分析方法,尽管该方法具有很强的解释性,但其结论往往不具有广泛的代表性和推断性。很多中国学者由于对质性研究方法了解得不充分,经常会误认为质性研究方法比定量研究方法更容易学、更容易做。然而事实正好相反,质性研究方法的使用要比量化研究难得多,在实践中更难把握,这一点只有在系统学习特别是真正使用了这一方法后才会理解。实际上,定量研究方法和定性研究方法各有其优势和不足,而且二者的优缺点恰恰是互补的,因此将两类方法结合来做社会科学研究,意义更大,效果也会更好,在国外被称为"混合方法"。

---

① 陈向明教授认为,国内学者所使用的"定性研究"术语,所指比较宽泛,几乎所有非定量的东西均可纳入"定性"的范畴,如哲学思辨、个人见解、政策宣传和解释,甚至包括在定量研究之前对问题的界定以及之后对数据的分析。这与"质的研究"有本质不同(参见陈向明著《质的研究方法与社会科学研究》,教育科学出版社,2000年版,第22页)。而这里用的"质性研究"或"定性研究"均等价于"质的研究",与国内大家理解的"定性研究"是不同的。

② W. Lawrence Neuman. Social Research Methods: Qualitative and Quantitative Approaches[M]. 6th Edition. Pearson Education, Inc. 2006:81.

③ W. Lawrence Neuman. Social Research Methods: Qualitative and Quantitative Approaches[M]. 6th Edition. Pearson Education, Inc. 2006:87.

关于定量研究方法又可以分成三大类,即测量方法、数据收集方法和数据分析方法。这三类方法具有严格的逻辑联系,即分析是针对数据的分析,要想分析数据,必须先要获得数据,因此研究者必须知道数据是怎么来的,要了解数据收集方法。数据是人和社会特征的数量表现形式,如何将人和社会的特征转化为数据,则涉及测量方法。这样就存在着如何对人和社会进行测量,即如何利用测量工具将人的特征、观念和行为转化为数据的问题。学会如何将行为转化为数、如何获得数据、如何对数据进行分析,正是测量方法、数据收集方法和数据分析方法所要介绍的内容。

为什么要对人和社会特征进行测量?与对物质世界的研究一样,物理学家要想对物质对象进行研究,首先必须将这些研究对象转换为数据,物质的特征包括长度、重量、体积、面积密度等,对空气的测量会包括温度、湿度、气压、PM2.5含量等,要想把这些特征转化为数据,首先要有一个测量工具并规定测量标准。比如要想测量长度,人们发明了米尺,从而对长度设定了标准,并制作了米尺这样一个工具。用米尺来度量不同的物体,就可以得到不同物体长度的数据,物理学家再根据所获得的数据进行分析。针对人和社会的测量方式也是如此,简单地讲社会测量就是对人和社会特征进行赋值。然而针对社会的测量所获得的数据类型与对物体的测量有很大不同,有时要比对物体的测量更复杂一些。比如,对物体测量所获得的变量绝大多数为连续变量,而对人和社会特征的测量结果更多属于分类变量。

社会科学家把变量类型分为四类,即定类(nominal)变量、定序(ordinal)变量、定距(interval)变量和定比(ratio)变量。定类变量是按不同属性进行分类的变量,比如性别、民族、居住地等;定序变量不仅可以按属性分类,还存在内在顺序,比如受教育程度、满意度等。

这两类变量在社会科学中统称为分类变量。而定距变量和定比变量一般是按数值进行分类,统称为连续变量,比如年龄、收入等。

社会科学研究对象的复杂性导致其测量的方式也会比较复杂。有些特征可以直接测量,比如人的年龄、性别、受教育程度、民族等;有些特征是不可以直接观察和直接测量的,比如智商、信念、动机、幸福、需求、情感等比较抽象的内容,通常把这些抽象变量称作潜变量。人们很难用一个尺度或一个问题来测量这类抽象变量,必须构建一系列问题,从多个维度或角度来进行测量,最终给出一个综合测量值。这种多维度测量工具被称为量表。目前国际上已经有很多成熟的社会科学测量量表,也有些学者自己设计量表,但是自行设计的量表需要对其信度和效度进行检验。信度反映的是测量结果的稳定性或误差大小,效度反映的是测量工具是否反映了它所要测量的问题。在社会科学研究方法中,社会测量方法是一门独立的课程,对如何设计调查问卷、如何编制量表、如何测量信度和效度以及有哪些已经成熟的量表进行介绍。

测量工具准备好以后,下一步工作就是要利用这些工具来收集数据。一般来说收据社会数据的方式有三类:第一类是普查,包括人口普查、工业普查、农业普查等;第二类是经常登记,包括婚姻登记、出生死亡登记、人口迁移登记、工商登记等;第三类是抽样调查。一般来说,第一类和第二类通常是由政府组织的调查,属于全面调查,即涵盖给定地域的所有人群。不同的是普查一般属于静态调查,即在一个特定时间上的调查,而经常登记属于动态调查,即随着事件的发生随时进行登记或记录。第三类抽样调查属于对总体中部分人群进行的调查,它既可以做静态调查,也可以做动态或跟踪调查。第一类和第二类调查并不涉及很多技术性问题,而第三类调查,即抽样调查,往往涉及的技术性问题比较多,所以成为社会科学研究方法中要

专门讲授的一门课程。学习抽样调查方法可以让你知道抽样有哪几种方式,如何去设计抽样,通过什么样的抽样方法所得到的数据才会有代表性,能够反映客观事实。即使研究者个人不去做抽样调查而是使用别人的调查数据,学习了这门课以后你也可以判断所使用的数据是否是用科学方法获得的,数据本身是否能够反映客观事实,甚至你还可以判断数据是否有偏、是否能够代表总体,并能够根据情况对数据做适当的调整和修正。

物理学通常通过做实验来获得数据并发现规律。实际上,社会科学也可以仿照物理学实验的方法来获取数据,但社会科学的实验要比物理学难控制得多,因为控制对象是人,不是物。尽管如此,实验也不失为一种很好的、有效的方法。在社会科学收集数据的方法中,学生也会学习社会实验设计方法。这种方法往往针对检验某种干预或政策的效果,通过人为设定干预组、处理组或实验组,并将其结果与对照组或控制组结果进行比较,检验二者的差异。这一研究方法对于研究因果关系非常有效,所以它不仅属于数据收集方法,同时也属于数据分析方法的一种,不同的是它可以通过事前控制一部分混杂或干扰因素,而不是完全通过事后控制来测量影响因素。因为这类实验不可能完全控制混杂因素,所以有时也被称为准实验设计(quasi-experimental design)。

在学习了社会科学的测量方法和数据收集方法以后,进一步需要学习的则是数据分析方法。根据数据的不同类型和结构,可以将数据分析方法进一步细分为很多具体的研究方法。最基础的一门课,也被称为社会科学定量研究方法的第一门课,应该是"社会科学应用统计学原理"。这门课讲的是应用统计学最基础的内容。它涉及描述统计方法,即各类统计指标的计算和表示方法;还涉及从样本向总体进行统计推断和假设检验方法。这门课是推断统计学的基础,也可以说是整个统计学的基础。除此之外还要讲到交叉表分析,这是针对两个分类变量关系的分析。因为社会科学的绝大多数变量是分类变量,所以它在社会科学研究中得到广泛应用。可以说,这门课主要讲的是单变量和双变量统计分析问题,这里既涉及连续变量也涉及分类变量。从未学过任何统计学(包括曾经学过社会经济统计学)或者曾经学过但并没有真正理解统计含义和原理的学生,应该从这一门课开始学起。

在学习"社会科学应用统计学原理"时学生会了解到,单变量和双变量数据只能用于描述,不能用于对变量之间关系的解释,因为二者的关系并不是真实的关系,或者说可能是虚假关系,因此独立测量双变量关系所反映的结果是不能用来下结论的,这时必须控制有关的一系列其他变量。解决这个问题必须用多变量分析的方法,即回归分析方法。"应用线性回归模型"这门课是所有模型类课程的基础,它通常被称为定量分析方法的第二门课。任何其他统计模型都是在线性回归模型基础上或比照线性回归模型构建出来的,如果不了解线性回归模型,对其他模型的理解就会比较困难,而且在应用上,特别是在对模型结果的解释上也会经常出现错误。因此"应用线性回归模型"这门课也被称为学习统计模型的第一门课。

然而,线性回归模型主要是针对因变量是连续变量的回归。由于社会科学中的变量绝大多数都是非连续型变量或者称作分类变量,所以针对分类变量的分析用线性回归模型往往是解决不了的,因此对于做社会科学研究的学者来说,必须学会使用"分类数据分析"方法。这也是社会科学研究中使用最为广泛的一类方法。这类方法通常分为描述性分析和解释性分析方法两类。描述性分析方法主要涉及定类、定序和计数变量的双变量关系的描述;解释性分析主要介绍逻辑斯蒂(Logistic)回归模型,包括针对多分类定类和定序变量以及其他数据类型和结构(包括有条件数据、配对数据、重复发生数据、分层数据等)所使用的扩展逻辑斯蒂模型。除此之外,还会涉及对数线性(loglinear)模型、普阿松(Poisson)模型等其他广义线性模型。

无论是连续变量回归还是分类数据回归,针对的变量通常都被称为"状态变量",社会科学研究中还涉及另外两类变量,即时间变量和空间变量。针对时间变量的研究方法被称为"生存分析"方法,该方法得名于对人的生存时间的研究,然而该方法同样适合对人或物处于某一状态所持续时间的解释,比如失业持续时间、运动员运动生涯的持续时间、犯人释放后再次犯罪的时间、夫妻处于离异状态的时间、学生毕业找工作的持续时间等,这些"时间"的长度受哪些因素的影响,则是生存分析研究的内容。生存分析方法可以处理观测时间结束后的数据删失(censoring)问题,还可以解决自变量随时间变化的问题。核心生存分析模型被称为Cox模型,除此之外还有一系列有参数回归模型。针对复杂时间数据还有一系列广义Cox回归模型。

近年来,国际上出现了空间数据分析热潮。"空间数据分析"是一种针对具有空间位置属性的数据的分析工具,近年来在社会科学领域得到越来越广泛的应用。该分析方法主要涉及GIS(地理信息系统)平台下空间数据的分析在社会科学研究中的有效应用,尤其是针对社会科学数据,利用空间分析软件实现统计数据空间可视化、创建专题地图、进行GIS查询与地理空间分析,以GIS空间数据为素材,进行空间数据的统计与建模分析等。该课程内容可以分为GIS技术基础和应用统计分析建模两部分:GIS技术基础部分会以某一种软件为例,介绍GIS的基础概念与基本功能、GIS地图与GIS数据,使学生初步掌握GIS软件的操作与应用;空间数据统计分析与建模也将通过学习某一种软件的使用,结合实际案例介绍社会科学领域的空间数据统计分析方法。

除了处理带有因变量和自变量关系的模型以外,还有一类专门处理多变量关系的方法,称为"多元数据分析(multivariate data analysis)"方法。该类方法主要包括主成分分析、因子分析(包括探索性因子分析和确定性因子分析)、多尺度分析、聚类分析、判别分析、典型相关分析、对应分析等一系列分析方法。这些方法既可以测量和解决多个变量之间的内部联系和转换问题,也可以解决多个变量之间的外部作用关系问题。

绝大多数统计分析方法都假定被调查个体之间是相互独立的,然而事实却是很难得到严格独立的数据,因为在具有同一属性的一个群体内的个体一定会存在一定程度的相关性,我们可以把涵盖范围不同的群体分为不同的层。实际上,人的某一类行为不仅受到个体层面因素的影响,也会受到这个个体所在群体层面因素的影响,为了处理这类问题,人们创建了"分层模型(hierarchical model 或 multilevel)分析"方法。该方法不仅解决了样本不独立的问题,同时还可以测量不同层级作用因素对因变量影响的程度。

社会科学研究绝大多数使用的是截面数据(cross-sectional data),即在同一时间上对多个变量进行测量。人们往往使用这样的数据来做回归分析,其目的是在控制其他有关变量的情况下,研究一个变量对另一个变量的作用关系,并试图描述两个变量之间的因果关系。实际上,使用截面数据是不可能反映因果关系的,因为因果关系必须存在时间滞后性,即原因发生在前、结果发生在后。为了解决这一问题,学者们不仅只做一次性截面调查,而且对测量的多个变量做重复性调查,即在不同时间上获得多次同样的数据,这样的数据被称为纵向数据(longitudinal data),而针对这些数据所做的分析称为纵向数据分析方法。纵向数据实际上存在着对同一个个体来说,其测量数据在时间上不独立的问题,所以传统的以个体相互独立为假设的统计模型,在这里是不适用的,需要用专门针对纵向数据进行分析的模型。从本质上说,纵向数据分析所解决的问题与分层级数据分析方法所面临的问题类似,二者都需要解决混合效应(即固定效应和随机效应)的问题,这类模型也被统称为混合效应模型,简称为混合模型(mixed models),所以两种方法可以结合起来进行介绍。

科学研究的最终目的不是为了发现"是什么"而是为了解释"为什么",即要揭示因果关系。推断因果关系需要具备三个条件,一是原因发生在结果之前,二是二者存在含义上的因果关系,三是影响这一关系的其他变量必须被排除或被控制。社会关系是一种客观存在,它是先于研究、独立于研究而存在的。研究的目的是通过构建数学模型来反映这种客观关系,然而人们常用的回归模型只能反映简单和单向关系,即自变量对因变量的作用,这种简单的关系可能与真实关系相差甚远。真实关系实际上要比这复杂得多,甚至是一种错综复杂的关系,即不仅某个自变量会影响某个因变量,而且各个变量之间也会有影响,甚至因变量也会影响到自变量——这些关系有些属于直接关系,有些属于间接关系。"路径分析(path analysis)"方法正是为了反映这种复杂社会关系所发展起来的一种研究方法。通过使用这一方法,研究者可以同时测量多个变量之间的各类关系和各条路径,通过计算各条路径的系数,来反映模型中每一个自变量对因变量的作用程度,包括直接作用和间接作用,并比较它们的作用程度。该方法还可以处理变量之间互为因果关系的问题,将路径系数分解为多个作用因素,从而可以为变量之间的作用关系提供更好的解释。

尽管路径分析能够测量复杂关系,但却不能解决带有潜变量的复杂关系。而带有潜变量的"结构方程模型(structural equation modeling)"恰恰弥补了路径分析方法的不足,它可以针对带有潜变量的复杂数据进行分析。结构方程模型是由路径分析、确定性因子分析和联立方程模型三种方法有机组合起来形成的一类新的分析模型。由于该模型可以生成潜变量之间的关系,从而使其不仅能够研究很多抽象社会变量之间的关系,也可以通过将可测量的多个实变量根据其不同特征组合成多个潜变量,并将其用联立方程的形式联系起来。该方法近年来在国际社会科学界得到广泛的使用。目前该方法主要解决连续变量的问题,针对分类变量问题的方法,近年来也取得了长足的发展。在结构方程课程中会介绍最基本的原理和方法,以及理论模型构建、模型识别、参数估计、模型检验、评价及修正,并结合软件的使用和操作来介绍该模型的使用。

社会科学研究除了基础研究、应用研究外,还有一项特殊的研究,被称为评估研究。为了解决某一类社会问题,政府会制定出相应的社会政策或提供一些公共服务项目,一些社会公益组织、国际组织也会开展一些这类项目。然而令人遗憾的是,项目结束后,很少有人能确切地描述项目最终所取得的真实效果,原因是在项目实施过程中没有开展对项目的评估,从而拿不出项目是否成功的科学的证据。社会项目评估犹如财务审计一样,是项目工作不可或缺的环节,也是社会科学研究方法中一类特定的研究方法。"社会项目评估方法"是以社会调查和分析方法为基础,对社会政策和社会项目的干预效果进行测量。它不仅可以运用科学的方法对社会问题进行识别、界定,还可以协助开展项目设计、实施和管理,最终可以对项目实施的结果和绩效进行确切的评价。从某一个角度看,社会项目相当于"社会实验",人们可以通过"实验"来检验理论,也可以通过"实验"来解决某类问题。该门课程介绍评估的基本问题和如何做随机化分组以及相应的分析方法,包括倾向分配对法、双差异方法、工具变量估计、回归间断和管道方法等。

20世纪60年代罗马俱乐部的一批国际顶尖学者为研究人口、经济、社会和环境之间的关系构建出世界模型,这一模型后来被称为"系统动态学(system dynamics)"模型,该方法后来作为宏观政策模型被很多国家所采用。系统动态学是一种以计算机模拟技术为主要手段、通过结构—功能和信息反馈分析来研究和解决复杂动态反馈性系统问题的方法。它属于一门新兴的交叉学科,常被列为系统科学的一个重要分支,广泛地应用于自然科学、人文社会科学和工程技术领域,被誉为人文社会科学的"战略与策略实验室"。

近些年来,西方学者根据贝叶斯理论,提出了一种新的研究思路和研究方法,这种方法被称为贝叶斯方法(Bayesian methods)。这一方法的基本思路是研究者首先以概率的形式提出观点,然后通过实验或调查来收集能够支持这一观点的数据,并用贝叶斯理论来修正先前的观点,形成修正后的、可以用概率表现出来的新观点,并称为事后概率。然而,从统计方法上来讲,贝叶斯推断属于条件概率,它给出了在结果已经发生的情况下原因发生的概率,这属于一种反向推理,即从结果到原因,而不是从原因到结果。这一方法对传统统计学提出了非常大的挑战,有些挑战甚至是颠覆性的。

上一章曾经提到美国Glen Elder教授曾在20世纪70年代出版了一本对生命历程研究领域影响非常大的著作《大萧条时期的孩子们》,该研究通过跟踪1920—1921年出生的一批孩子,研究了他们的成长经历。受到该研究的影响,学者们提出了队列分析(Cohort Analysis)方法。该研究方法并不是构建了一个新的统计学模型,而是提出了一种分析思路和视角。队列(cohort)指的是具有同一特征的一批人,比如同时(一般为一年)出生的一批人、同时结婚的一批人、同时毕业的一批人或者同时就业的一批人。这里讲的队列也可以是别的事物,比如同时出厂的汽车、飞机、灯泡产品。队列分析方法指的是针对同一性质的一个或多个队列某些指定变量进行分析的方法。由于队列分析会涉及年龄(age)、时期(period)和队列(cohort),而且三者具有特定的线性关系,因此在这一分析中会将三者的效应结合起来,并将三个英文的第一个大写字母整合起来,统称为APC模型。

社会是一个复杂的随时间不断变化的系统,如何能够描述这一复杂系统的变化过程,对社会科学学者来说是一个巨大的挑战。其中一个有效的工具就是随机过程(stochastic process),它是指用时间和状态空间标志的一系列随机变量所组成的集合,并描述这一系统随事件发生变化的过程。当状态空间和时间空间均为离散形式的话,此时的随机过程则被称为马尔科夫链(Markov chain)。比如用随机过程可以构建婚姻模型,即构建从一种婚姻状态向另一种婚姻状态,以及各种婚姻状态向死亡的各种转移路径,从单身到在婚,从在婚到离婚,从在婚到丧偶,从离婚可以再回到在婚状态,从丧偶也可以再回到在婚状态。人们也可以构建迁移模型、就业模型和健康模型等。用统计模型来描述这一系统并反映这一系统的各类特征则是随机过程研究的任务。

尽管随机过程可以用来描述相对复杂的社会系统,但它只能描述一个受模型条件限定的系统,很难反映一个无条件的或假设过多、规律难以把握甚至是无法用数学关系来描述的复杂系统。近年来社会科学家开始用系统仿真的方法来描述社会运动过程,甚至用来模拟政策的执行过程和执行结果。仿真,顾名思义就是模仿真实过程。如果要描述一个真实的人口运动过程,它是用发生随机数的办法,并假定一个随机数就相当于一个人,这个人会经历人生中的各种"事件",比如入托、上学、就业、结婚、生育、退休等,人们通过设定各种事件随时间发生的概率,来描述这个人一生的经历,直到这个人死亡为止,这个数就消失了。若发生 1000 万个随机数,最终将得出这一千万个人一生的生存过程,将整个过程的宏观结果进行汇总后,可以得到各种测量结果。若出台某项政策,通过调整由于政策导致的某一事件发生的概率,可以估计出政策执行的效果或结果。由于现在的计算机运算速度快,存储容量大,可以导致这种仿真过程会在很短时间得出结果,从而很快模拟出政策执行的可能结果。仿真方法也被称为社会政策实验室。最典型的仿真模型是蒙特卡洛(Monte Carlo)模型,人们将蒙特卡洛模型与马尔科夫链模型结合,还构建了 MCMC 模型。

文献分析(Meta Analysis),也有人称为元分析方法,是以一篇篇论文或报告作为研究对象,而不是以"人"为研究对象的一种调查研究(survey research)或定量研究方法。研究者首先要构建一种编码系统,然后抽取某一领域的部分或所有研究文献进行认真的阅读,再对每一篇文献所反映的特征和定量结果进行分类和编码,最后使用相应的统计学方法进行分析,并对所选文献的研究结果进行定量描述。该方法是社会科学各类学科归纳、整合和解释学术研究成果最有效的方法。尽管如此,它的应用性仍然有限。比如,它只能针对实证性研究,并不能针对理论性、质性研究和政策建议性研究。当然,如果研究者能够直接获得各个研究论文或报告中的具体数据,就没有必要再做文献分析了,而是直接使用数据进行分析。

内容分析(content analysis)顾名思义是对文字材料(包括书籍、论文、历史文献、报刊、互联网、书信、广告、宣传栏等任何带有文字内容的材料)、影视、广播、电视、音乐、照片、绘画、舞蹈等各种内容进行的分析。它是一种通过计量特定内容发生的频数和比例所做的归纳性分析,因此属于定量分析方法的一种。做内容分析首先要选定所要分析的具体内容,并对要测量的内容进行分类编码;其次要定义分析的对象和总体,抑或对总体进行抽样;再次,记录内容发生的频数,并作必要的加权处理;最后对其结果进行汇总和分析。比如,人们可以研究某一个关键字在媒体上出现的频率,也可以分析公开发表的论文中基于证据(evidence based)得出结论的论文比例等。

社会科学研究者通常要做两个不同结果差异的假设检验,比如检验男性和女性收入是否相等的检验。因为研究所使用的是抽样数据,那么就可能存在用样本数据检验出的结果与"真实"或总体结果不同的情况,统计学中的"势(power)"指的是当总体结果确实存在差异时,用样本能够检验出这一差异的可能性有多大,用统计学语言则是,若原假设确实是错误的,而研究者能够拒绝原假设的可能性(likelihood)是多大。势分析(Power Analysis)主要有两种用途:一是做研究设计时,需要通过势分析来决定样本规模,设定显著性水平;二是对一项研究进行评价,分析为什么某项研究是失败的,或者没有能够拒绝原假设。在国际上人们公认的、可以接受的标准是Power要大于80%,即总体存在差异且能够通过样本检验出差异的可能性超过80%,这个研究就是可行的。很多国家的基金会都规定,课题申请书必须涵盖势分析的内容,目的是要估计出该项研究需要收集的样本规模,否则是不能立项的。

我们通常所学的和所做的统计估计和检验(包括对回归模型参数的检验)均假定样本数据来自简单随机抽样(SRS),即每个随机样本被抽中的概率已知并相等。而事实上,实际抽样时并不经常是每个样本均有相同的被抽中概率。社会科学所用的数据绝大多数都不是来自简单随机抽样,而是来自更为复杂的分层、整群、等距、按总体规模成比例(PPS)或者各种抽样方法整合一起的复杂的多阶段抽样。绝大多数情况下,为了使样本数据对总体有代表性,还需要做事后加权处理,这样的数据均被称为复杂调查数据(complex survey data)。在实践中,我们实际上使用的是复杂调查数据,但所用的分析方法则是针对简单随机抽样的方法。这样,对标准误(standard error)的估计,以及对总体的推断,都存在一定的甚至可能是相当大的误差。近年来,统计学家针对复杂调查数据构建了一系列分析方法,绝大多数统计软件也引入了这些方法,遗憾的是很少有学者,特别是很少有中国学者使用这些方法,当然这是由于学者们不知道为什么以及怎样使用这些方法。

以上介绍的具体研究方法均指定量研究方法,另一类具体研究方法则是定性或质性研究方法,此类研究在调查时所询问的问题基本上属于非结构化、开放性或者可以灵活设定的问题。实际上这里讲的定性研究方法属于一类方法,其中还可以分为许多具体的研究方法,包括叙述研究(narrative research)、现象学(phenomenology)、扎根理论(grounded theory)、民族志(Ethnography)、案例研究(case study)和焦点组讨论(focus group discussion)等。这里的每一个具体方法都其特定的思路,都可以作为一门课,但是在实际教学中往往并不会介绍得那么详细,所以教学中经常把定性研究方法作为一门课来讲,一次性介绍各个具体的研究方法。学习定性研究方法光靠听课是远远不够的,在学习过程中需要开展参与式教学,通过一边学习、一边实践的方式来加深对所学内容的理解。然而,真正理解和掌握定性研究方法,还需要在长期实践中去慢慢体会、逐步积累经验,这样才会做得越来越好。

在一般方法的基础上,很多社会科学的具体学科往往根据自身领域的特点和变量的规律,又拓展出了一些更为具体的研究方法。比如在经济学领域,学者们经常会使用时间序列分析方法来分析按时间顺序统计出来的数据,这类数据往往存在于政府的统计年鉴中,其统计对象往往是特定的地域,如全国、省、市、县等,特定地区会按照年代来统计和公布各项社会经济数据。因为是同一地区不同时间上的数据,这样同一数据在不同时间上是存在相关性的,这类数据属于"自相关(autocorrelation)"数据,所以传统的统计分析方法是不适用的,必须用特定的方法。除了经济学外,社会科学其他学科很少使用这类分析方法,所以它属于特定分析方法。

在经济学中还有一门更为一般的方法类课程,称为计量经济学(econometrics)。计量经济学实际上与统计学一般方法没有什么区别,它只是把一般统计学中经常在经济领域使用的方法集中起来,并将这些方法应用到对经济变量的分析中。严格意义上说,计量经济学可以被命名为"统计学在经济学中的应用"。计量经济学的特点是从线性回归模型入手,并将其进一步拓展到广义线性回归、联立方程、纵向数据分析等,并形成了自身的一套体系。由于计量经济学并不是从统计的最基础内容入手,并且过于强调统计模型的演绎而忽视统计学基本原理的介绍,往往学生掌握起来会比较困难。

近年来在社会学中人们经常使用社会网络分析(social network analysis)方法来分析各种社会网络关系,比如家庭关系、朋友关系、上下级关系等。社会网络分析方法最早是人类学家开始使用的,当时只是用来构造"结构",而不强调"技术",后来社会学家开始使用这一方法,在技术层面取得了很大的发展,并大量使用数学方法对其结构和关系进行描述。这一方法主要使用三类数据:第一类是关系数据,关注一个人与其他人的交往、联系、关联、接触、见面的情况;第二类是属性数据,包括人的状况、态度、观点、行为等的测量;第三类属于观念数据,主要反映意义、动机,以及与行为有关的定义和分类等。对前两类数据的分析方法已经比较成熟,而针对第三类数据的分析方法仍然在发展过程中。

以上是对目前国际社会科学领域主要使用的研究方法进行概括性的介绍,这里并没有涵盖全部的方法。实际上,学习了一种方法就相当于掌握了解决某一特定问题的一件工具,掌握的工具越多,解决问题的方法也越多,你的研究能力越强。要想掌握这些工具,人们需要静下心来、循序渐进地学习。

9.3 如何学习研究方法?

首先,我们对前面介绍的方法进行简单的归纳。我们把研究方法分为三个层面,即方法论、一般方法和特殊方法。在一般方法层面又分为定量研究和定性研究方法,而定量研究方法所涵盖的内容最多,也是社会科学研究中使用最为广泛的方法,规范的定性研究方法在中国使用得并不多。这主要是因为中国学者对定性研究有自己的理解,甚至把理论研究、思辨研究都称为定性研究,这是错误的。

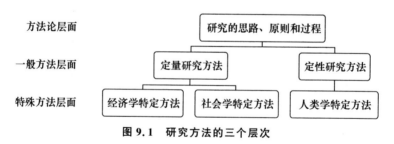

图 9.1 研究方法的三个层次

上一节在一般方法层面初步介绍了 23 种具体的定量研究方法,下面给出这些具体研究方法的名称:

1) 社会科学应用统计学原理
2) 社会测量方法
3) 实验设计方法
4) 抽样调查方法

5）应用线性回归模型

6）分类数据分析

7）生存分析（或事件史分析）

8）空间数据分析

9）多元数据分析

10）分层分析

11）纵向分析

12）路径分析

13）结构方程模型

14）项目评估方法

15）系统动态学

16）贝叶斯方法

17）队列分析

18）随机过程或马尔科夫链

19）系统仿真方法

20）文献分析方法

21）内容分析方法

22）势分析方法

23）复杂调查数据分析方法

在一般方法中的定性研究方法中，给出了下面几种方法：

1）叙述研究

2）现象学

3）扎根理论

4）民族志

5）案例研究

6）焦点组讨论

上面所列的研究方法课程,并不是可以随便想学哪一门课就可以学哪一门课的,它们之间具有内在逻辑联系。要想系统学习社会科学研究方法,需要遵循这种内在的逻辑顺序,否则会影响对内容的理解。

学习社会科学研究方法,第一门课应该是"研究设计和研究方法"。学习这门课,可以对社会科学研究的基本思路、原理、过程、各类方法等有基本的、全面的理解。在这门课中还会介绍一些简单的、与社会测量有关的内容,包括实验设计、问卷设计、抽样设计等。学完这门课以后,有人喜欢继续学习定量研究方法,也有人可能会喜欢学习定性研究方法,那么就可以开始学习第二个层次的课程。目前,国内社会科学领域均把定性研究方法作为独立的一门课。尽管这属于一类方法,其中还有很多具体的研究方法,但目前还很少有学校把每一种具体方法设置为一门课。学习定性研究方法,通常不需要任何前修课,但最好能够有过一些研究的经历,并掌握一定的社会科学理论。

对从来没有学过定量分析方法特别是统计学方法的人来说,最好从统计学基础课开始学。"社会科学应用统计学原理"被称为应用统计学或定量研究方法的第一门课。它将介绍统计学的基本概念、原理,以及针对单变量和双变量的描述、解释和推断方法。学完了解决单变量和双变量问题的方法以后,就将学习多变量问题的方法。针对多变量问题,最重要也是最基础的一门课就是"应用线性回归模型"。这门课是所有多变量分析模型或回归分析模型的基础,换句话说,如果这门课没有学或没有学好,会影响后续很多定量研究方法课程的学习。

我们通常认为,"研究设计和研究方法""社会科学应用统计学"和"应用线性回归模型"这三门课是社会科学研究最基础性的课程。

"基础"的含义是,它们是社会科学学者必备的常识性的知识和基本的方法,同时也是进一步学习其他方法的基础。说得严重一些就是,不掌握这些基础性知识就不具备从事社会科学研究的资格。

然而,要想把研究做得更好,还需要掌握更多的研究方法,并进一步学习后续课程。这些课程一方面介绍如何收集能够反映客观实际的数据,比如抽样调查方法。另一方面介绍不同类型、不同结构数据所使用的不同分析方法,比如针对分类变量用分类数据分析方法,针对纵向数据使用生存分析(也叫事件史分析)或纵向分析方法,针对空间数据使用空间分析方法或地理信息系统方法,针对多变量关系使用多变量分析方法,以及针对复杂因果关系结构通常使用路径分析或结构方程模型,等等。

社会科学领域的学生或学者尽管非常渴望学习研究方法,但经常会担心自己数学基础不好,怕学不懂。这种担心是不必要的。一方面是因为我们并不是专门研究方法,而是要应用方法,所以学习的重点是如何使用现成的研究方法。尽管在教学过程中会涉及方法的某些原理,但通常在讲解原理时,教师不应该过多地纠缠数学推导,而是要讲思路。另一方面是因为中国学生的数学基础可以说是世界上最好的,既然其他国家的学生能学,中国人肯定能学而且会学得更好。

实际上,社会科学研究方法有些课程只要有中学数学基础就完全没有问题,比如"研究设计和研究方法""社会科学应用统计学原理"这两门基础课是并不需要太多数学。其他课程,像"社会测量方法""实验设计方法""系统动态学""内容分析方法"以及所有的定性研究方法只要有一定的高中数学基础也就够了。除此之外的其他定量分析方法,只要学过初级微积分、线性代数和概率论,掌握起来也是没有问题的。即使有些学生确实没有学过这些大学基础数学,在学习这些课程前,只要通过设置辅助课,事先做一些补习,也是可以的。

那么,像学习少林武功那样,学习社会科学研究方法到底学到哪一步算是学到了"伏虎拳",算是"内功外功有了相当的功底"?学到哪一步算是学到了"散花掌",别人"就不大敌得过了"?我们这里把社会科学研究方法大体归为三级:初级、中级和高级(见表9.1)。"初级"属于入门级,也属于必备的知识,主要包括"研究设计和研究方法""社会科学应用统计学原理"和"应用线性回归模型"三门课。"中级"属于"有了相当的功底",即对社会科学研究使用的主要方法有了系统的了解,主要包括"抽样调查方法""分类数据分析""生存分析""多元数据分析"和"质性研究方法",共五门课。这些方法从应用角度上看,是社会科学领域使用最为普遍、最为一般的方法。"高级"属于学了以后别人"就不大敌得过"的一类方法,它既涉及相对复杂模型,也涉及应用领域更广泛的一些方法。应用比较广泛的方法往往技术性并不高,学起来也并不难,但相对复杂模型学起来会有一定的难度,关键还是取决于老师能否把方法讲清楚,做到通俗易懂。

表9.1 初级、中级和高级方法分类

初级	1)研究设计和研究方法 2)社会科学应用统计学原理 3)应用线性回归模型
中级	1)抽样调查方法 2)分类数据分析 3)生存分析 4)多元数据分析 5)质性研究方法

(续表)

高级	1）分层分析 2）纵向分析 3）路径分析 4）结构方程模型 5）空间数据分析 6）贝叶斯方法 7）复杂调查数据分析方法 8）马尔科夫链 9）系统仿真方法 10）势分析方法 11）项目评估方法 12）社会测量方法 13）实验设计方法 14）系统动态学 15）队列分析 16）文献分析方法 17）内容分析方法

第十章　社会科学的局限性

- ◆ 科学能力的局限
- ◆ 科学视野的局限
- ◆ 科学观察的局限
- ◆ 科学判断的局限

一般来讲,我们都认为科学是一种好东西,因为知识就是力量,科学就是生产力。科学能让人们在夜晚摆脱黑暗,让人们能坐上汽车、火车、飞机,让人们可以打电话、听广播、看电视、上网聊天、办事、购物。总之,科学让人们过上了好日子,让人们的生活更方便、更便捷、更惬意。但科学也带来了很多负面的东西,人们制造出武器来杀人,化学品的应用带来了食品的不安全,二氧化碳的过度排放引起了全球气候变暖、海平面上升等问题。

实际上,科学的目的是发现世界上原本存在的事物和规律,"发现"本身并无好坏之分,关键是要看人们是否正确地、合适地利用了这些发现。利用得好,人们会受益;利用得不好,会带来问题,甚至是灾难。而"利用"本身则是人的行为,即由人的主观所决定的行为。如何很好地利用科学,是科学本身解决不了的问题,这也是科学的局限性。社会科学是研究人的科学,"人"要比"物"复杂得多,用科学来研究人,就有更多的局限性。

10.1 科学能力的局限

自然科学研究的是物质世界,物质世界完全受自然力的支配。由于自然力是客观存在的,物质世界的状况和变化规律也是相对稳定的。相比来看,社会科学的研究对象是人,人既是生物的,又是社会的;既是物理的,又是有思想和智慧的;既可以受自然力的驱使,又有主观能动作用,存在个人力的驱使,因此人的活动和行为不仅受自然力的支配,更多的是受主观愿望的支配。人既有自然属性又有社会属性,但起决定作用的是社会属性,而社会属性既受社会环境、社会关系、社会观念、文化传统等外在因素的支配,也受个人内在主观决定作用的支配。那么,决定人的活动和行为以及它们的结果的原因至少涉及三个力,即自然力、社会力和个人力。

与自然力对物质世界的影响类似,自然力对人的影响具有普遍性。比如,人的健康状况,很大程度上受自然力的影响,比如遗传因素、自然环境因素等。自然力所带来的人的状况或行为差异,往往随着自然环境的变化而变化。自然力又可以分为外在自然力和内在自然力。外在自然力指的是人身体以外的自然环境,内在自然力指的是人身体内部的自然环境。比如,针对外在自然环境,在社会科学领域就曾存在着地理环境决定论,认为自然条件(即地理环境)是人类社会发展的决定性因素,即以自然过程的作用来解释社会和经济发展的进程,从而归结于地理环境决定政治体制,认为人类特性产生于气候。16世纪法国思想家博丹(Jean Bodin)主张地理环境决定民族性格、国家形式和社会进步。他认为,北方寒冷,使人们的体格强壮而缺少才智,南方炎热,使人们有才智而缺少精力。因此,统治国家的决定因素也应当有所不同:北方民族依靠权力,南方民族依靠宗教,中部民族依靠正义与公平。到了19世纪,地理环境决定论成为社会学中的一个学派,主要代表人物是德国的拉采尔(Friedrich Ratzel)。他认为,地理因素,特别是气候和空间位置,是人们的体质和心理差异、意识和文化不同的直接原因,并决定着各个国家的社会组织、经济发展和历史命运。地理环境决定论在18、19世纪是流行的自然主义思潮的一部分。针对内在自然环境,最为典型的是弗洛伊德的性本能理论。这一理论认为人的精神活动的能量来源于本能,本能是推动个体行为的内在动力。人类最基本的本能有两类:一类是生的本能,另一类是死亡本能或攻击本能。生的本能包括性欲本能与个体生存本能,其目的是保持种族的繁衍与个体的生存。弗洛伊德是泛性论者,在他的眼里,性欲有着广义的含意,是指人们一切追求快乐的欲望,性本能冲动是人一切心理活动的内在动力,当这种能量积聚到一定程度就会造成机体的紧张,机体就要寻求途径释放能量。但是,这里有一点是不容否认的,那就是自然环境对人的特征和行为确实是有影响的,但它只是多个影响因素之一,其影响程度的大小随着影响对象或内容的不同而不同。然而从人的特征和行为的整体上看,自然环境因素的影响并不是最主要的。

社会力反映的是社会环境对人的影响。社会环境包括政治、经济、文化、组织、信息等多个社会领域。具体讲则包括家庭、学校、单位、社区、组织、社会制度、社会文化、传统习俗和观念、宗教、政治、政策、法律、媒体等各个方面。另外,特定的社会事件,比如"反右""文化大革命""改革开放""农民工进城"等运动往往对人的影响更大。在生命历程理论框架中,人的时空位置(location in time and space)和关联的生活(linked lives)对人的发展有着相当大的影响。这里强调个人或某个群体所处的特定时间位置和空间位置决定了这个(些)人的经历。在中国,30后、40后、50后、60后、70后、80后、90后所经历的历史事件完全不同,所受到的影响也不同,经历和感受也不同,原因是不同时间发生的历史事件对生命历程有着决定性的影响,从而使经历过不同历史(事件)的人有不同的特征、不同的理想、不同的追求、不同的世界观和人生观,因此可以说人是时代的产物。关联的生活指的是所有层次的社会作用,包括文化、制度、社会、心理、社会生物等因素,不仅作为整体的一部分在相互作用和相互影响着,以及与具有类似经历的其他人接触的结果也在相互影响着。它们之间的结合方式也在发生变化,有些中断、破坏了,有些遵循社会和文化的期许在平稳地演进着,研究者期望找到不同背景或经历人群之间的差异。社会学中的社会网络理论或人力资本理论讲的都是人和所处的社会环境之间的关系。

最后一个因素是个人力,即个人的主观能动作用。尽管自然因素和外在社会环境对人的行为能够产生影响,但这些都属于"外因",人的某些特征和行为最终是由人的"内因",即个体自身所决定的,这被称为人的主观能动性①(human agency)。任何动态系统都会将其行为适应于环境以满足它的需要,任何个人或群体要想满足自己的需要必须主动地进行决策,并围绕其目的来安排生活,目的包括经济保障、寻求满足、避免痛苦等。比如是否考大学、应该找什么样的工作、找什么样的配偶等,都是由人本身所决定的。个人所做出的决定,通常不是随意的,而是有原因、有目的性的。哲学家把这称为人的"理性"。当人们通过理性进行思考,并最终做出决策时,理性蕴含了极为复杂的因素,既有内在和外在的自然,又有外在的社会环境,同时还会将过去、现在和未来联系起来做综合平衡。然而,即使这些因素或条件都相同,由于人的个体特征和经历的差异,如年龄、性别、受教育程度、婚姻状况、就业状况、以往的生活和工作经历等,也会导致存在选择性差异。

尽管前面分别描述了三种力,但是自然力、社会力和个人力三者对人的作用是共同的,是不可分离的。与物质世界的作用力只有自然力一种相比,人的行为的作用力有三种,从而决定了影响人的行为的因素要比自然因素多得多,关系也复杂得多。我们拿两个物体的关系和两个人的关系为例来做一个比较。

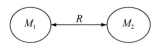

我们可以把两个圈看成两个物体或看成两个人,并测量二者的

---

① 人们经常把主观能动性的决定性因素归为心理学因素,这是一种误解。实际上心理学因素又与人的内在自然(包括性和遗传因素)关系密切,它也可以被归为内在自然力因素,而不把它看成是个人力。

联系或作用力。若看成是两个物体,那么 M_1 和 M_2 可以看成两个物体的质量,R 看出二者的距离,那么根据万有引力定律,二者的引力 F 为

$$F = G\frac{M_1 \cdot M_2}{R^2}$$

这里 G 为万有引力常数。这里描述两个物体之间的自然力关系,即两个物体间的引力与两个物体的质量的乘积成正比,与二者距离的平方成反比。

若把上面的两个圈看成是两个人,那么两个人关系的密切程度 F 应该用什么函数来表达呢?首先,M_1 和 M_2 不再只是表达两个人的身体质量了,而应该分别包括自然力、社会力和个人力三大要素。其次,R 仍然可以看成是两个人的空间距离,但关系密切程度并不一定与 R^2 呈反比了,甚至有可能呈现非线性关系,比如两个人距离很近和距离很远的时候关系会比较密切,而处于中间位置,可能关系会不太密切。不同关系距离的作用也是不一样的,比如距离对夫妻关系、朋友关系、情人关系、母女关系的作用会有不同的效果。再次,双方的作用力和反作用力可能并不是相等的,尽管二者的关系属于互为因果关系,但是第一个人感受到的与第二个人的关系密切程度,与第二个人感受到的密切程度并不相同。最后,这几个变量的数学函数关系可能不是这么简单,而应该是更复杂的关系。若用潜变量模型表示,甚至可以表现出下面的关系:

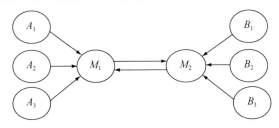

这里的 A_1、A_2 和 A_3 分别表示第一个人的自然力、社会力和个人力三个潜变量，而且每个潜变量会涵盖多个可测量的实际变量，这些实际变量并没有在图形中给出，否则这个关系会更复杂。第二个人也可以用同样的方式表现出来。

对人的测量不仅关系复杂，其变量的变异（或变化）也比自然物质的变异要大很多。实际上，自然力、社会力和个人力三因素对人的特征、状况、行为、认知、想法、愿望、喜好等不同内容的作用程度也是不同的。对那些自然力作用程度更大的变量来说，往往变量的差异会比较小，或者说变异度相对比较小，比如疾病、健康、死亡、性格等变量。相反，如果个人力或主观性作用程度更大，或主要通过个人主观判断所获得的变量，则变异度会相对比较大，比如兴趣、爱好、期望、意愿、情绪、幸福感、满意度等。同样，我们可以与自然物质的变异进行比较，比如测量一个物体下落的高度，其公式为：

$$h = \frac{1}{2}gt^2$$

这里，h 为高度，t 为下落时间，g 为重力加速度。这里重力加速度 $g=9.80665$，为相对稳定的常数，尽管也存在一定程度的变异，比如这个值在赤道附近较小，在高山处比平地小，但变异幅度非常小，甚至可以忽略不计。正是由于自然事物变量的变异比较小，或者说它的随机误差可以忽略不计，所以在自然科学中往往用确定性函数，而不是用随机函数来表示变量之间的关系。

在社会科学中，如果测量影响人的幸福感的因素和关系，我们通常会考虑到很多因素，包括性别、年龄、受教育程度、婚姻状况、收入、职业、健康状况、居住条件、家庭关系、人际关系，甚至可能还包括身高、体重、长相等，影响因素可能很难穷尽。另外，各因素与幸福感的关系可能会十分复杂，除了要考虑自变量与因变量之间的函数关系外，各个自变量之间可能还有关系。在统计学上，为了使关系简化，不得不给出很多假定，比如假定自变量与因变量之间的关系是线性关系，作用力是单向的，而且不考虑自变量之间的关系，这样就得出了一个线性回归方程：

$$Y = \beta_0 + \beta_1 X_1 + \beta_2 X_2 + \ldots + \beta_{p-1} X_{p-1} + \varepsilon$$

这里 Y 是因变量，X 是自变量，β 是回归系数，ε 是误差项。尽管已经给出了足够多的自变量，用来对因变量——幸福感进行解释，由于这些变量仍然不能穷尽所有的解释变量，我们认为模型存在很大程度的未能解释变异，所有这些未能解释的变异在模型中用 ε 给出。

使用确定性模型和使用随机模型，其含义是完全不同的。前者的含义是，一旦条件满足，结果一定会发生，而且在条件相同的情况下，多次发生事件的结果是相同的。后者的含义是，条件满足了，但某一特定结果未必发生，而且在条件相同的情况下，发生事件的结果可能完全不相同。比如两对条件完全相同的夫妇，一对就离婚了，而另一对就没有离婚。到底是什么原因？解释起来是很困难的。相比来看，拿两块不同的石头，在同一高度往下落，它们的重力加速度几乎完全一样，解释起来很容易，因为二者都满足上面给出的重力加速度的公式。

正是由于社会科学变量相对于自然科学变量的不确定性程度比较大，所以研究社会科学就更不容易，要想给出相对稳定的结果或结论，在社会科学领域就需要更多的研究样本或更多次的实验。

总之，社会科学研究对象表现的是复杂关系，所以对真实客观事实的描述比较困难，也更不容易描述准确。除此之外，社会科学变量的变异很大，所以测量结果会更加不稳定，所获得的结论也更加不确定。因为社会环境是在不断发生变化的，生活在这个环境中的人也在变化，人和人的关系也在变化，这就导致社会科学理论具有历史性和条件性,在时间上并不具有稳定性或不变性。因此,社会科学的预测能力相对比较差,但并不等于不能预测。至少,利用规律对未来进行判断,一定比不依据任何规律、只凭拍脑袋进行判断,要准确得多。客观一点的结论是,社会科学仍然具有预测性,只是预测的确定性程度或准确性程度要比自然科学差一些。这是社会科学在测量能力上的局限性。

10.2 科学视野的局限

社会科学追求对社会现象因果关系的解释。在研究开始之前,研究者需要通过给出研究假设来描述所要证实的因果关系。而研究假设给出的是两个变量之间关系的表述。研究者需要通过收集相关数据,构建相应的统计模型,在控制其他相关变量的基础上,给出两个变量之间关系的显著性检验,最终确认或否定研究假设。

很明显,科学通常只研究具体的且有因果关系的两个变量的关系问题。这样的问题对于习惯于研究"大问题""宏观问题"或"国家政策问题"的中国学者来说,实在是太小的、不值得研究的问题。

那么,"大问题"和"小问题"的差异在什么地方呢?首先,"大问题"基本上属于宏观问题或国家政策问题,而"小问题"基本上属于老百姓的问题,或是微观的"人"的问题。其次,"大问题"涉及的关系比较复杂,很难用现有的某个简单模型来反映复杂关系,从而很难拿出科学的、确切的证据来回答某个宏观问题或提出某些政策性结论,而"小问题"则可以通过数据和简单模型来检验某一假设,并得出确切的结论。最后,对"大问题"的回答,从实证角度上看基本上是描述性的,从结构角度上看基本上是构思性的,从建议角度上看基本上是主观判断性的,而"小问题"的研究则更具解释性,特别是若能够将定量研究和定性研究结合起来,即用混合研究方法,则既可以使得到的结论具有一般性和可推断性,又可以对其结论所产生的原因有更为深刻和详细的解释。

在这里就出现了矛盾,即研究"小问题"可以做得很科学,但"不重要",研究"大问题"很重要,但做得不够科学。换句话说,科学对研究"小问题"有效,对研究"大问题"几乎无效。这也是目前社会科学的一个局限。科学的这个局限,导致学者们很难用严格的科学方法得出宏观性的、政策性的结论。

在国外的社会科学领域,由于学者们都是在做科学研究,所以绝大多数学者所做的研究和所发表的论文都是"小问题",并能够给出确切的、有证据的结论。在国外,确实也有学者做相对来说题目比较大的研究,但他们的做法并不像某些中国学者那样,用思辨和抽象的论证方法,而是把问题化整为零,把大问题分解为一个个小问题,然后再分别对小的、具体的问题进行实证性分析,最终通过对小问题的归纳和梳理,再对"大问题"给出解释。当然,无论是国外还是国内,也有很多学者对"大问题"的分析和研究采用的不是微观数据,而是宏观数据,即利用政府所公布的二手数据来做研究。然而,利用宏观数据来做研究,从描述角度看是没有问题的,但是在对问题的解释上,特别是解释因果关系时,这类数据是远远不适用的。此时研究者会引进很多个人的主观判断,并通过主观判断将一个个描述的事实链接起来,尽管表面上看推理的逻辑关系还算比较严谨,但最终的结论仍然具有很强的主观性。

基于这样一种情况,在国外研究"科学"的学者和研究"政策"的学者,二者通常是分离的,做科学研究的学者很少有人涉及宏观政策研究,而政策研究的学者也很少有人去做微观的科学研究。毕竟两类研究,在思路上、方法上和使用的数据上,都有相当大的差异。从人群的构成上来看,绝大多数学者,特别是在大学工作的学者,都是研究科学问题,很少有人去研究国家政策问题,只有很少部分在政府部门或专门从事政策研究或咨询的非政府研究机构的学者会专门做宏观政策研究。在中国,情况正好相反,无论是在大学工作的学者,还是在政府研究部门的学者,大家都关注政策研究,这两批学者中都是从事宏观政策研究的学者占绝大多数,他们接受的观念是:社会科学研究的目的就是为国家发展和制定国家政策服务。很少有人认为,社会科学研究的核心目的应该是为探索未知的社会规律和社会知识服务、为老百姓服务,或者为解决老百姓所面临的具体问题服务。

当然,这里面还有一个原因,那就是研究宏观问题、政府关注的政策问题,会得到丰厚的研究经费,因为政府提供的课题指南中绝大多数都是这类问题,与其说学者是跟着政策走不如说是跟着钱走。在指南中涉及研究社会规律问题、研究老百姓问题的题目却很少,学者自己所选择的研究题目又很难得到政府的资助,所以很少有学者来研究这类问题。这样既抑制了规范的、科学的研究,也阻碍了基础科学和纯学术研究的发展,更影响了学科建设。这也是导致中国社会科学长期落后于国外的原因之一。

面临社会关系复杂以及宏观研究和微观研究相分割的困境,国外社会科学家一直在探索构建复杂关系模型,同时将微观、中观和宏观变量整合到一个模型中,来模拟复杂的、真实的社会关系,这样不仅从微观层面得出结论,同时也能从中观和宏观层面回答政策性问题。

尽管这方面的研究在国外还不十分成熟,但经过多年的努力,学者们已经构建出了一些数学模型,并在一定程度上拟合和反映相对复杂的社会关系。比如,多层模型可以反映多个层级如个体层面、家庭层面、社区层面和地区层面等变量对因变量的影响；路径分析可以通过直接关系和间接关系来反映来自不同路径上的因素对某个特定因素的作用；结构方程模型是在路径分析的基础上，把微观的真实变量按其变量特征组合为不同的潜变量，把潜变量看成为更高一层级变量，并构建潜变量关系的数学模型。近年来，国际社会科学界使用马尔科夫链模型来构建复杂关系，在此基础上形成了多状态人口模型，将微观人口变量与宏观人口变量建立起联系，通过对模型的模拟估计宏观变量结果，用于制定宏观人口政策。由于社会关系比较复杂，变量之间的确定性关系很难建立，学者们更多地开始使用蒙特卡洛仿真模型对社会关系和社会政策进行模拟，也取得了非常可喜的成绩。罗马俱乐部创建的系统动态学模型，也可以用来构建人口、经济、环境和社会大系统的复杂关系，然而系统动态学模型从总体上看仍然属于宏观模型，并没有将宏观与微观建立联系。经济学界近年来使用比较多的一个复杂模型被称为可计算一般均衡（computable general equilibrium，CGE）模型，该模型能够将微观数据与宏观指标结合起来。模型近年来在不断拓展，有关人口、健康、环境等变量不断被链接到模型中来，使模型所构建的关系更为完善，从而成为一个比较有效的政策分析工具。实际上复杂系统模型的构建并不是那么容易的，因为系统中的要素需要在互动过程中彼此不断适应和调整，个体或局部因素的变化或叠加并不等于整体行为，局部向整体的过渡是局部之间互为条件的、非积累的、非线性的互动，而且系统应该是不断变化的、动态的、具有创新性的。

  总之，正是由于存在这样或那样的问题，国际上绝大多数学者研究的仍然是"小问题"，毕竟这类问题可以通过科学的方法给出确切的结论。遗憾的是，中国研究"大问题"的学者，或做宏观或政策研究的学者，很少有人能够用科学的方法来研究问题，绝大多数仍然采用哲学的、思辨式的方法，如果这类研究的结果被政府采纳，可能会有很大风险。

10.3 科学观察的局限

在本章的第一节我们曾经谈到人的行为受自然力、社会力和个人力三类原因的作用。因为人都生长在一般的自然环境中，包括外在自然环境和内在自然环境，因此除了某些特定自然环境（如地理环境、遗传条件）的差异外，绝大多数人受自然环境影响的程度没有太大的差异，换句话说自然环境对人行为的影响具有一般性和普遍性，变异性很小。对变异小的客体进行研究，通常采用实证研究方法。这也是为什么自然科学通常采用实证性研究方法的原因。换句话说，如果人的行为只受自然力作用的话，对人的研究方法就与对物的研究方法完全一致了。然而，决定人的行为的因素除了自然力还有社会力和个人力，而后两者的影响程度更大，从而导致社会科学研究不能完全采用严格的实证研究方法。

当加入社会力的作用以后，人的行为变异就越来越明显了。人生活的社会环境不同，导致人的观念、行为、习惯、文化以及生活方式都有很大的不同。社会环境的分割最重要也是最一般的标准是空间变量，人们可以把空间定义为一个国家、一个省、一个县市，甚至是一个社区。社会环境分割的另一个标准是语言，同一语言的人群所具有的观念和习俗往往十分相近，因为语言承载着文化。宗教通常也是划分社会环境差异的一个标准。实际上，正是由于不同的人处于不同的社会环境下，他们的行为会自觉不自觉地受到所处的社会经济和文化的影响，从而导致人的变异开始加大。研究对象的变异越大，研究结论的一般性和稳定性就越差，发生错误的风险也越大。

为了克服这一问题,研究者通常会将研究对象的范围缩小,比如只研究某个特定群体,如某一个区域(如武汉市)、某一个性别(如女性)、某一个年龄段(如老年人),或同时满足这三个条件,比如研究对象为武汉市女性老年人。缩小研究对象的范围,会使研究对象的变异明显减小。由于研究对象的变异越大,得出确切结论所需的样本规模也会越大,当研究对象范围减小后,研究同一问题所需的样本规模也会明显减少,使研究更为容易。尽管如此,这类研究仍然属于实证研究。

当考虑到个人力的作用时,情况就不那么简单了。个人力指的是个人自由的、主观的意志,属于个性化意志。它强调的是,只要不是同一个人,其个人的想法、判断、期望、喜好和决策会是完全不同的,个体变异十分巨大。因此有学者认为从个体层面看,人的行为并不存在普遍性规律,甚至是难以预测的。也有人认为单纯基于群体数据所做的研究,会把人看成"数",而忽略了人是有思想、有血有肉的。基于这样一种思路,一些学者倾向于对个体进行关注和观察,并对个体的差异进行解释。由此在理论上产生了解构主义、现象学、诠释学和批评理论,更为极端的甚至还出现了后现代主义(Postmodernism)思潮,即强调个人的经验、背景、意愿和喜好在知识、生活、文化和性上占优先地位。针对这类问题的研究在方法学更强调做质性或定性研究。

质性研究也属于科学研究或经验研究的一种,因为它仍然强调尊重客观事实,以事实为基础、以事实为依据,从客观事实中获得结论。质性研究与实证研究或定量研究不同的是:1)质性研究的事实,追求的并不是大样本,而是有限的个案;2)追求的并不是由数据得出一般性结果,而是寻找这一结果背后的深层次解释;3)追求的并不是研究者与数据的联系,而是寻求研究者与被研究者的直接接

触和互动,并通过研究者个人对其感受到的个案事实进行解释。

正是由于最后一点,实证主义者对质性研究方法提出了怀疑,认为尽管研究者尊重并试图反映客观事实,但这种"事实"是基于研究者个人的接触、理解、判断而获得的,这样会导致主体对客体的解释是通过主体主观过滤后给出的结果,这一结果必然带有明显的主体的主观意识,从而违背了科学研究的客观性原则。所以实证主义者认为这种研究方法是有问题的。

在中国目前存在着一种相反的认识,即否认实证研究方法在社会科学研究中的作用。这种认识实际上来自于西方社会近年来掀起的对使用定量数据所带来问题的一种批评。我曾碰到过一位正在攻读社会学学位的研究生,我问他是否学过定量研究方法,他的回答是,我们老师已经告诉我们,定量研究方法在西方已经被彻底否定了,现在我们需要学的是定性研究方法。我听到这样的回答,感到很惊讶,这简直就是对"科学"的一种误解。有一本翻译过来的书,名字叫《为什么数字使我们失去理性》。乍一看,似乎这是一本否定用数据做研究的书,实际上这本书的目的并不是否定定量分析,而是强调过度使用定量数据可能会带来的问题。本书一开篇就直接引用了美国测量和公共政策全国委员会 1998 年报告中的话:"我们承认,测量有助于减少机会分配的不公平,有助于把资源分配到经济的弱势群体,同时又有利于我们的决策。但是,过去几十年出现的越来越过度依赖测量的倾向却剥夺了我们民族所需要的才智,而且有时还与我们民族推崇的公平和机会均等的理性相冲突。"①

在科学哲学领域,国外有很多不同的学派,对"科学"的定义和方

---

① 〔美〕戴维·博伊尔(David Boyle). 为什么数字使我们失去理性[M]. 黄治康,李蜜,译. 成都:西南财经大学出版社,2004:1.

法有不同的理解和解释,特别是在传统科学研究出现了一些问题以后,出现了向解构主义和主观主义回潮的趋势,并提出了实证研究的局限性问题。然而,这种批判或反思是在了解和熟悉经验性研究的基础上做出的,或者说新思想是对以往经验研究方法不足的补充,而不是否定。国内学者往往不了解科学哲学的发展脉络和整个过程,看不到思路和观点的演进,所看到的只是偶然获得的西方学者的某一本著作或某一个观点,了解的只是某一学派的思想,这只是片面的理解,甚至简单地接受甚至传授给学生,对学生的影响很不好。

尽管我们前面曾经谈到,中国学者面临的问题,是将主体和客体相混淆,但是从另一方面说,作为研究者的人更容易了解人,这是学者们研究人的社会行为所具有的优势,而研究自然科学的学者则不具有这个优势。伽利略在描述宇宙时曾说:"除非你首先学会了理解宇宙的语言,以及认识到其中的特征,否则你不可能理解宇宙。"与此相对照,社会科学工作者是理解人的语言的,并了解人的基本特征,所以更容易理解人的行为。有益于对人的研究,不等于单纯通过理解人来对人群进行研究,通过个人的感受来下结论,因为一个人对群体行为的理解毕竟是主观的、有偏的。而真正的优势在于,研究者可以通过感受和理解来直观地判断研究结论的合理性。

实现主体对客体主观意识的客观认识,并不是一件容易的事情。因为主观意识问题需要被调查者用语言、肢体和行为来表达,比如被研究者是怎样想的、为什么这样想、为什么这样做等。那么首先,被调查者所表达出的信息是否是他的真实想法,或者想表达真实想法,但由于表达得不清楚或不正确,会使调查者产生误解;其次,即使表达正确,被调查者通过这些信息所表达出的内容,也并不一定能够完全被调查者所理解,甚至可能会出现理解性错误;最后,即使调查者理解得比较准确,并不意味着调查者可以表述准确。尽管调查者努力让自己表述出来的东西反映客观事实,无奈可能受访谈环境的影响、被调查者对调查者的信任度、被调查者的语言表达能力,以及调查者的背景、观念、文化、受教育程度、对所研究问题的熟悉程度等,都会影响到调查结果。总之,对个体的深入考察和解释本身,很难像针对群体研究那样,完全独立于研究者本人。这本身就体现出了社会观察存在局限性。

实际上,正像人的行为受到自然力、社会力和个人力的作用一样,对人的研究也并不应该只采用一种观察方法。正是三种力的共同作用,才会导致人的行为并不是随意的和偶然的,背后仍然有一种力在制约和引导着人的决策和行为,这犹如扔硬币一样,每一次抛掷得到的正面或反面的结果,似乎是偶然的,但多次抛掷后出现正面或反面的比例则趋近一个特定的比例,即显示出了一定的规律。不同的是,由于受个人力的作用,人的行为的个体结果不会像硬币那样只有两面,而会有更多的不同情形,但是从整体上看,特别是当观察样本足够大以后,仍然会表现出规律,即发生某一种情形的比例最高,或者存在一个平均值,而这种巨大的差异则表现在该分布的方差会比较大。如果差异过大,人们就不应该只关注平均值或总体值,更应该关注和研究差异,甚至可以按照差异将研究对象分成不同的组,单独进行研究。当同质性样本被单独进行研究时,样本内部的差异就大大缩小了,此时得出的结论针对这一特质总体则更具代表性和典型性。当然,样本规模越小,结论越确切,解释越清晰,但代表性就越差,主观性就越强。这也正是定性研究的缺陷。一个好的定性研究,尽管不能彻底摆脱主观性,但应该尽量回避或尽可能小地受主观性的干扰。

笔者认为,无论是定量研究还是定性研究,都属于科学研究的范畴。两种方法都有各自的优点和缺点,独立使用任何一种方法来做研究都是不完美的。由于二者的优缺点是互补的,所以能够把两种方法结合起来进行研究,才可能使研究做得更完美。两种方法的结合并不是要在一项研究中、在同一时刻使用两种方法来进行观察,而是应该有先后顺序。比较合理的顺序是:研究的初始阶段,当研究者对所研究的问题还不是特别了解时,首先采用定性研究方法,并将其作为一种探索式研究,会使研究者从定性的角度了解所要研究的问题是什么,导致问题产生的主要原因是什么,以及影响该问题还有哪些可能的因素。第二步是在获得这些信息后,研究者就可以做定量研究设计,包括理论框架的构建、定量问卷的设计,以及变量的操作化界定等。随后是开展定量调查,收集有关数据,并对定量数据进行分析。第三步的目的是针对定量数据分析所发现的问题,做更为深入的解释,此时应该再次使用定性研究方法,并且有目的地去解释定量研究发现且本身又不能给出解释的问题。总之,合适的顺序是:定性研究 → 定量研究 → 定性研究。

10.4　科学判断的局限

科学结论严格意义上均应该属于事实或客观判断,即基于实证证据所下的结论,但是社会科学研究特别是针对解决社会问题或政府决策研究,往往单纯给出基于事实得出的结论是不够的。比如,20 世纪 70 年代,中国学者专门研究了人口和经济、人口和资源的关系,并根据当时的宏观统计数据计算了人均 GDP、人均耕地面积、人均水资源、人均森林覆盖面积等指标,与很多国家比,中国的这些指标都非常低,其结论是:相对于当时的经济和资源状况,中国人口过多,人口增长率过快,这说明人口出了问题。如果一项研究到此为止,政府可能并不满意。因为这里并没有说人口问题是由于人多带来的问题还是由于经济增长速度慢带来的问题,同样也没有说如何解决这个问题。

因此,针对任何与政策有关的问题进行研究,不能仅仅停留在给出实证结论,还必须要求研究者判断所发现的事实是否属于"问题(Problem)"[①],以及产生问题的原因。如果是问题,研究者针对是否以及如何解决或应对这些问题,需要给出明确的判断和结论,甚至要提出一系列对策性建议。此时,从事实判断以后所给出的所有判断则涉及价值判断。这类问题在中国的社会科学研究中普遍存在,因为很多研究最终的落脚点是要针对研究给出的事实提出政策性建议,而这些建议基本上都不具有客观性,而是有很强的主观性。换句话说,给出的建议已经远离了科学。在中国的社会科学领域却存在一个普遍且又奇怪的现象,那就是很多学科、很多高校都要求社会科学论文一定要有"政策建议",认为没有"政策建议"就不是一篇好的、完整的论文,这种规定本身就是有问题的。

从这里可以看出,科学只能告诉你事实,但判断这一事实是否是问题、是什么原因导致的、如何解决这个问题,是科学所回答不了的。这是科学的最大局限。然而,一些国家制定的社会政策存在争议的原因,并不在于实证研究出现了错误,而在于依据实证研究所做的决策背后的价值标准,并不是人们普遍公认的,甚至是错误的。

仍然拿人口为例,当实证研究证实了中国人口与经济和资源不相适应以后,人们存在两个可能性的判断,即这种不相适应到底是人增长太快还是经济增长太慢,是人太多了还是环境容量太小了。如

---

① 在中文里"问题"一词有两种含义,一种是有"毛病"了,叫有问题了;另一种是指某种"事宜",比如考虑某一问题,犹如考虑某一事宜。到底是指哪种含义,往往要根据上下文来理解。这一点英文做得就比较好,前一种所用的词为 problem,后一种用的词为 issue,这样在含义上就不容易混淆了。

果结论是人增长太快,其建议就应该是:需要适当限制人口的增长。如果结论是经济增长太慢或环境容量不足,其建议就是:更好地发展经济或扩大环境容量。因为当时人们普遍认为社会主义制度比资本主义制度有更大的优越性和先进性,而且计划经济又是社会主义制度下特有的制度,所以不会认为经济增长有问题,转而认为是人口增长太快导致的问题,所以被称为"人口问题"。既然是人口问题,那么解决问题就要从"人口"入手,即提出了要实行计划生育、控制人口增长的政策。

很明显,推行计划生育是价值判断的结果。然而,一旦涉及价值判断,就存在判断标准问题。这种价值判断标准实际上也有主观性和客观性之分,主观性是基于个人自身的判断标准,即基于个人脑袋里固有的标准所进行的判断;客观判断是基于社会的、大众的普遍价值观或价值标准所进行的判断。前者通常是针对那些社会上有争议的价值判断,比如研究发现女性就业率在不断下降(这属于事实判断),严格意义上的科学结论只能到此为止,而不需要再进一步演绎。但读者或决策者对此结论可能并不满意,他们不知道这属于"问题"还是"不是问题",是需要解决还是不需要解决。再比如,讨论女性结婚后是应该继续工作还是应该回归家庭,这就完全是一个价值判断问题,决策者的价值观念不同,其政策取向也会完全不同。这两个例子都属于社会上有明显争议的价值判断。我们也可以给出一些社会上无争议的判断,比如吸毒是一种社会问题。当然,是有争议还是无争议,也是相对的。如果是这样的话,所有的社会研究都存在一个矛盾的问题,那就是单纯做客观判断会导致研究的不充分,而将客观判断转换为价值判断时则存在一定程度的主观性,特别是基于争议比较大的社会标准进行判断时,所得出的结论则不具客观性,会引起争议。

继续拿人口为例。如果大家普遍接受中国应该"控制人口"的判断,但如何控制以及应该控制到什么程度,又存在价值上的选择。是用强制性的行政、法律或经济手段去进行控制,还是通过宣传教育、通过提倡少生孩子,让夫妇自己来选择生几个孩子?实际结果是,中国选择了前者,而世界上实行计划生育的几乎所有其他国家都选择了后者。选择后者的原因是国际上有一个普遍公认的价值标准,那就是生育是最基本的人权,是不可侵犯的,即夫妇有自由选择生育的权利。也就是说,不管一个国家人口问题有多么严重,政府都不能对生育进行直接的干预和强制,这是一条价值底线,是不可逾越的。遗憾的是在当时的中国,我们并不存在这样一条底线,我们不仅用行政手段,包括抓人、扒房子、搬家具等手段来控制人口,而且还提出"一对夫妇只能生育一个孩子"的极为严格的人口政策,有些地方政府还提出或实施了创"无婴月""无婴年"活动,甚至导致当地鸡蛋价格大幅度下降。

社会科学领域的科学结论往往是冷冰冰的,缺少人文关怀。当把客观事实转化为决策时,往往要经历一个人文价值观念的过滤,此时决策者的人文价值观念,往往直接影响到政府的决策。换句话说,科学事实不仅不能告诉你是否存在"问题",也不能直接决定决策,而这中间则引入很多价值判断的内容。

同一个研究,不同的研究者秉承不同的价值理念,会给出不同的判断和建议。我们见过一些从未受过社会科学训练的自然科学家来研究社会问题。当自然科学家用一些自然科学的方法来研究人或社会问题时,他们会直接把研究"物"的思路和方法应用到"人"的身上,他们眼睛里看到的只是数,而不关心数代表的是"物"还是"人",由此得出的结论和建议也是针对数的。打个比方说,他们可以用一个模型研究蝗虫,也可以用同一个模型来研究人,他们可以建议在一定时期内将蝗虫消灭50%,同样可以建议人也要减少50%,因为从科学的角度看,人和蝗虫是没有区别的。

社会科学重点是研究人的,但如何看待人,把人放在什么样的位置上,决定了如何来解决"人"的问题的方式。比如,我国人口控制的目的是为了经济发展创造条件。很明显这是一种价值判断,即把人当作经济发展的条件和手段,经济才是发展的核心,而人只是为经济发展服务的。犹如经济学家,通常把人看成是"资本",被称为人力资本,它是经济增长的要素。但一个把追求经济利益作为核心目的的社会,是一个危险的社会。

那么,到底发展的目的是为了人还是为了经济?需要思考的是,是否物质生产应该是第一位的?是否应该把人也当成"物"来看?而事实上,我们就是这样把人当成物、当成数来对待的。把计划经济时代对物质资料生产所实行的计划体制应用到人的身上,对人也实现计划管理,像管"物"一样地管"人",把人像赶猪一样一批批地强制做绝育手术,把已经怀孕的妇女成批地拉去做人工流产,人的尊严受到侵害,最基本的权利没有得到保护。当然,不仅计划生育存在这类问题,在中国与人有关的社会政策普遍都存在这样的问题。如何看待、尊重和保护人的基本权利和尊严,决定着所有与人有关的判断、决策和工作。这是科学解决不了的问题。

科学可以回答"是什么"和"为什么"的问题,但科学本身却回答不了"应该怎样"的问题。严格地说,回答了前两个问题,科学已经完成了她的使命,第三个问题已经超出了科学的范畴和能力,科学可以不做回答。若研究者确实想在回答了前两个问题的基础上,进一步给出建议,那么研究者心里必须清楚,你给出的建议已经引进了个人的价值判断,这些判断受限于本人的世界观、知识储备、过去的经历和看问题的视角。总之,它不是客观的,从而也并不一定是合理的。

科学独立于价值判断,社会科学又与政策存在一定的联系,客观上要求社会科学工作者必须具有人文精神和人文素养,否则尽管科学家不会犯科学方面的错误,但可能会犯价值判断上的错误。人文素养让人有良知,能判断是非、廉耻、善恶、美丑等。只有知识,没有文化,属于有知识的野蛮人。"科学决策"不仅有科学成分,还有人文成分。二者中,科学家承担科学部分,决策者承担人文部分,决策者对于决策起着关键性作用。所以,决策者的人文素养比科学家更重要。

附 录

- 北京大学社会科学研究方法暑期班

北京大学社会科学研究方法暑期班

我国社会科学研究存在的不规范和不科学问题,严重阻碍了中国社会科学的发展,也阻碍了中国社会科学与国外的交流。然而,国内高校社会科学院系很少能够系统地开设社会科学研究方法课程,从而很难满足年轻学者学习研究方法的需要。从 2006 年开始,我们以北京大学研究生院的名义开设"社会科学研究方法暑期班",每年举行一次,截止到 2016 年,共连续举办了 11 期。

举办"社会科学研究方法暑期班"的目的是为了推动中国社会科学研究的科学性和规范性,使社会科学学者能够掌握国际上普遍和广泛使用的、规范的社会科学研究方法,推动中国社会科学走上科学的正轨。"社会科学研究方法暑期班"主要面向国内社会科学领域所有学科的中青年教师、研究人员、实际工作者和在读博士、硕士研究生。学员们可以通过系统学习来掌握社会科学研究设计、数据收集以及具体的定量和定性分析方法,并能够将所学到的方法应用到自己的教学、科研、学习和工作中去。学习这些方法不仅仅是为了学习"技术",更多的是学会科学的思维方式和分析问题的思路。

暑期班每年 7—8 月在北京大学举办,截止到 2015 年,参加暑期班学习的学员已经接近两千人次,学员来自几乎所有设置社会科学专业的高等院校。参加暑期班的学员以硕士研究生、博士研究生和中青年教师和研究人员为主,学员来自全国,以及美国、英国、法国、日本、韩国等国在我国学习或工作的学生和学者。学员来自几乎所有社会科学学科,其中包括社会学、公共管理、工商管理、人口学、经济学、统计学、新闻传播学、政治学、教育学、体育学、地理学、农业经济、会计、财政学、心理学、信息管理等学科,甚至还有工程学、医学、外语、生物、物理、中文等非社会科学学科的学生和学者来此学习。

暑期班不是针对数学或统计学专业学生或学者开设的,而是为从事实质性研究、为将定量或定性研究方法应用到自己所学专业的学生或学者而开设的。我们重视和强调学员对所学方法的理解,即理解方法的使用条件和假设,了解方法的原理和存在的问题,以及方法的局限性。暑期班的直接目的是让学员能够独立选取合适的方法或模型,并将其应用到自己所研究的问题中去,使他们成为做"严谨、规范、科学"的研究者。

为了提高学员的学习效率,取得更好的学习效果,每年暑期班报名时我们都会给出"选课建议",要求学员按照各门课程之间的逻辑关系或逻辑顺序来选课(见图1)。"社会科学研究设计和研究方法"和"社会科学应用统计学"是暑期班开设次数最多的两门课,几乎每年都开。其次是"应用线性回归模型"。这是因为这三门课属于暑期

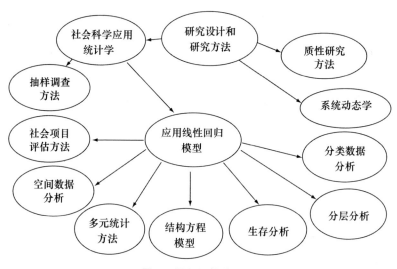

图1　课程逻辑关系图

班的初级课程,也是社会科学研究方法的入门课程或基础课程。前两门课对学员的知识背景并没有什么要求,只要学过一些中学数学,都可以学会。第三门课则需要一些基础的微积分和矩阵代数的知识。除了这几门基础课以外,其他课程有时被称为中、高级课程。这些课程并不是每年都开设,而是根据授课教师和学员的需求情况来设定。

对于首次参加暑期班的学员,我们通常建议能够从"研究设计和研究方法""社会科学应用统计学"和"应用线性回归模型"这三门课开始学习,可以说这是社会科学研究方法中最基础的课程。不掌握这些知识,就不知道如何规范地做研究,不知道如何下结论才算是科学的结论。在学习"应用线性回归模型"这门课以前,我们要求必须首先学过"社会科学应用统计学"。如果有学员认为自己曾经专门学过"社会统计学"或"概率论和数理统计"课程,而且自认为学得还不错,也可以直接选学"应用线性回归模型",但是通常我们希望在暑期班学过"社会科学应用统计学"这门课后再去学习"应用线性回归模型",效果会更好。

从图1中可以明显看出,"应用线性回归模型"这门课是所有模型类课程的基础,不学习这门课我们不建议你去学习其他后续课程的。你可能会认为你曾经学过一些"线性回归"课程,但是我们的定义是,如果你只学过不到20学时的"线性回归"课程,就不叫学过"线性回归"。我们不允许学员跨过"应用线性回归模型"课程直接去选学其他模型类课程,因为我们确实发现,一些认为自己曾经学过"线性回归"模型的学员,来暑期班直接学习其他模型类课程时,学习起来会感到吃力。

尽管到目前为止,北京大学社会科学研究方法暑期班已经开设了十几门方法类课程,但是我们仍然在继续拓展所开设的课程,力争

在今后的十年里能够开出更多课程,不断满足中国学者学习和使用方法的需要。

对方法的学习必须"学"和"用"相结合,既要"学以致用",又要"用以致学"。以往的暑期班为广大学员提供了"学"的机会,但并没有提供"用"的机会。为了能够实现"学""用"结合,也为暑期班学员以及中国社会科学学者提供相互交流、共同提高的机会,从2015年开始我们在暑期班期间正式举办"社会科学研究方法及其应用学术研讨会"。2016年以后,要求凡是选修中、高级课程的学员必须先提交研究论文,参加这个学术研讨会,这既是对以往学习成果的检验,也可以展示个人的研究成果,让同行指出你的问题、提出修改建议,帮助你提升论文水平和研究水平,提高论文在顶尖学术刊物发表的几率。与此同时,通过参与讨论,学员也可以了解别人在做什么、怎样做的,启发自己的思路,达到学习和提高的目的。总之,学术交流是一种相互启发、相互促进的过程,是智识成果的共享,是学术成就的共赢。在学术研讨会上,学者们可以呼吸开放、自由和新鲜的学术空气。